中原智库丛书·学者系列

新时期建设人民城市研究

Research on the Construction of
People's City in the New Era

主　编　王建国
副主编　金　东　盛　见　赵中华

经济管理出版社
ECONOMY & MANAGEMENT PUBLISHING HOUSE

图书在版编目（CIP）数据

新时期建设人民城市研究 / 王建国主编 . -- 北京 ：
经济管理出版社，2024. -- ISBN 978-7-5243-0025-0

Ⅰ . F299. 21

中国国家版本馆 CIP 数据核字第 20246GJ738 号

组稿编辑：申桂萍
责任编辑：申桂萍
助理编辑：张　艺
责任印制：许　艳
责任校对：王淑卿

出版发行：经济管理出版社
　　　　　（北京市海淀区北蜂窝 8 号中雅大厦 A 座 11 层　100038）
网　　址：www. E-mp. com. cn
电　　话：（010）51915602
印　　刷：北京厚诚则铭印刷科技有限公司
经　　销：新华书店
开　　本：720mm×1000mm/16
印　　张：17
字　　数：343 千字
版　　次：2024 年 12 月第 1 版　　2024 年 12 月第 1 次印刷
书　　号：ISBN 978-7-5243-0025-0
定　　价：98. 00 元

前　言

　　城市是人口、产业及要素资源的集聚地，是一个国家推动现代化建设的重要实践空间。改革开放以来，我国经历了世界历史上规模最大、速度最快的城镇化进程，城市发展波澜壮阔，建设成就举世瞩目。当前，城市已是我国经济、政治、文化、社会等方面活动的中心，在党和国家工作全局中具有举足轻重的地位。建设什么样的城市，怎样建设城市，日益成为中国共产党治国理政的重要议题。在城市化道路上，西方国家虽然先行起步，但也不同程度地面临"贫民窟化""空间拜物教""城市衰败"等一系列难以克服的"城市病"。与西方的城市建设及发展模式不同，人民城市是中国式现代化进程中城市建设的重要目标导向，是中国特色城市发展道路的最新阐释和实践。

　　2019 年 8 月，习近平总书记在兰州考察时指出，"城市是人民的，城市建设要贯彻以人民为中心的发展思想"。2019 年 11 月，习近平总书记在上海考察时强调，"城市是人民的城市，人民城市为人民"。党的二十大报告指出，坚持人民城市人民建、人民城市为人民，提高城市规划、建设、治理水平。人民城市重要理念是以习近平同志为核心的党中央关于城市建设工作指导思想的集中体现，既是对我国城市理论和建设实践的继承和创新，也是对马克思主义基本原理同中国具体实际相结合的最新阐释。它深刻揭示出城市建设发展依靠谁、为了谁的根本问题，深刻回答了建设什么样的城市、怎样建设城市的重大命题，为新时期我国推进城市建设和推动高质量发展提供了根本遵循。

　　人民城市作为城市建设的新路向，事关我国现代化城市的发展方向和目标。践行人民城市重要理念，需要深入学习贯彻习近平总书记关于城市工作重要论述，积极开展对中国特色城市建设的研究，总结中国特色城市建设经验，并以此为基础，创新以人民为中心的政策设计，探索让城市建设成果更多惠及广大人民群众的途径与方法。

　　满足人民群众对美好生活的向往，是建设人民城市最基本的时代背景，也决定了建设人民城市的科学内涵、基本特征、建设目标和内在要求，并要求我们从历史回顾、辉煌成就、典型做法、经验启示等方面，对建设人民城市的实践基础进行系统梳理，从产业发展、基础设施、城市改造、民生福祉、城市精神、城市治理、生态建设、城市安全等领域，阐明新时期建设人民城市的重点方向和主要任务，总体上要明确发挥党总揽全局、协调各方的领导核心作用，全面加强中国共产党对建设人民城市的领导，以充分彰显中国特色社会主义城市所具有的独特制度优势。

建设人民城市需要在历史维度中把握其时代背景和发展脉络，人民城市重要理念充分体现出坚持以人民为中心的发展思想，坚持把实现人民对美好生活的向往作为现代城市建设的出发点和落脚点，是中国特色现代城市发展之路的必然归宿，也是中国式现代化的本质要求。

中华人民共和国成立 70 余年来，人民城市建设经历了不同的历史阶段，开创了中国特色的城市建设之路，创造了人类城市建设史上的伟大奇迹，涌现出了许多典型的成功案例，积累了不少经验与启示，这些实践探索成果为新时期人民城市建设奠定了坚实基础。

新时期建设人民城市要坚持和运用好系统思维，以人民需要和满意为根本价值取向，以人民城市理念所涉及的理论逻辑、历史逻辑、实践逻辑为思路框架，充分挖掘马克思主义城市观的思想资源和中国共产党推进城市建设的实践经验，并从构成城市诸多要素、结构、功能等方面入手，统筹规划、建设、管理三大环节，既要讲清人民城市是什么、为什么，还要阐明人民城市建什么、怎么建，不断提高建设人民城市工作的系统性、整体性、协同性，有效构建城市治理体系和提升治理能力现代化水平，努力开创建设人民城市的新局面。

王建国

2023 年 10 月

目　录

第一章　建设人民城市的时代背景

党的二十大报告指出，坚持人民城市人民建、人民城市为人民，提高城市规划、建设、治理水平，加快转变超大特大城市发展方式，实施城市更新行动，加强城市基础设施建设，打造宜居、韧性、智慧城市。人民性是马克思主义的本质属性。建设人民城市是坚持以人民为中心的发展思想，坚持把实现人民对美好生活的向往作为现代城市建设的出发点和落脚点，是中国特色的现代城市发展之路的必然归宿，也是中国式现代化的本质要求。

第一节　我国社会主要矛盾发生了新变化

党的十九大报告首次提出我国社会主要矛盾的新变化，强调指出中国特色社会主义进入新时代，我国社会主要矛盾已经转化为人民日益增长的美好生活需要和不平衡不充分的发展之间的矛盾。党的二十大报告进一步明确，我国社会主要矛盾是人民日益增长的美好生活需要和不平衡不充分的发展之间的矛盾。我国社会主要矛盾发生转化，标志着产业发展、创新驱动、绿色低碳、人民生活将进入新的发展阶段，呈现出新的性质、新的内容、新的水准，处于质量水平提高期、实现中国式现代化的酝酿过渡期，这对新时期人民城市建设提出了新的要求。

一、更加注重城乡融合发展

从"统筹城乡发展"到"城乡发展一体化"，再到"城乡融合发展"，既反映了中央政策的一脉相承，又符合新时代的阶段特征和具体要求。城乡融合发展不仅体现为城乡经济的融合发展，也体现为城乡产业、城乡基础设施和公共服务设施、城乡要素和城乡制度等方面的融合发展。从城镇化的内涵和概念的角度来理解，城镇化是农村人口转化为城镇人口的过程，是以农村型社会为主体的社会转化为以城市型社会为主体的社会的过程，是城市文明向农村文明延伸和覆盖的过程，是第一产业在国民经济中占主导转化为第二、第三产业在国民经济中占主导的过程，是农村空间形态转化为城镇空间形态的过程。在这个过程中，由于城镇化后，就业机会多，收入水平高，文明程度高，公共服务好，生产生活便利度强，城镇对农村的人口、资金、资源具有强烈的吸引作用，各类生产要素表现为由农村向城镇、由农业向非农产业的单一流动，这也是城镇化率迅速提高、城镇规模持续扩大的重要推因。但是，2019 年统计云报显示，我国常住人口城镇化率超过 60%，已经完成由农业型社会为主体的社会向城市型社会为主体的社会的转变，城乡之间要素单向流动的城镇化发展模式不仅造成广大农村地区发展滞后，城乡发展差距越来越大，而且低成本的、资源要素推动型的城镇化的发展动力明显不足，提高城镇化发展质量也受到制约。因此，当城镇化进入高质量发展阶段时，要破解的难题就是如何推进城乡融合发展。也就是说，推动城乡融合发展，是新型城镇化发展到 2.0 版本的应有之义，两者在发展目标、发展路径、发展举措上都相互融合、协调联动。进入新阶段后，城市的高质量发展突出表现为以人为本，统筹空间、规模、产业三大结构，统筹规划、建设、管理三大环节，统筹改革、科技、文化三大动力，统筹生产、生活、生态三大布局，统筹政府、社会、市民三大主体，实现以工促农、以城带乡，城乡规划合理布局、要素配置、产业发展、基础设施、公共服务、生态保护相互融合和协同发展，城乡发展差距不断缩小，着力提高城市发展持续性、宜居性、竞争力，最终实现城乡居民都能够享受城镇化发展成果。

二、更加注重构建现代化经济体系

构建现代化经济体系是现阶段实现高质量发展和跨越转型关口的迫切需求。城市经济体系是现代化经济体系的主要组成部分，2022 年，包括直辖市、计划单列市、省会城市和地级市的中国经济总量前 50 名城市的 GDP 总量已经占全国经济总量的一半以上，由此可见，城市经济在整个现代化经济体系中的地位和作用十分重要。产业是城市高质量发展的核心动力和重要支撑，建设高质量的人民城市，有利于构建高质量的增长体系。现阶段，经济高质量发展需要从传统的增长点转向新的增长点，而新的增长点不仅在于先进制造业，还在于互联网、大数据与人工智能和实体经济的深度融合，以及中高端消费、创新引领、绿色低碳、共享经济、现代供应链、人力资本服务等。要想满足人民对美好生活的需要，就必须推动城市为经济发展提供更多质量上乘的产品和服务，打造出更多先进适用、具有高附加值高效益的新技术、新产业、新业态及带动就业的新型劳动密集型产业和服务业，创造出新的生产方式、生活方式、消费方式。

三、更加注重创新资源集聚

城市创新是城镇化高质量发展的动力源和推进器。《国家创新驱动发展战略纲要》明确提出了到 2050 年建成世界科技创新强国"三步走"的战略目标，这就要求我们在现阶段要以补短板强弱项，夯实科技创新基础支撑，营造良好创新环境，提升创新体系整体效能，实现重大领域跨越式发展为重点。建设人民城市，打造城市一流创新生态，推动城市创新链、产业链、供应链、要素链、制度链共生耦合，增强城市科技硬实力、经济创新力，是支撑城镇化高质量发展的重要引擎，也是落实国家创新驱动发展战略的应有之义。企业是国家创新体系的核心主体，是推动创新创造的生力军，是在微观层面实现经济高质量发展最重要的一环。城市是企业发展的主要载体，城市政府在培育创新主体中起到很重要的引导作用，有利于激发广大企业的创新积极性，通过普惠性财政科技资金补贴和各种政策，鼓励引导更多的企业投入发展战略性新兴产业，提升高新技术企业的科技基础与原创能力，从而摆脱在技术上受制于人的局面。城市政府在打造创新平台方面也起到了很重要的作用，政府能够整合多方资源，推动国家重点实验室、工程技术研究中心等创新平台建设；政府有能力提供低成本、便利化、全要素、开放式的众创空间，吸纳创新型人才集聚。

四、更加注重绿色低碳发展

习近平总书记指出："建设人与自然和谐共生的现代化，必须把保护城市生态环境摆在更加突出的位置，科学合理规划城市的生产空间、生活空间、生态空间，处理好城市生产生活和生态环境保护的关系，既提高经济发展质量，又提高人民生活品质。"研究表明，居民平均收入每提高 10%，对城市绿色空间面积的需要就会增加 1%。因此，绿色低碳发展是建设人民城市的关键。绿色低碳发展解决的是经济高质量发展中人与自然关系的问题。绿色发展是新时代我国人民对美好生活的迫切需要，是城市健康可持续发展的内在要求，也是经济高质量发展的重要标志。国内很多城市在过去的经济高速发展中也承受了环境污染、生态系统退化、极端气候事件频发等带来的危害，在今后的发展中，要更加注重解决好人与自然和谐共生问题。在城市社会经济发展中，践行树立绿色发展理念，"绿水青山就是金山银山"已经成为共识，城市经济发展会实施更严格的环保标准，加快推出促进绿色发展的政策导向、体制机制和法律法规，能够保障节能环保、清洁生产、清洁能源等绿色产业发展，健全绿色低碳循环发展的经济体系。城市现在普遍推进生态环境建设，正在加强水、气、土壤污染的综合治理，着力解决环境问题。城市的高质量发展使绿色发展成为普遍形态，也有力地推动着经济进入高质量的发展轨道。

五、更加注重满足人民对美好生活的向往

人民对美好生活的向往是经济高质量发展的根本目的，也是人民城市建设的价值旨归。目前，我国社会主要矛盾已经转化为人民日益增长的美好生活需要和不平衡不充分的发展之间的矛盾。社会主要矛盾发生重大变化，人民群众对美好生活的需要呈现多层次、多样化、多方面的特点，既包括物质和精神生活的丰富，也包括民主法治、公平正义的保障和提升，还包括对安全和良好生态环境的需要。建设人民城市就是要坚持以人民为中心的发展，就是在城市的发展中，立足人民群众的利益，把人民群众对美好生活的需要作为经济发展的着眼点和着力点，解决好人民群众关心的教育、就业、收入、养老、社会保障、住房、医疗卫生、城市管理、公共安全等问题，切实改善民生，真正提高人民群众的获得感、幸福感和安全感。城市以人民为中心的高质量发展目标契合了经济高质量发展的目标，城市让生活更美好，城镇化高质量发展使人民对美好生活的向往成为现实。

第二节　新型城镇化发展跨入了新阶段

从城镇化发展阶段来看，国家统计局数据显示，2022 年我国常住人口城镇化率达到 65.22%，接近 70% 的成熟阶段，这就意味着城镇化高速发展正在式微，已经进入"整体放缓、局部加快、量质并重"的深度调整新阶段。新阶段，我国新型城镇化发展呈现一些新的特征。

一、从规模扩张到量质并举，城镇化发展潜力进一步释放

新型城镇化是挖掘内需潜力、增添发展动能的重要支撑。当前，我国农业和非农产业劳动生产率、城乡居民收入差距仍然较为明显，农业转移人口市民化依然是城镇化发展的基本趋势。随着国家重大区域战略的纵深实施，未来城镇化既是我国发展的最大潜力，也是全面推进中国式现代化的重要支撑。解决好人的问题是推进新型城镇化的关键，城镇化最基本的趋势是农村富余劳动力和农村人口向城镇转移。在"十四五"乃至更长时期，我们将牢记习近平总书记关于城镇化方面的重要论述，持续打好新型城镇化这张牌，通过统筹处理好人口向大城市集聚与向中小城市流动的关系、农业转移人口进城务工与进城落户的关系、城镇发展与乡村振兴的关系等城镇化进程中面临的新的重大关系问题，更加注重坚持从社会全面进步和人的全面发展出发，推动发展方式由"高速度"转向"高质量"，各种特色化、专业化城市的发展机会将会大量涌现，城市经济仍具有保持中高速增长的发展潜力。

二、从要素投资到创新开放，城镇化发展驱动力持续转换

当前，我国非农产业生产效率依旧明显高于农业，这意味着人口从农村向城镇转移、劳动力从农业向非农产业转移的动力依旧非常强劲，每提升1个百分点的城镇化率对应的都是千万以上的农业人口转移，以及大规模的投资和消费，由此带来的结构调整仍然是经济增长的巨大动能。然而，在经济结构转型、资源环境压力等的多重约束下，仅靠要素和投资驱动已然不可持续。在新发展阶段，全面实施以人为核心的新型城镇化，更加注重充分发挥城市经济转型升级主平台、动能转换主战场的作用，通过改革、开放、创新，推动"有中出新"的传统产业改造升级，培育"无中生有"的新技术、新业态、新模式，打造一流创新生态和开放格局；更加注重加快互联网、大数据、云计算等新一代信息技术与城市规划、建设、管理、运行、服务等深度融合，加大城镇化关键性制度创新供给，注重城市精神价值的挖掘与培育，从而推动城镇化动力从当前以土地、资本等物质要素投入为主，向以制度创新、科技创新、文化创新等柔性要素投入为主转变；更加注重坚持更开阔的视野，积极培育一批城市群、都市圈、"塔尖"城市和中心城市，不断提升中心城市对外连通度和影响力，引领辐射带动周边地区积极融入更大区域范围的城市体系和市场体系，有力支撑国家或地区参与未来的区域竞争。

三、从传统城市到新型城市，城镇化的功能品质不断提升

人要在城市落得住，关键在于城市是否具有承载力、吸引力和集聚力。顺应城市发展新趋势，未来我国新型城镇化将围绕"人"的现代化精耕细作，加快建设宜居、韧性、创新、智慧、绿色、人文城市，基于环境容量和综合承载能力的城市生产、生活、生态空间品质将不断提升，城市实现内涵式发展。以疫病预防控制、城市内涝治理、应急救灾为重点的韧性城市建设步伐加快，"里子工程""避险工程"建设取得明显成效，全覆盖、全过程、全天候城市治理能力不断提升。随着人工智能、区块链、云计算、大数据分析等大数据技术加速发展和全面运用，以"城市数据大脑""数字孪生城市"建设为重点的智慧城市建设步伐加快，"互联网＋服务平台"建设深入推进，数字技术应用场景越发丰富，城市运行管理、决策辅助和应急处置能力将显著增强。绿色城市建设进入新阶段，除城市公共绿地、城区绿色生活圈、环城生态防护圈等传统城市生态建设外，更积极倡导绿色交通出行、零碳城市建设、绿色城市管理运营方式，城镇化助力提升生态系统质量和稳定性的作用也将进一步发挥，城市的包容性、宜居性、公平性将明显提升。城市规划建设将更加注重传承历史文脉，保护历史文化名城名镇和历史文化街区的历史肌理、空间尺度、景观环境，酒吧、咖啡店、博物馆、图书馆、公园等城市"第三空间"的文化属性将更加突出，城市的文化品位和品牌形象进一步提升。城市无障碍环境建设将不断加快，逐步打造出一批全年龄、残疾人友好型城市，让城市不仅具有"高度"，还要更有"温度"。

四、从二元发展到深度融合，新型工农城乡关系加快形成

随着新型城镇化和乡村振兴战略的协同推进，我国实行工业反哺农业、城市支持农村的发展条件将更加成熟，城乡融合发展的内在驱动机制将逐步形成，城乡发展差距不断缩小，城乡关系进入加速融合期，城乡区域发展将更加协调。城乡融合的体制机制创新仍将持续，农村集体产权制度、农村宅基地制度、农村集体经营性建设用地入市制度等改革持续深化，城镇建设用地等公共资源按常住人口规模配置的水平将不断提升，农业转移人口市民化政策机制将更具包容性。人口在城乡之间的双向自由流动和多元互动趋势更加明显，居民的"城乡双栖"逐步成为常态化现象。土地、人才、金融、科技成果、知识产权、数据等生产要素的双向自由流动和跨界配置将更加频繁，乡村资源的资产价值日益显现，农村一二三产业加速融合，城乡产业加速协同发展，融入国内大市场的条件将更加成熟。城乡规划一体化步伐持续加快，农村分类标准和规划布局将更加科学合

理，城市市政基础设施向乡村延伸，美丽乡村建设步伐持续加快，城乡基础设施互联互通和公共服务的衔接融合不断增强，城乡人居环境落差将不断缩小，城乡地域空间的连续性和统一性更加明显，紧凑一体的城乡空间网络将加快形成。城镇公共服务进一步向乡村覆盖，县乡村衔接的三级养老服务网络进一步健全，城乡教育、就业、医疗卫生、公共文化等基本公共服务的衔接融合不断增强，逐步实现优质均衡发展，城乡居民收入差距持续缩小，将为实现共同富裕打下坚实的基础。

第三节　以人民为中心的发展思想注入了新内涵

中国式现代化的本质是实现人的现代化。建设人民城市，秉承以人民为中心的发展思想，提高城市人口素质和居民生活质量，是推进以人为核心新型城镇化的本质要求，也是中国式现代化的重要内容。

一、更加强调户籍人口城镇化率的提高

户籍人口城镇化率是城镇化质量的最直接反映。习近平总书记明确提出，以人的城镇化为核心，更加注重提高户籍人口城镇化率。中央城市工作会议明确指出，推进城镇化要把促进有能力在城镇稳定就业和生活的常住人口有序实现市民化作为首要任务。改革开放以来，我国经历了人类历史上规模最大、速度最快的城镇化进程，城镇化成就举世瞩目。但是长期以来，我国城镇化滞后于工业化，户籍人口城镇化率又滞后于城镇化。国家统计局数据显示，2022 年我国常住人口城镇化率达到 65.22%，而户籍人口城镇化率不到 50%，全国有 1.3 亿多"半城镇化人口"游走在城市和乡村之间，不能真正融入城市。要提高城镇化质量，必须聚焦于 1.3 亿多"半城镇化人口"，这样既有利于促进社会公平正义与和谐稳定，落实共享发展理念，也有利于扩大内需，释放发展潜能，稳定经济增长。

二、更加强调城乡基本公共服务均等化

要想让人留得下来，必须要有完善的基本公共服务作为支撑。城乡基本公共服务均等化的实现，对于改善民生发展、维护社会公平、促进社会和谐建设、全

面建成小康社会都具有重要的意义。党和国家历来重视对城乡基本公共服务均等化的支持，出台了一系列促进基本公共服务均等化的文件。《中共中央关于全面深化改革若干重大问题的决定》《国家新型城镇化规划（2014—2020年）》及中央城市工作会议都曾明确提出，推进城乡要素平等交换和公共资源均衡配置，让广大农民平等参与现代化进程、共同分享现代化成果。党的十八大报告更是提出了到2020年要达到"基本公共服务均等化总体实现"的具体目标和要求。党的二十大报告提出了"未来五年基本公共服务均等化水平明显提升"的目标任务。这是因为，只有通过推进城乡要素平等交换和公共资源均衡配置，才能使广大农村居民和进城务工定居常住人口享受基本的公共服务，新型城镇化才有继续向前推进的动力，不断实现人民对美好生活的向往的新型城镇化道路才能更为平坦，才能实现新型城镇化质量的提升。

三、更加强调生态环境宜居和历史文脉的传承和创新

良好的生态环境是最公平的公共产品和最普惠的民生福祉，也是一个城市最大的竞争优势，经历了高速城镇化的突飞猛进，各种"城市病"开始暴露出来，大气污染、水污染、生态破坏、垃圾围城等问题正考验着城市的发展和智慧。打造更加环境宜居的城市环境，切实满足人民群众对美好生活的需要成为现阶段城镇化高质量发展的重要要求，推动城市绿色低碳发展成为普遍共识，让城市再现绿水青山。历史文脉是贯穿于一个城市历史文化中的人类精神血脉，是城市在漫长时光中积淀的地域色彩和文化个性。留住城市特有的地域环境、文化特色、建筑风格等文化"基因"，打造城市特色文化，正是一个认识、尊重、顺应城市发展规律的过程，对于增强城市特色、提升城镇化质量具有重要意义。

四、更加强调群众获得感、幸福感和安全感的增强

坚持以人民为中心，不断实现人民对美好生活的向往，是习近平新时代中国特色社会主义思想的核心要义，是新时代坚持和发展中国特色社会主义的基本方略之一，也是不断提高人民群众获得感、幸福感、安全感的重要前提。城镇化说到底是人的城镇化，"以人为本"是我国新型城镇化的核心要义和根本要求，切实增强人民群众的获得感、幸福感和安全感，是新型城镇化建设的核心要义，也是建设人民城市的落脚点。以人为核心的新型城镇化必须是由全体人民共享发展成果的城镇化，遵循城镇化规律的关键，在于是否立足于以人民为中心。以人为核心的新型城镇化，通过目标导向与问题导向的有机结合，遵循规律发挥自身功

能，有助于解决我国发展中面临的紧迫问题。只有以人民为中心、顺应发展规律的城镇化，才能提高发展的共享性和可持续性。

第四节　推进城市高质量发展提出了新要求

党的二十大报告指出，高质量发展是全面建设社会主义现代化国家的首要任务。城市高质量发展需要有高质量现代产业体系、高能级动能转换体系和高品质基础设施体系与之相适应。推进城市高质量发展需要把握新时代新征程人口发展、产业发展、绿色低碳、城市治理等出现的新情况、新问题，着力促进城乡融合和区域协调发展，推动实现质的有效提升和量的合理增长。

一、人口发展新特征促进城镇化呈现新趋势

从人口规模来看，我国人口自然增长率自 1962 年以来首次出现负增长，到 2021 年跌破 1‰，为 0.34‰，2022 年已经出现 –0.60‰ 的负增长。同时，截至 2022 年末，全国 65 周岁及以上人口达到 20978 万人，占总人口的比重达到14.9%，城镇地区老年人数量比农村多，但农村地区老龄化程度比城镇地区更高。劳动年龄人口规模加速缩减，农村劳动力从无限供给变为有限剩余，人口红利正在消退，城市很难再以低成本吸纳劳动力资源，城乡间人口转移总量逐步趋于稳定甚至出现下降，但同时给城市基础设施和公共服务供给、社会保障制度可持续发展等方面带来了更严峻的挑战。从新增城镇人口的结构来看，随着以老一代农民工为主体的农业转移人口的减少，新增城镇人口结构发生了明显变化，由过去以农民工为主转向以各类高校毕业生、农村籍退伍转业军人、在城镇有稳定收入的流动人口等群体为主。从人口就业结构来看，农村从业人员占比仍明显高于城镇就业人员占比，且第三产业从业人员占比与第二产业从业人员占比差别不大，在未来工业化、信息化持续推进的背景下，在非农产业中第二产业的"机器替代人"趋势将明显快于第三产业，第三产业作为吸纳农业转移人口的重要领域，其比重将会持续上升。从人口流向来看，尽管人口流向发达地区和大城市的趋势依然明显，但人口长距离跨省流动的比例逐步下降，省内跨市流动的比例及城镇间流动的比例在上升，城与城之间的流动将会逐步取代乡与城之间的流动，

县城与中心城市之间、县城之间吸纳农业转移人口的竞争关系会越发明显，一些区域内部还可能出现人口从大城市往周边中小城市、从城市往乡村部分回流的现象。

二、经济下行压力产生的传导效应没有减弱

在过去几十年的高速增长下，我国经济发展面临的诸多"结构性失衡"已经且仍将在未来一段时期集中显现，在近年来多重超预期因素的叠加影响下，尽管国家及时出台并推动实施了一系列刺激经济、助企纾困的政策措施，但国内经济下行压力持续增大，城市经济作为经济发展的重要组成部分受到的影响尤为明显。比如，土地市场供应和成交呈现疲态，投资增速进一步放缓，近两年固定资产投资乏力，与之前8%以上的增速相比差距较大；未来一段时期预计城市房地产数据持续下滑，且在多数城市呈现明显收缩态势；工业企业发展不容乐观，工业增加值增速尽管已从2020年强势反弹但依旧偏低，税收收入增速进一步回落；消费有所改善但增速持续偏低，社会消费品零售总额增速仍旧没有恢复到2020年以前的10%以上；非农产业发展面临的困难增多导致吸纳就业的能力、用工需求有所下降，部分行业、企业出现减招缩招现象，特别是作为吸收就业主力军的中小微企业面临的风险挑战有所增多。在近几年以高校毕业生为主体的青年就业群体规模持续增加，以及能耗双控、限电限产、教育"双减"和房地产调控等政策叠加影响下，城镇就业压力持续加大，就业结构性矛盾持续显现。

三、资源要素约束趋紧局面仍会较长期持续

我国城镇化水平与发达国家或地区相比还存在明显差距，未来城镇化的任务仍然艰巨，面临的资源要素约束也比其他地区更加突出。比如，耕地红线对城镇化土地使用形成硬约束。人多地少是我国的基本国情，耕地是农业和粮食生产的基础性条件。"十四五"时期，国家将坚持最严格的耕地保护制度，强化耕地数量保护和质量提升，严守18亿亩耕地红线，遏制耕地"非农化"、防止耕地"非粮化"，规范耕地占补平衡，严禁占优补劣，这必然对城镇化用地形成巨大压力。再如，城市水资源短缺与分布不均衡形势十分严峻。我国水资源总量居世界第六位，人均占有量只有世界人均占有量的1/4。长江流域及其以南地区国土面积只占全国总面积的36.5%，其水资源量占全国水资源总量的81%；淮河流域及其以北地区的国土面积占全国总面积的63.5%，其水资源量仅占全国水资源总量的19%。另外，一些地区水资源污染严重，进一步加重了水资源紧张的形势。在资

源要素约束趋紧的背景下，城市经济社会将进入压缩式快速发展阶段，城镇化发展道路应该加速由传统的粗放发展模式向集约高效的高质量发展模式转变。

四、"双碳"目标赋予城市发展新的历史使命

2020 年 9 月，习近平主席在第七十五届联合国大会一般性辩论上郑重承诺，中国二氧化碳排放量力争于 2030 年前达到峰值，努力争取 2060 年前实现碳中和。中国要在工业化、城镇化进程没有完成的情况下，以及比欧美国家少一半还多的时间内实现"双碳"目标，困难非比寻常。城乡建设是碳排放的主要领域之一，城市是实现"双碳"目标的主战场。可以肯定的是，未来一段时期，我国仍处于工业化、城镇化、现代化的关键时期，制造业规模庞大且工业结构偏重，能源结构偏碳且能源需求持续增长、能源利用效率偏低，传统污染物排放与温室气体排放同步且处于高位。在中国庞大的人口基数背景及城镇化持续快速发展的背景下，无论是存量还是增量，城市基础设施建设、非农产业发展、城市居民消费等众多领域的碳排放量及其占全社会碳排放总量的比例均将进一步提高，决定了未来我国的碳排放增长会是一个大的趋势。2022 年，住房城乡建设部、国家发展改革委发布了《城乡建设领域碳达峰实施方案》，提出 2030 年前城乡建设领域碳排放达到峰值，同时针对建筑节能、垃圾资源化利用、能源利用效率、用能结构、城市更新、城市结构与布局、县城低碳化发展等多个方面提出了具体的减碳目标，也为城市绿色低碳转型发展设定了"期限"。未来的城镇化必须以增强城市整体性、系统性、生长性为导向，将城镇化与碳达峰、碳中和进程统筹起来加以规划，形成更加绿色低碳的城镇化发展模式，推动城市实现低碳化发展。

五、重大突发性风险频发考验城市治理能力

无论是大城市还是中小城市，都是一个巨大的、复杂的经济社会运行系统。随着城镇化进程的不断推进，人口和各类要素加速集聚，城市面临的不确定性和各种风险也在不断叠加，且集聚的规模和强度越大，面临的风险尤其是发生重大突发性灾害事件、紧急事件、危机事件的风险越大。比如，随着全球气候变暖呈现持续加速趋势，极端天气事件与城镇化的交互式影响产生的负面效应越发明显，极端降雨产生的城市型洪涝灾害、极端高温产生的城市"热岛效应"和"雨岛效应"、大风引发的城市安全事故等各类风险发生频率呈现高发态势。这些重大突发性事件频频发生，一方面对农业转移人口的进城意愿造成了一定冲击，另一方面使长期缺乏应急管理能力规划建设的城市基础设施和运营服务体系面临严

峻考验。未来必须统筹好城市的发展和安全问题，将增强城市应急管理能力摆在更加突出的位置，更加注重提升城市韧性及智慧化水平，这样才能保障城市居民的幸福感和获得感的提升，并让潜在市民安心进城。

第五节　遵循城市发展规律的新体现

城镇化是一个自然历史过程，是我国发展必然要遇到的经济社会发展过程。既然是自然历史过程和经济社会发展过程，那就应该有其特定的运行规律和发展逻辑。因此，建设人民城市就是要从我国社会主义初级阶段基本国情出发，遵循城市发展规律，因势利导，使之成为一个顺势而为、水到渠成的发展过程。

一、城镇化仍将保持一定的规模和速度

从城镇化发展规律上看，无论是三阶段划分法还是四阶段划分法，我国城镇化的高质量发展都必须保持一定的规模和速度。首先是三阶段划分法，其主要根据诺瑟姆模型，将城镇化发展过程中看作一条拉平的"S"形曲线，按照城镇化率将这条曲线划分为0~30%、30%~70%、70%以上三个发展阶段。其中，0~30%是城镇化发展相对缓慢阶段，30%~70%是城镇化发展快速推进阶段，当城镇化率超过70%时，则进入城镇化缓慢发展阶段，甚至是停滞阶段或逆城镇化阶段。其次是四阶段划分方法，其结合工业化发展水平和经济发展阶段，将城镇化进程划分为四个阶段。其中，第一阶段城镇化率为0~30%，为城镇化发展初期，城镇化推进速度相对较慢；第二阶段城镇化率为30%~60%，为城镇化发展中期阶段，城镇化推进速度较快，常住人口城镇化率会迅速提高，但是不完全城镇化现象较为突出；第三阶段城镇化率为60%~80%，这一时期城镇化推进速度逐步放缓，从规模扩张的增长方式转到质量提升的发展方式，逐步消化不完全城镇化；第四阶段城镇化率提升至80%以上，这一时期，常住人口城镇化率基本保持稳定，逆城市化现象开始出现。2022年，全国常住人口城镇化率已经达到65.22%，从城镇化发展阶段上看，无论是三阶段划分法还是四阶段划分法，全国城镇化与70%的成熟阶段还有5个百分点左右的差距，速度减缓符合发展规律，但仍然需要保持一定的规模和速度，这既是由经济发展和城镇化发展客观规律决定的，也是破解我国经济社会发展诸多矛盾和问题所必需的。

二、城镇化进入质量导向型发展新阶段

从发达国家和我国沿海发达地区推进城镇化的发展实践看，当常住人口城镇化率突破 60% 后，城镇化将进入以提高质量为主的发展阶段，但是这一时期，也是城市在发展过程中出现房价上涨、交通拥堵、环境恶化、土地供需矛盾突出等城市病的时期。因此，从发达国家走过的老路来看，这其实是一条先发展规模、后重视质量的路子。例如，英国在 1900 年前后城镇化率就超过 50%，是全球最早进入以城市型社会为主体的三个国家之一，但是直到第二次世界大战结束，英国才开始高度重视城市的增效提质问题，提出了伦敦的绿带规划、加快推进泰晤士河的治理、修建卫星城等措施，以促进城市经济、社会、人口、生态系统的平衡发展。当前，虽然我国的常住人口城镇化率已经突破 60%，但是面临的城镇化发展质量问题更加凸显，主要表现在两个方面：第一，城镇综合承载力不强。由于发展基础较弱，综合经济实力不强，地方政府财力有限，加上长期以来在城市发展中存在重生产轻生活、重建设轻管理等思维方式，城市基础设施历史欠账较多。从公共服务供给能力上看，地方政府目前仍然仅关注城镇化的规模和速度，而忽视提升城镇化发展质量，那么在常住人口城镇化率突破 60% 时，新入城的农业转移人口也将分享本来就相对不足的基础设施和公共服务设施，城市综合承载能力不足的问题将更加凸显。第二，居民需求层次不断提升。党的十九大报告明确指出，中国特色社会主义进入新时代，我国社会主要矛盾已经转化为人民日益增长的美好生活需要和不平衡不充分的发展之间的矛盾。由此，城市居民对城市发展的需求结构和层次也逐步提高，城市的发展也需要更加注重人的感受，推动从以物为本向以人为本转变，从以服务生产为导向向以服务生产、生活为导向转变，从以优化安排生产空间向统筹生产、生活、生态空间转变，更好地满足城市居民在充足的就业机会、完善的社会保障体系、优质的医疗资源、良好的教育环境、美好的生态环境等方面的需要。居民需求层次和结构的调整变化与城市现在的供给能力之间的矛盾突出，也迫切需要城市进入质量导向型发展阶段。

三、城镇化进入空间组织调整的新阶段

人口、经济要素向优势地区集聚成为不可逆转的客观规律。当前及未来一个时期，我国的城市发展将沿着"中心城市—都市圈—城市群—区域经济一体化"的轨迹发展，即由中心城市向都市圈扩散，由都市圈向城市群蔓延，最终形成以城市群为主体、大中小城市和小城镇协调发展的区域经济一体化发展格局。都市

圈、城市群是人口大国城镇化的主要空间载体，以都市圈和城市群为主要载体的区域一体化将成为未来区域发展的核心动力。其中，都市圈作为一种城镇化空间形态，将对特大城市和大城市周边的中小城市和小城镇进行资源的重新组合，以期以一种新的城镇化空间形态加入现代城镇体系，改变传统的"国家中心城市—区域性中心城市—地区性中心城市—中小城市—小城市"空间组织链条。因此，加快建设人民城市，推进新型城镇化的高质量，就要妥善处理区域城镇化发展不平衡的问题，因地制宜地制定相应的发展策略，既要推进城镇化率相对较高地区确立以提高质量为导向的发展策略，又要推动城镇化发展相对滞后地区在规模扩张的同时注重提高质量，坚持"两手都要抓、两手都要硬"的发展原则。

四、城镇化进入综合改革发力的新阶段

随着工业化、城镇化的加快和社会市场经济体制的完善，我国的各项改革都加快推进，经济社会发展的活力动力不断增强，特别是关于城镇化的改革，在《国家新型城镇化规划（2014—2020 年）》《中共中央关于全面深化改革若干重大问题的决定》《中共中央 国务院关于建立健全城乡融合发展体制机制和政策体系的意见》等重大文件中都对科学推进新型城镇化改革作出了部署和安排，城镇化改革也在户籍制度改革、土地利用制度改革、城乡统一的社会保障制度改革、行政管理体制改革、投融资体制机制改革等方面取得了巨大成效，使城镇化保持了较高的发展速度和发展质量。但是，社会关注的一些关键领域的改革仍然有待于进一步突破，真正破除阻碍城镇化发展的体制机制。2019 年以来，城镇化改革逐步在攻坚方面开始突破，从行政管理体制改革方面来看，我国沿海发达地区存在为数不少的"超级镇"，这些镇不仅综合经济实力强，而且常住人口众多，有的镇在经济、社会、人口等方面的指标全面超过了中西部地区的县。长期以来，"小马拉大车"问题一直困扰着"超级镇"。如何更好更快地推进"超级镇"的城市化进程，一直是个难以破解的问题。2019 年 8 月 26 日，第十三届全国人民代表大会常务委员会第十二次会议表决通过了关于修改《中华人民共和国土地管理法》的决定，新修改的《中华人民共和国土地管理法》自 2020 年 1 月 1 日起施行。这次新修改的《中华人民共和国土地管理法》破除了农村集体建设用地进入市场的法律障碍，让农民能够更好地享受农村建设用地入市的增值收益，有利于农村居民进城购房、落户，有利于农业转移人口的市民化，也有利于缩小户籍人口城镇化率与常住人口城镇化的差距，提高城镇化的质量和水平。这些改革是破冰之举，将为城镇化的发展增添新的内生动力，更好地发挥新型城镇化改革的综合效应，推动城镇化实现质量与速度并重的发展目标。

参考文献

［1］刘士林.人民城市：理论渊源和当代发展［J］.南京社会科学，2020（8）：66-72.

［2］谢坚钢，李琪.以人民城市重要理念为指导推进新时代城市建设和治理现代化——学习贯彻习近平总书记考察上海杨浦滨江讲话精神［J］.党政论坛，2020（7）：4-6.

［3］何雪松，侯秋宇.人民城市的价值关怀与治理的限度［J］.南京社会科学，2021（1）：57-64.

［4］刘淑妍，吕俊延.城市治理新动能：以"微基建"促进社区共同体的成长［J］.社会科学，2021（3）：3-14.

［5］易承志.人民城市的治理逻辑——基于价值、制度与工具的嵌入分析［J］.南京社会科学，2022（7）：61-70.

［6］王伟，王瑞莹，单峰，等.中国特色未来城市：人民城市与智慧城市的互构体［J］.未来城市设计与运营，2022（1）：53-60.

［7］刘吕红，余红军.70年来城市建设的历史进程、主要特征和基本经验［J］.江西社会科学，2019，39（9）：18-26.

［8］李文刚.人民城市理念：出场语境、意蕴表征与伦理建构［J］.城市学刊，2021，42（6）：34-39.

［9］单卓然，黄亚平."新型城镇化"概念内涵、目标内容、规划策略及认知误区解析［J］.城市规划学刊，2013（2）：16-22.

［10］姚士谋，张平宇，余成，等.中国新型城镇化理论与实践问题［J］.地理科学，2014，34（6）：641-647.

［11］张占斌.新型城镇化的战略意义和改革难题［J］.国家行政学院学报，2013（1）：48-54.

［12］黄震方，陆林，苏勤，等.新型城镇化背景下的乡村旅游发展——理论反思与困境突破［J］.地理研究，2015，34（8）：1409-1421.

［13］方创琳.中国城市群研究取得的重要进展与未来发展方向［J］.地理学报，2014，69（8）：1130-1144.

［14］彭红碧，杨峰.新型城镇化道路的科学内涵［J］.理论探索，2010（4）：75-78.

［15］沈清基.论基于生态文明的新型城镇化［J］.城市规划学刊，2013（1）：29-36.

［16］吴江，王斌，申丽娟.中国新型城镇化进程中的地方政府行为研究

[J].中国行政管理，2009（3）：88-91.

[17] 刘彦随，乔陆印.中国新型城镇化背景下耕地保护制度与政策创新 [J].经济地理，2014，34（4）：1-6.

[18] 赵建吉，刘岩，朱亚坤，等.黄河流域新型城镇化与生态环境耦合的时空格局及影响因素 [J].资源科学，2020，42（1）：159-171.

第二章　建设人民城市的理论基础

人民城市理念是以习近平同志为核心的党中央关于城市建设工作指导思想的集中体现，既是对前期我国人民城市理论和建设实践的继承和创新，也是对马克思主义基本原理同中国具体实际相结合的最新阐释。它深刻揭示了"坚持和发展什么样的中国特色社会主义城市建设""怎样坚持和发展中国特色社会主义城市建设"的重大命题，为新时期我国高质量推进城市建设和发展提供了根本遵循。从人民城市理念的科学内涵、本质特征、建设目标及内在要求出发，对建设人民城市的理论基础进行系统梳理和总结，有助于我们更加全面、系统、科学地了解人民城市理念，从而为相关部门制定推动人民城市更好发展的相关政策提供理论支撑，为社会各界学习、研究人民城市理念提供基础素材。

第一节　人民城市的科学内涵

人民城市理念是习近平总书记提出的一个重要理念，它强调以人民为中心，促进城市的公平、包容、绿色、创新和协调发展，实现人民对美好生活的向往。这一理念既有深厚的理论渊源，又有丰富的当代发展。深入研究习近平总书记有关城市工作的重要论述，全面准确地理解人民城市理念的深刻内涵，是我们科学、完整、深入贯彻和践行这一理念的前提和基础。

一、人民城市理念的形成过程

人民城市是一个具有鲜明中国特色和时代特征的概念，它是中国共产党人将马克思主义基本原理与中国城市建设实际相结合的理论创造和实践创新。人民城市理念的形成并不是一蹴而就的，而是在中国城市发展的不同历史阶段逐渐形成并不断完善、丰富的。

解放战争时期，随着各地城市的解放，中国共产党人开始思考如何建立和巩固人民政权，恢复和发展城市经济，改善和保障人民生活。这一时期，人民城市的理念主要体现在"城市属于人民""城市由人民自己管理"等表述中①，强调了城市的政治属性和阶级属性。这一时期的城市工作面临着极其复杂和艰巨的任务，既要消灭国民党残余势力，又要清理汉奸特务分子；既要接管旧有的城市机构，又要建立新型的城市管理体制；既要稳定物价秩序，又要恢复工商业生产；既要安置解放军官兵，又要照顾广大群众的生活需求。这一时期，中国共产党人以马克思主义为指导，以人民利益为根本出发点和落脚点，采取了一系列有效的措施和政策，稳定已解放城市的运行，如实行军事管制、实施土地改革、开展"三反""五反"运动、实行公私合营、推行粮食统购统销等，取得了巨大的成就，积累了宝贵的经验。

中华人民共和国成立前夕，随着全国绝大部分城市得到解放，中国共产党人接管了大量城市，迫切需要探索如何实现城市建设和管理，推进城乡一体化，消除城乡对立。直到改革开放前夕，中国都在不断探索符合中国国情的城市建设和管理路径。这一时期，人民城市的理念主要体现在"消费的城市变成生产的城市""工农联盟""四化"等表述中②，强调了城市的经济属性和社会属性。这一时期的城市工作遵循了毛泽东提出的"以农业为基础，以工业为主导"的方针，把发展重点放在了农村和中小城市上，不断深化"农村包围城市"战略。这一时期，中国共产党人以人民群众为依靠，采取了一系列有效的措施和政策，如推行人民公社化运动、开展社会主义教育运动、实行计划经济、开展知识青年上山下乡运动等，在一定程度上促进了城乡经济社会发展和平衡。其中，1978年3月，国务院召开第三次全国城市工作会议，并下发了《关于加强城市建设工作的意见》，提出了城市整顿工作的一系列战略举措和政策，其中"人民城市人民建"的表述作为城市建设的重要方针，出现在中央公开文件中。

改革开放以来至21世纪初，随着社会主义市场经济体制的确立，中国共产党人开始着力于推进新型城镇化，促进区域协调发展，提高城市综合竞争力。这一时期，人民城市的理念主要体现在"以人为本""小康社会""科学发展观"等表述中，强调了城市的文化属性和生态属性。这一时期的城市工作遵循了邓小平

① 毛泽东选集（第四卷）［M］.北京：人民出版社，1991.
② 把消费城市变为生产城市［N］.人民日报，1949-03-17（1）.

提出的"改革开放是决定当代中国命运的关键一招"的总方针，把发展重点放在了沿海地区和大中城市上，实行了"城市带动农村"战略。这一时期，中国共产党人以改革开放为动力，以人民生活为中心，采取了一系列有效的措施和政策，如实行户籍制度改革、实施城镇人民最低生活保障制度、开展城市基础设施建设、推动城市规划和管理创新、加强城市生态环境保护等，在很大程度上促进了城乡经济社会发展和融合。

21世纪初至党的十八大，中国领导人在不同场合多次阐述和发展了人民城市的理念。2002年10月，在党的十六大报告中，江泽民同志提出了"建设社会主义新农村"的战略构想，并强调"要促进农村经济社会全面协调发展，促进农业现代化和农村城镇化相协调"。2007年10月，在党的十七大报告中，胡锦涛同志提出了"努力实现以人为本、全面协调可持续的科学发展"的科学发展观。2012年11月，在党的十八大报告中，胡锦涛同志提出"要坚持走中国特色新型工业化道路，推进信息化、城镇化、农业现代化同步发展"。这些重要论述都体现了以人民为中心的发展思想，为推进人民城市建设提供了方向性指导，为人民城市成为系统、完整的城市建设理念奠定了坚实的基础。

党的十八大以来，中国特色社会主义进入新时代，中国共产党人开始学习贯彻习近平新时代中国特色社会主义思想，构建以人民为中心的发展观，打造具有世界影响力的社会主义现代化国际大都市。2015年12月，习近平总书记出席中央城市工作会议时指出："城市工作是一个系统工程。做好城市工作，要顺应城市工作新形势、改革发展新要求、人民群众新期待，坚持以人民为中心的发展思想，坚持人民城市为人民。这是我们做好城市工作的出发点和落脚点。"[1] 在此次讲话中，习近平总书记创造性地使用了"人民城市为人民"的表述，人民城市理念首次被提出。2019年8月，习近平总书记在甘肃考察时指出："城市是人民的，城市建设要贯彻以人民为中心的发展思想，让人民群众生活更幸福。金杯银杯不如群众口碑，群众说好才是真的好。"[2] 在这次讲话中，人民城市的建设目标更为明晰，体现着习近平总书记对人民城市理念的持续思考。2019年11月2日，习近平总书记在上海考察时首次提出了人民城市理念的核心要义，即"人民城市人民建，人民城市为人民"。习近平总书记在讲话中指出："城市是人民的城市，人民城市为人民。无论是城市规划还是城市建设，无论是新城区建设还是老城区改造，都要坚持以人民为中心，聚焦人民群众的需求，合理安排生产、生活、生态空间，走内涵式、集约型、绿色化的高质量发展路子，努力创造

①　中央城市工作会议在北京举行［N］.人民日报，2015-12-23（1）.
②　开创富民兴陇新局面——习近平总书记甘肃考察纪实［N］.人民日报，2019-08-24（1）.

宜业、宜居、宜乐、宜游的良好环境，让人民有更多获得感，为人民创造更加幸福的美好生活。"① 这次讲话内容对人民城市理念的核心要义、原则、路径、目标等作了描述，是该理念提出以来较为全面、相对系统的一次阐述，也是人民城市理念成熟的标志。此后，习近平总书记先后多次在不同场合对人民城市理念进行阐述，使全国上下从多元的角度、不同层次全面了解到人民城市理念的深刻内涵。②2022 年 10 月，中国共产党第二十次全国代表大会隆重召开，习近平代表第十九届中央委员会向大会作报告。党的二十大报告指出，坚持人民城市人民建、人民城市为人民，提高城市规划、建设、治理水平，加快转变超大特大城市发展方式，实施城市更新行动，加强城市基础设施建设，打造宜居、韧性、智慧城市。自此，人民城市理念成为全党、全国人民推动城市高质量发展的指导思想。

二、准确理解人民城市理念的科学内涵

人民城市是习近平总书记提出的一个重要理念，是对社会主义现代化城市建设的新定位、新要求、新目标。人民城市理念把人民群众作为城市建设和治理的主体、动力、智慧、评价者、受益者、监督者，让城市成为人民群众安居乐业、共享发展成果、展示个性风采、彰显文化自信的美好家园，体现了以人民为中心、由人民共建共治共享的重要性，具有鲜明特色和丰富而深刻的内涵。

（一）学者关于人民城市理念核心要义的讨论

人民城市是新时期习近平总书记提出的指导中国城市建设和发展的重要理念，极具中国特色。因而，关于人民城市的相关研究以中国学者为主。国内学者围绕人民城市理念的核心要义，开展了卓有成效的探讨。关成华认为，人民城市就是要以人民为中心，建设人民满意、人民安居乐业的城市，通过公共服务均等化、管理智能化和产业结构绿色化，推动城市发展与人民生活呈现良性互动，让城市成为人们向往、喜爱、归属的地方。③ 魏崇辉指出，习近平总书记提出的人

① 习近平在上海考察时强调　深入学习贯彻党的十九届四中全会精神　提高社会主义现代化国际大都市治理能力和水平 [EB/OL]. 人民网，[2019-11-03]. https://baijiahao.baidu.com/s?id=16491802977816657955&wfr=spider&for=pc.

② 习近平. 在浦东开发开放 30 周年庆祝大会上的讲话 [EB/OL]. 中国政府网，[2020-11-12]. https://www.gov.cn/xinwen/2020-11/12/content_5560928.htm.

③ 关成华. 为人民城市建设注入创新动力 [N]. 大众日报，2023-05-30（7）.

民城市理念"紧扣以人民为中心这一理论主题，回答了城市建设发展依靠谁、为了谁的根本问题"，并认为"人民城市人民建、人民城市为人民"是人民城市理念的基本内涵。①付高生指出，人民城市理念明确回答了新时代城市工作依靠谁的问题，深刻揭示了新时代城市建设发展的力量之源，是"人民城市人民建、人民城市为人民、人民城市人民享、人民城市人民评"的辩证统一，充分体现了社会主义城市的人民属性。②龚晓莺和严宇珺认为，人民城市建设需遵循全民"共建共治共享"理念，以人的现代化为落脚点制定、完善现代化治理体系建设规划，只有通过不断探索和创新，把握人民城市的发展逻辑，才能在人民城市建设过程中满足人民群众对美好生活的新向往、新期待，进而向世界展现中国特色社会主义城市的新面貌。③刘洋指出，人民城市是新时代中国共产党人初心与使命的"城市升级版"，是中国式现代化道路的"城市新探索"，在城市建设的发展空间、发展格局、发展结构与发展目的上具有重大的理论创新，人民城市理念的核心要义是"人民城市人民建，人民城市为人民"。④宋道雷认为，人民城市是以人民为中心的理念在城市维度的体现，是国家治理现代化在城市维度的实践，是中国之治在城市维度的表达，强调城市是人民的城市，城市治理依靠人民，城市发展成果由人民共享。⑤

总体来看，当前学者从不同角度、不同层面对人民城市理念的核心内容进行了梳理和总结，形成的观点尽管有细微区别，但大体一致，即学者普遍认为"人民城市人民建，人民城市为人民"是人民城市理念中最为关键和重要的表述，也最能体现人民城市理念的特点。换言之，"人民城市人民建，人民城市为人民"作为人民城市理念的核心要义，获得了学者的广泛认可。

（二）人民城市理念的深刻内涵

基于习近平总书记关于人民城市理念的重要论述，以及学者关于人民城市理念核心要义的讨论，人民城市理念的深刻内涵主要包括以下几个方面：

人民城市是人民参与的城市。习近平总书记明确指出，"城市是人民的城市""人民城市人民建"。其一，人民城市是建设在人民意愿和需求基础上的。根

①　魏崇辉."人民城市"的生成逻辑与实践旨归［J］.人民论坛，2023（13）：68–70.

②　付高生.以人民城市理念引领城市治理现代化［N］.学习时报，2023–06–28（7）.

③　龚晓莺，严宇珺.从资本逻辑到人民逻辑：谱写新时代人民城市新篇章［J］.城市问题，2021（9）：5–12，27.

④　刘洋.习近平关于人民城市重要论述的生成逻辑与时代价值［J］.马克思主义研究，2022（8）：97–104.

⑤　宋道雷.人民城市理念及其治理策略［J］.南京社会科学，2021（6）：78–85，96.

据人民城市理念，城市的发展以满足人民对美好生活的向往为出发点和落脚点。政府和决策者要深入了解人民的实际需要，广泛听取人民的意见和建议，在城市规划和发展中充分考虑人民的期望。这意味着城市建设不是少数人的决定，而是广大人民的共同参与和贡献。其二，人民城市是让人民充分参与决策的。在人民城市建设中，人民充分享有知情权、参与权和表达权。人民城市要求政府全面推行信息公开，让人民了解城市发展的方向和计划。同时，要建立多样化的参与机制，如公民听证会、人民代表大会等，让人民有机会参与城市决策和管理，以确保决策更加科学、民主，并能更好地满足人民的需求。其三，人民城市的建设与管理是需要牢牢依靠人民力量的。人民城市理念要求政府鼓励人民积极参与城市建设，鼓励创新和创造。在人民城市里，人民是城市的建设者，是城市建设的最大资源和最大动力，是城市建设的最大智慧和最大创造力。只有充分发挥人民群众的主体作用和创造力，广泛动员和组织社会各方面力量参与城市建设和管理，形成政府、社会、市民等多元主体协同推进、相互支持、相互促进的良好局面，才能真正提高城市建设的活力和效率。

人民城市是为人民服务的城市。习近平总书记指出，"城市建设要贯彻以人民为中心的发展思想，让人民群众生活更幸福"。事实上，"人民城市为人民"正是习近平总书记关于人民城市理念最重要的创新之一。其一，人民城市以着力提高人民的生活质量为追求。城市的发展不仅是追求经济增长和城市面貌的改善，更重要的是关注人民的生活品质。通过加强教育和医疗服务，提供优质的教育资源和医疗设施，让人民能享受到公平公正的教育和医疗保障。其二，人民城市重视基础设施建设，提升公共服务水平。城市的基础设施是支撑城市发展的重要保障，政府要加大基础设施建设的投入力度，提高基础设施建设的质量和水平。特别是要加强交通、水利、能源等方面的建设，改善交通拥堵，缓解水资源短缺等问题，提供更加便捷和可持续的公共服务。同时，要加强社会保障体系建设，确保人民能享受到基本的社会保障和福利待遇，增强人民的安全感和获得感。其三，人民城市关注弱势群体和特殊群体的需求。城市是一个多样性和多元化的社会群体集聚地，要充分尊重不同群体的权益和需求，关注弱势群体和特殊群体的福祉，确保人民能平等地享受城市发展的成果。政府要加强对弱势群体的扶持和帮助，推出针对性的政策措施，提供适宜的就业岗位和社会保障，让人民能有尊严地生活。

人民城市是生态宜居的城市。习近平总书记指出，"做好城市工作……要尊重自然、顺应自然、保护自然，改善城市生态环境"①"合理安排生产、生活、生

---

① 习近平总书记在 2015 年 12 月 20 日至 21 日中央城市工作会议上的讲话。

态空间，走内涵式、集约型、绿色化的高质量发展路子"①"要构建和谐优美的生态环境，把城市建设成为人与人、人与自然和谐共生的美丽家园"②。可见，生态宜居是人民城市理念的重要内容和应有之义。其一，人民城市要求城市合理规划生态、生活和生产空间。城市规划是城市建设的蓝图，直接影响着城市的未来发展。建设生态宜居的人民城市，规划必须充分考虑生态因素，保护自然环境。这包括合理划定生态保护区和绿地空间，保护珍稀濒危物种的栖息地，保留自然景观和生态系统完整性。同时，规划要兼顾城市的功能和美观，提供便利的交通网络和完善的公共设施，使人民生活更加便利舒适。其二，人民城市更加重视环境保护。人民城市坚持绿色发展，严格控制污染排放，减少资源消耗，要求政府加强环境监管，推动企业采取清洁生产措施，减少工业废气和废水的排放。同时，要鼓励人民采取低碳生活方式，推广公共交通工具，鼓励骑行和步行，减少汽车尾气排放对城市空气质量的影响。在垃圾处理方面，要积极推动垃圾分类和资源化利用，减少对环境的污染和资源的浪费。其三，人民城市强调资源高效利用。人民城市要求合理利用和节约利用资源，强调绿色技术和节能环保技术的应用，提高建筑物能源的利用效率，降低碳排放，加强水资源的保护和合理利用，推广节水技术，提高水资源的利用效率。其四，人民城市是兼顾经济效益和环境友好的城市。人民城市理念强调，经济发展不能以牺牲环境为代价，应当在保护生态环境的前提下实现可持续发展。

人民城市是创新活力的城市。习近平总书记强调，城市工作要"坚持以人为本、科学发展、改革创新、依法治市""建设和谐宜居、富有活力、各具特色的现代化城市"。其一，人民城市十分重视市场主体的创新创业能力的发挥。市场主体是城市经济的重要组成部分，也是创新的重要力量。在人民城市理念下，政府将为市场主体提供更加便利的创业环境和政策支持。鼓励创新企业的成长壮大，支持创业者的创新创业活动。同时，人民城市还要求加强对市场的监管和服务，保护知识产权，为市场主体提供公平竞争的环境，激发市场主体的创新活力。其二，人民城市可以有效激发各类人才的创造潜能。人才是城市创新的重要资源，是推动创新发展的关键力量。在人民城市理念下，城市将加强人才培养和引进，为各类人才提供更多的创新平台和机会。通过实施人才引进计划、设立人才专项基金等措施，吸引国内外高端人才前来城市发展和创新。同时，城市将注重激发人民的创新意识和创新能力，让每个人都能成为创新的参与者和受益者。

---

① 习近平总书记在上海考察时的讲话，2019年11月2日至3日，《人民日报》于2019年11月4日刊登全文。
② 习近平总书记在浦东开发开放30周年庆祝大会上的讲话，《人民日报》2020年11月13日刊登。

其三，人民城市理念强调打造具有国际竞争力的创新中心和产业高地。创新中心是城市创新活力的核心载体，是汇聚创新资源、培育创新人才的重要平台。在人民城市理念下，城市将加强创新中心建设，吸引高端科技企业和研发机构，形成产业链的聚集效应，发挥创新链的引领作用。通过发展新兴产业和高新技术产业，推动城市产业的转型和升级，打造具有国际竞争力的产业高地。其四，在人民城市理念下，城市将推动科技、文化、教育等领域以更高水平实现创新发展。科技、文化、教育等领域是城市创新发展的重要支撑，也是城市软实力的体现。在人民城市理念下，城市将加强科研和创新资源的整合，鼓励跨学科研究和科技成果的转化应用。通过提高教育质量，培养更多具有创新精神和创新能力的人才。同时，城市还将推进文化产业高质量发展，推动文化创意产业蓬勃发展，为创新提供更多的源头活水。

人民城市是包容多元开放的城市。习近平总书记指出，"贯彻创新、协调、绿色、开放、共享的发展理念""注重延续城市历史文脉""要多打造市民休闲观光、健身活动的地点，让人民群众生活更方便、更丰富多彩"。其一，人民城市注重社会包容，尊重和保护城市中不同群体、不同文化、不同信仰的多样性和特色。在人民城市理念下，城市将致力于建设一个融洽和谐的社会环境，使不同群体之间能够和平共处、相互理解、相互尊重。政府将加强社会公平和社会正义的建设，为弱势群体提供更多的扶持和帮助，确保每个人都能在城市中获得公平的发展机会和权益保障。其二，人民城市倡导文化多样性，鼓励各类文化在城市中交流、融合、共生。城市将加强文化传承与创新，保护和弘扬各类优秀传统文化，推动文化创意产业的发展。同时，城市还将鼓励多元文化的交流与对话，为不同文化提供平等的发展空间，让文化成为连接人民心灵的纽带，推动文化多样性的繁荣与发展。其三，人民城市鼓励积极参与国际交流与合作，借鉴国际先进经验，拓展对外开放渠道和平台。在人民城市理念下，城市将积极融入全球经济格局，加强与国际城市的交流与合作，吸引外国投资和人才。同时，城市还将积极参与国际交流活动，扩大国际影响力，吸引更多国际资源，促进城市的国际化进程。

人民城市是安全韧性的城市。习近平总书记强调，"使城市更健康、更安全、更宜居""加强城市基础设施建设，打造宜居、韧性、智慧城市"。其一，人民城市强调建立城市综合性的风险管理体系。在人民城市理念下，城市将制定详细的预案和政策，以应对各类突发事件，建立涵盖自然灾害、社会安全、经济风险等各个方面的风险的管理体系，提升人民城市的安全水平。在这个体系中，各方责任分工明确，确保各级政府、相关部门和社会力量都能在风险发生时迅速行动，保障人民的生命和财产安全。其二，人民城市具备强大的应急响应能力。在人民城市理念下，要求城市具备强大的应急响应能力，能够在灾害和危机发生后快速、有序地组织救援、救助和恢复工作。这是建立在高效的指挥体系、完善的物资储备和分发网络，以及训练有素的应急人员等基础之上的。其三，人民城市强调灵活的城市规划和设计。人民城市对安全韧性的要求还体现在城市规划和设计时充分考虑各种风险因素，包括选择合适的土地使用、建筑材料和工程结构，以抵御自然灾害的影响；合理规划城市布局，确保紧急通道和避难场所的设置；推动智能化城市建设，利用技术手段提前预警、监测风险等。其四，人民城市通过人民的广泛参与和合作提升城市安全性与韧性。人民城市理念强调，政府、企业、学术界、非政府组织和公民个体等要共同承担起保障城市安全的责任，通过建立多方合作机制，充分利用各方的资源和专业知识，提升城市的安全韧性。

第二节　人民城市的基本特征

人民城市是一种以人民为中心的城市发展理念，体现了党和国家对人民群众的高度重视和关怀，体现了人民群众对美好生活的向往和追求。与一般城市建设理念不同，人民城市理念有着其显著的特征，它强调以人民为中心，促进城市的公平、包容、绿色、创新和协调发展，意在实现人民对美好生活的向往。

一、人民城市突出了人民性

人民城市的核心立场是人民立场。人民城市的发展要紧紧围绕人民群众的利益和需求展开，坚持以人为本的发展理念。城市规划、建设、管理等各方面的决策都应该以人民的福祉为出发点和落脚点，真正做到"人民城市是人民参与建设的城市"。政府和有关部门在推进城市建设时，应该积极倾听民意，广泛征求人民的意见和建议，让人民在城市建设中发挥积极的主体作用，共同参与决策，形成广泛的共识。

人民城市强调让人民群众在城市里生活得更美好、更幸福。这意味着城市建设不仅要追求经济的高速增长和硬件设施的完善，更要关注人民生活的方方面面。城市的建设应着眼于提高人民的生活质量，为人民提供优质的教育、医疗、居住、交通、环境等公共服务，让每一个人都能享受到城市发展的成果。此外，城市还应该关注弱势群体和特殊群体的需求，保障他们的基本权益，确保城市的发展成果惠及每一个人。

人民城市中城市与人民的联系更加紧密。城市不是简单的物理空间，而是由人民构成的社会空间。城市的繁荣发展离不开人民的智慧和汗水，城市的文明进步需要人民的参与和支持。因此，城市的发展应该以人民的满意度为检验标准，只有让人民群众在城市中感受到幸福和温暖，才能真正实现城市的发展目标。人民城市的理念是一种注重人的尊严、关爱人的情怀的城市建设思想，是对城市建设的一种价值追求，是一种以人为本、回归人性的城市发展路径。

二、人民城市强调了主体性

人民是人民城市建设、发展的参与者和主导者。在人民城市的理念中，城市的建设不再是简单地由政府或少数权力机构决策，而是要充分发挥人民的参与主体作用，将广大人民纳入城市建设和治理的全过程。人民不再是被动接受城市发展结果的对象，而是积极参与城市建设的主体。政府和社会应当广泛征求人民的意见和建议，鼓励人民通过各种方式参与到城市规划、环境保护、公共服务等方面的决策中。这样的参与能够让人民感受到城市建设的重要性和获得感，同时也更好地体现了民主决策的优势和价值。

城市发展需要紧紧依靠人民。人民城市建设过程中，要发挥人民群众的主体作用，调动人民群众的积极性、主动性、创造性，发挥人民群众的首创精神，尊重人民对城市发展决策的知情权、参与权、表达权、监督权，鼓励人民通过各种方式参与城市建设和管理，真正实现共治共管、共建共享。人民城市建设过程中，要把城市建设的重心下移、力量下沉，着力解决好人民群众关心的就业、教育、医疗、养老等突出问题，不断提高基本公共服务水平和质量。同时，聚焦基层党建、城市管理、社区治理和公共服务等，整合审批、服务、执法等方面力量，把社区打造成城市治理的坚实支撑和稳固底盘。

更好地实现政府、社会、市民三大主体共建共治共享。人民城市理念强调政府、社会、市民三大主体同心同力，共同参与城市的建设和治理，形成政府、社会、市民三位一体的共建共治共享的合力。政府要发挥引领和推动作用，但不是单独主导城市建设，而是与人民、社会形成合力。政府应当广泛征求人民的意见，制定民生政策，解决人民群众最关心的问题。社会组织和人民要积极参与到城市建设中，形成政府、社会、市民共同参与、共同建设、共同管理、共同发展繁荣的局面。只有形成政府、社会、市民三大主体的协同合作，才能更好地推动城市的发展，实现城市建设的共赢。

三、人民城市体现了共享性

人民城市的理念体现了城市发展的共享性。城市是一个共享的空间，属于所有居住在其中的人民群众。建设人民城市，必须坚持共享共赢的发展理念，让城市建设成果惠及全体人民。让城市治理效能体现在人民群众的获得感、幸福感、安全感上。同时，还要关注弱势群体和特殊群体的需求，保障他们享有基本公共服务和公平机会，促进社会公平正义。

人民城市的共享性在于让城市建设成果惠及全体人民。城市发展的成果应该不仅仅局限于城市中的居民或者市民，更不是仅仅满足于少数人或某些利益集团，而应该惠及广大人民群众，包括城乡所有人民。这意味着要着眼于提高全体人民的生活品质和幸福感，为人民群众创造更多的发展机会和福利保障。在城市建设过程中，要注重改善基础设施和公共服务设施，在提升城市承载力的同时，着力为已在城中生活的人民提供优质的教育、医疗、交通等公共服务，确保人民群众在城市中享有公平的发展机会和资源分配。

人民城市的共享性在于关注弱势群体和特殊群体的需求。在城市发展中，可能存在一些弱势群体，如老年人、残疾人、低收入家庭等，以及特殊群体，比如流动人口、外来务工人员等。人民城市的理念强调要保障这些群体的基本权益和福利，让他们在城市中也能享有基本公共服务和社会保障。这意味着要加强社会救助和帮扶体系，建设更加具有包容性的城市社会安全网，让每个人都能感受到城市发展带来的改善和幸福。

人民城市的共享性在于追求社会公平正义。在城市发展过程中，必须坚持公平正义的原则，避免贫富差距过大、资源分配不公等问题。这需要政府采取积极的措施，加强社会公平正义的调节，促进城市中资源的合理配置，让每个人都有平等的机会参与城市发展，共同分享发展成果。

人民城市的共享性在于推动共同富裕。共同富裕是中国特色社会主义的重要目标，也是人民城市理念的重要体现。在城市发展过程中，要坚持以人民为中心的发展思想，通过改革创新，推动经济发展和社会进步，促进全体人民共同受益，让城市的发展成果更加公平合理地分配，实现全体人民的共同富裕。

四、人民城市重视协调性

在人民城市的理念下，城市十分重视发展的协调性。城市是一个复杂的系统，涉及经济、社会、文化、生态、安全等多个方面。建设和发展人民城市，必须坚持协调发展的总体要求，平衡好城市发展的速度和质量、规模和结构、效益和公平、开放和安全等关系，实现城市发展的内在平衡和外在协调。

人民城市要求城市全面发展。人民城市理念突出了以人民为中心，这就要求城市治理不仅要关注经济发展，还要关注社会公平、环境保护、文化传承等多个方面。全面发展意味着在城市建设和治理过程中要兼顾各方面的需求和利益，确保全体人民在经济、社会、文化等方面都能得到满足，实现人的全面发展。

人民城市要求城市治理妥善统筹各方关系。城市是一个复杂的系统，各个方面之间存在着紧密的联系并相互影响。为了实现城市的可持续发展，必须协调处理城市发展的各个方面之间的关系，避免片面追求某个方面的利益而忽视其他方面的问题。例如，在城市发展中，要平衡经济发展和环境保护的关系，兼顾城市的规模和结构，促进城市的内部协调和区域协调。

人民城市理念要求城市科学决策。城市治理是一个复杂的过程，需要依靠科学的方法和手段来进行决策和规划。人民城市的理念要求政府在决策过程中更加注重科学性和客观性，充分调研和分析城市发展的现状和问题，制定科学的规划和政策，确保城市建设和治理的决策是合理有效的。

人民城市要求城市可持续发展。人民城市的目标是让人民在城市里生活得更美好、更幸福，这就要求城市的发展是可持续的，不仅满足当前的需求，还要考虑未来的发展。可持续发展涉及资源的合理利用、环境的保护、社会的稳定等方面，要确保城市的发展是符合长远利益的。

五、人民城市凸显了特色性

人民城市的理念凸显了城市发展的特色性。每个城市都有自己独特的历史文化底蕴、地域风情特色和要素禀赋，这是城市的灵魂和魅力所在。建设人民城市，必须坚持以文化为灵魂，保护和传承优秀传统文化和革命文化，打造一批具有鲜明地方特色和时代风貌的文化品牌和文化符号，依托自身比较优势发展城市经济，让每个城市都有自己独特的气质和风采。这与一般城市建设理念中往往强调规划统一、模式复制等方面的做法不同，更加注重突出城市个性和差异。

人民城市的特色性在于注重文化传承和弘扬。每个城市都有自己独特的历史文化底蕴和传统，这是城市的灵魂和根基。在人民城市的理念下，要弘扬本土文化，保护历史遗产，传承革命文化和中华优秀传统文化。通过挖掘和保护本土文化资源，打造具有地方特色和时代风貌的文化品牌和文化符号，让每个城市都能体现独特的文化魅力，增强城市的认同感和凝聚力。

人民城市的特色性在于突出地域特色。不同城市地理位置、自然环境、产业结构等都各有特点，这决定了每个城市都有自己独特的发展路径和优势产业。在人民城市的理念下，要充分发挥地方资源和优势，打造具有地域特色的产业，形成城市发展的特色产业集群。同时，要保护和提升城市的自然环境，让城市的风景和生态成为城市的独特标识，吸引人才和资本的流入。

人民城市的特色性在于推动城市个性化发展，鼓励创新和探索。每个城市都有自己的历史演进和发展轨迹，都有自己的城市规划和发展目标。在人民城市的理念下，要尊重每个城市的个性化发展需求，推动城市的个性化规划和发展。不同城市在建设过程中应当根据自身的实际情况，找到适合自己的发展模式和路径，避免简单地复制他人的做法，而是要因地制宜，切实解决城市发展中的问题和挑战。

第三节　人民城市的建设目标

作为以人民为中心的城市建设核心理念，人民城市理念深刻地体现了党和国家对人民群众的关切与关爱，同时也反映了人民对美好生活的向往和追求。根据这一理念，"为人民"既是根本目标，也是总体目标，更是指导性目标，将城市的建设发展与人民的幸福紧密联系在一起。从中央到地方，这一理念为城市规划、治理和发展注入了强大的动力，指引、激励着各级政府和社会各界为人民创造更加美好的城市生活而不懈努力。

一、人民城市的根本目标

习近平总书记指出，"城市是人民的，城市建设要贯彻以人民为中心的发展思想，让人民群众生活更幸福""城市建设必须把让人民宜居安居放在首位，把最好的资源留给人民"。可以说，满足人民群众对美好生活的需要，促进人民群众的全面发展，是建设人民城市的根本目标。

首先，这是马克思主义城市相关理论的基本原则。马克思主义关于城市建设的理论认为，城市是人类文明发展的重要场所和载体，是人类社会关系和生活方式的集中体现，因此，城市应该是以人为本、服务于人、造福于人的。[①]马克思主义还认为，城市发展应该符合社会主义核心价值观和制度优势，消除资本主义

----

① 马克思恩格斯全集（第 23 卷）[M].北京：人民出版社，1972.

城市化带来的剥削、压迫、不平等、污染等弊端,实现生产资料和社会财富的公共所有和合理分配,实现农业与工业、自然与文明、物质与精神等方面的协调统一,实现劳动与教育、科学与艺术、个性与共性等方面的多样化和全面化。① 这些都说明,马克思主义有关城市建设的理论是以满足人民群众对美好生活的需要,促进人民群众的全面发展为目标的。换言之,满足人民群众对美好生活的需要,促进人民群众的全面发展,是马克思主义城市理论的基本原则。

其次,这一目标体现了中国特色社会主义的本质要求。在中国特色社会主义的伟大实践中,人民城市理念作为城市建设的根本指导思想,体现了中国特色社会主义的本质要求。人民城市理念将人民的利益始终摆在首位,这与中国特色社会主义坚持以人民为中心的发展思想高度契合,即人民是社会的主体、人民的利益是最高利益,人民城市要立足于满足人民群众的物质文化需求,推动人民群众的全面发展。人民城市理念强调为人民群众提供优质服务,而中国特色社会主义的本质要求之一就是共同富裕,即让全体人民共享改革发展成果,为人民提供优质的教育、医疗、居住、交通等公共服务,确保城市的发展成果惠及每一个人,让城市成为大家共同的家园。人民城市理念追求共同富裕和共同进步,而中国特色社会主义的目标正是实现共同富裕,让全体人民共享改革发展的红利。总之,中国特色社会主义是中国共产党坚持马克思主义基本原理同中国具体实际相结合的伟大创造,是坚持以人民为中心的发展道路,最终目标是实现共同富裕。人民城市理念与中国特色社会主义相契合,强调以人民为中心,促进全体人民的全面发展,推动城市建设与改革发展成果惠及人民群众,共同创造美好生活。

最后,这是实现中华民族伟大复兴的中国梦的必然选择和重要支撑。一方面,满足人民群众对美好生活的需要,促进人民群众的全面发展,是实现中华民族伟大复兴的中国梦的内在要求和基本内容。满足人民群众对美好生活的需要,促进人民群众的全面发展,是中华民族自古以来的梦想和追求。习近平总书记指出,"实现中华民族伟大复兴是近代以来中华民族最伟大的梦想""中国梦归根到底是人民的梦,必须紧紧依靠人民来实现,必须不断为人民造福"。② 另一方面,满足人民群众对美好生活的需要,促进人民群众的全面发展,是新时代我国社会主要矛盾和社会主义现代化建设的核心问题和关键任务。习近平总书记指出,"我国社会主要矛盾已经转化为人民日益增长的美好生活需要和不平衡不充分的发展之间的矛盾""必须坚持以人民为中心""不断促进人的全面发展、全体人民

---

① 马克思恩格斯全集(第 23 卷)[M].北京:人民出版社,1972.

② 曲青山.实现中华民族伟大复兴是近代以来中华民族最伟大的梦想[EB/OL].共产党员网,[2017-11-29].https://news.12371.cn/2017/11/29/ARTI1511905787770168.shtml?from=groupmessage&isappinstalled=0.

共同富裕"。① 这说明，在新时代中国特色社会主义建设中，我们必须紧紧围绕满足人民群众对美好生活的需要，促进人民群众的全面发展，解决好发展不平衡不充分的问题，推动经济社会发展和人民生活水平的同步提高，推动社会公平正义和人民幸福安康的共同增进，推动生态文明和人与自然的和谐共生。同时，满足人民群众对美好生活的需要，促进人民群众的全面发展，也是实现中华民族伟大复兴的中国梦的有效途径和重要保障。

二、人民城市的总体目标

2015 年 12 月，党中央召开城市工作会议。这是继 1978 年第三次全国城市工作会议之后，我国召开的最高级别的城市专题会议，会议所形成的指导思想对人民城市建设进程有着深远的影响。会议指出，"不断提升城市环境质量、人民生活质量、城市竞争力，建设和谐宜居、富有活力、各具特色的现代化城市，提高新型城镇化水平，走出一条中国特色城市发展道路"。这明确了当前和今后一个时期我国城市工作的指导思想，指出了当前和未来我国城市的总体建设目标，即建设和谐宜居、富有活力、各具特色的现代化城市，提高新型城镇化水平，走出一条中国特色城市发展道路。

一方面，建设和谐宜居、富有活力、各具特色的现代化城市，是中国社会发展的现实需要。随着中国经济的快速发展，人民生活水平不断提高，人民对美好生活的需求也日益增加，建设和谐宜居的城市可以提供更优质的公共服务、更舒适的生活环境，满足人民群众对美好生活的需要。中国正处于经济转型和创新发展的关键时期，建设富有活力的城市能够吸引创新人才和高新技术产业，推动经济的转型升级，提高城市的竞争力和发展活力。中国各个城市有着不同的地方特色和优势，建设各具特色的现代化城市可以充分发挥各地的优势资源，促进区域协调发展。中国高速的城市化进程带来了一系列环境和社会问题，建设和谐宜居的城市可以加强生态环境保护，推动城市可持续发展，为后代子孙留下更美好的家园。不仅如此，建设和谐宜居、富有活力、各具特色的现代化城市是实现中华民族伟大复兴的中国梦的内在要求和基本内容，中国梦是关乎国家和民族的梦想，而城市作为国家发展的主要引擎和载体，必须为实现中国梦作出积极贡献。总之，建设和谐宜居、富有活力、各具特色的现代化城市是新时期中国的发展实际的现实需要。

---

① 二十大报告全文来了 [EB/OL].人民政协网，[2022–10–26].https://baijiahao.baidu.com/s?id=1747754624081331023&wfr=spider&for=pc.

另一方面，建设和谐宜居、富有活力、各具特色的现代化城市，是中国推进现代化的必然选择。这是顺应城市化发展趋势和规律的必然选择。中国是世界上最大的发展中国家，也是世界上最大的城市化国家。根据第七次全国人口普查数据，2020 年我国常住人口城镇化率达到 63.89%，比 2010 年提高了 14.21 个百分点。① 城市化是经济社会发展的重要引擎和增长极，也是人民群众实现自身价值和梦想的重要平台和载体。随着城市化进程的不断推进，人民群众对美好生活的向往日益增长，对城市的经济、社会、文化、生态等方面提出了更高的要求。因此，建设和谐宜居、富有活力、各具特色的现代化城市，是顺应城市化发展趋势的必然选择。这是走出一条中国特色城市发展道路的战略抉择和创新探索。中国城市建设面临着许多挑战和困难，如超大特大城市发展不协调不平衡不充分问题、老旧小区改造滞后问题、城乡融合发展不平衡问题、生态环境保护不到位问题等。这些问题不能照搬外国经验来解决，而需要根据中国国情和实际情况，走出一条中国特色城市发展道路。因此，建设和谐宜居、富有活力、各具特色的现代化城市，是走出一条中国特色城市发展道路的战略抉择和创新探索。

三、人民城市的指导性目标

2019 年 11 月，习近平总书记在上海考察时的讲话，系统、全面地阐释了人民城市的理念，标志着人民城市理念至臻成熟。在这次讲话中，习近平总书记不仅简明扼要地点出了人民城市理念的核心内容，还具体化了人民城市的建设目标，即"努力创造宜业、宜居、宜乐、宜游的良好环境，让人民有更多获得感，为人民创造更加幸福的美好生活"。习近平总书记在这次讲话中，对人民城市建设目标进行了高远而全面、丰富而细致的阐释，使人民城市建设目标更贴近现实，在具体操作层面具有较强的指导性。

努力创造宜业、宜居、宜乐、宜游的良好环境。一方面，这是满足人民对美好生活的向往的必然要求。城市是人类文明的重要载体，也是经济社会发展的重要引擎。城市发展要以提高人民生活质量和幸福感为根本目标，为人民提供优质的教育、医疗、居住、交通、环境等公共服务，让每一个人都能享受到城市发展的成果。同时，还要注重保护和传承城市历史文化遗产，丰富和活跃城市文化生活，打造和展示城市特色和风貌，让城市有灵魂、有温度、有魅力。另一方面，这也是人民城市理念的有效检验和评价标准，是衡量城市建设成果是否为人民所

---

① 林伊人 . 10 年间我国城镇化率提高 14.21%　1 亿多人从农村流向城镇［EB/OL］. 中国网，［2021–05–11］. https://baijiahao.baidu.com/s?id=1699439808542615612&wfr=spider&for=pc.

共享，是否体现在人民群众获得感、幸福感、安全感增强上的重要依据。

让人民有更多获得感，是指要让城市人民在城市建设和发展中享受到更多的实惠和福祉，感受到更多的尊重和关怀，参与到更多的决策和治理中，实现更多的自我价值和梦想。这一目标体现了以人民为中心的发展思想，符合人民群众对美好生活的向往，也是实现中华民族伟大复兴的中国梦的重要内容。让人民有更多获得感，就是让人民在经济发展中有更多获得感，通过提供良好的就业创业环境和机会，促进城市经济发展和产业转型升级，提高城市综合竞争力和创新能力，让城市人民有更多的收入来源和财富积累，实现共同富裕。让人民有更多获得感，就是让人民在社会保障中有更多获得感，通过改善城市基础设施和住房供应，完善城市教育、医疗、养老等社会保障体系，提高城市人民生活水平和质量，让城市人民有更多的安全感和幸福感。让人民有更多获得感，就是让人民在文化生活中有更多获得感，通过丰富城市精神文化生活，提高城市文化自信和软实力，让城市人民有更多的文化享受和精神满足。让人民有更多获得感，就是让人民在生态环境中有更多获得感，通过提供优美的自然景观和人文景观，保护和改善城市生态环境和资源利用，增加城市绿色空间和蓝色空间，提高城市环境质量和品位，让城市人民有更多的休闲旅游选择和体验。

为人民创造更加幸福的美好生活，是人民城市理念的根本目标。"努力创造宜业、宜居、宜乐、宜游的良好环境""让人民有更多获得感""为人民创造更加幸福的美好生活"这三部分构成了人民城市理念指导性目标，它们之间既有联系又有区别，既互为因果又互相反馈，构成了一个动态循环的过程。"努力创造宜业、宜居、宜乐、宜游的良好环境"是实现"让人民有更多获得感"的基础和条件。这是指要为城市人民提供良好的经济社会文化生态环境，满足他们在就业创业、居住生活、文化娱乐、休闲旅游等方面的多样化需求，让他们在城市建设和发展中享受到更多的实惠和福祉，感受到更多的尊重和关怀，参与到更多的决策和治理中，实现更多的自我价值和梦想。"让人民有更多获得感"是实现"为人民创造更加幸福的美好生活"的途径和手段。这是指要通过提高城市人民的收入水平和质量，保障城市人民的基本权利和利益，提高城市人民的获得感、幸福感、安全感，让他们在城市中享受到更加富裕、公平、文明、和谐、美丽的社会主义现代化生活。"为人民创造更加幸福的美好生活"是实现"努力创造宜业、宜居、宜乐、宜游的良好环境"的目标和动力。这是指要以人民对美好生活的向往为奋斗目标，以人民对美好生活的满意度为评价标准，以人民对美好生活的幸福感为最高追求，不断推动城市建设和发展取得新成效，不断提升城市品质和水平。

第四节　人民城市的内在要求

　　紧密遵循人民城市理念的内在要求，坚持党的全面领导、坚持以人民为中心、坚持新发展理念、坚持改革创新、坚持依法治市、坚持系统治理。在建设和发展人民城市的过程中，我们必须时刻铭记人民城市理念的内在要求，才能够确保人民城市始终保持正确方向，才能确保人民城市建设目标的顺利实现。

一、坚持党的全面领导

　　人民城市是党领导人民建设的城市，坚持党对人民城市建设的全面领导，是实现人民城市目标的根本保证。要加强党的建设，提高党的执政能力和领导水平，增强党在人民城市建设中的政治领导、思想引领、组织保证和群众联系。要加强党对城市规划、建设、管理、服务等各方面的领导，确保人民城市建设沿着正确方向前进。

　　第一，党的全面领导为人民城市建设提供坚实的政治保证。党的全面领导确保了人民城市建设始终坚持以人民为中心，始终从维护人民利益和促进人民福祉的角度出发。党的领导保证了城市发展的正确方向和政治稳定，防止了城市建设中出现的片面性、盲目性和错误决策，确保了城市建设始终符合人民的意愿和期待。

　　第二，党的全面领导可以在思想上发挥引领作用。党的思想建设是城市建设的精神动力，是团结和凝聚全体人民的思想基础。党的领导在城市建设中传播着社会主义核心价值观，培育着人民的社会责任感和公民意识，推动城市建设形成了良好的思想风气和文明习惯。党的全面领导确保了城市建设不断与时俱进，积极融入新时代的发展要求，推动城市发展与中国特色社会主义伟大事业相一致，形成了全体人民共同奋斗、共同发展的精神氛围。

　　第三，党的全面领导可以为人民城市提供组织保障。党是最高政治领导力量，必须在城市建设中发挥组织的主导作用。党的领导机构和组织在城市建设中发挥着组织协调、决策指导的作用。党的组织保证了城市建设中的协调与合作，确保了各级政府和相关部门的工作紧密配合。党的组织保证了党的路线方针政策的贯彻执行，确保了城市建设始终遵循党的领导的正确路径。

　　第四，党的全面领导在群众联系上发挥着重要的桥梁作用。党是最广大人民群众利益的忠实代表，人民群众是城市建设的主体。党的领导确保了党同人民群众的血肉联系，使党的路线方针政策贴近人民群众的需求和利益，使党在城市建设中得到全体人民的理解和支持。党的全面领导推动形成了人民城市建设共同体，使全体人民都成为城市建设的参与者和受益者。

二、坚持以人民为中心

人民城市建设过程中要以人民为中心，这是人民城市建设的核心价值取向。要坚持以人民为本，把人民对美好生活的向往作为奋斗目标，把满足人民日益增长的美好生活需要作为出发点和落脚点，把保障和改善民生作为重要任务，不断提高人民群众的获得感、幸福感、安全感。要坚持以人为本，尊重人民主体地位，保障人民基本权利，促进人的全面发展，实现人与自然和谐共生。

第一，以人民为中心意味着要坚持以人民为本，将人民的利益和需求摆在首位。在城市建设中，政府和相关部门必须始终把人民的利益放在心中，将人民对美好生活的向往作为奋斗目标。这意味着要聚焦人民群众的需求，不断改善城市基础设施和公共服务，提供更优质的教育、医疗、居住、交通等服务，让人民享有更高品质的生活。

第二，以人民为中心要求把满足人民日益增长的美好生活需要作为城市建设的出发点和落脚点。城市建设必须紧密结合人民的实际需求，以人民的利益为导向，科学规划城市发展目标和方向。在城市规划和建设中，要注重研究人民的生活需求和意愿，充分倾听人民的意见和建议，让人民参与城市建设的决策和管理，形成共建共享的良好局面。

第三，以人民为中心要求保障和改善民生，使人民群众在城市中感受到更多的获得感、幸福感和安全感。城市建设不能只关注经济发展，还要注重改善民生，解决人民生活中的实际问题。要提高社会保障水平，加强医疗、教育、就业等公共服务，推进社会公平和公正，让每个人都能享受到城市发展的成果，共同分享城市发展的红利。

第四，以人民为中心还要尊重人民的主体地位，保障人民的基本权利。城市建设必须坚持法治原则，保障人民的合法权益，维护人民的合法权利。要建立健全法律法规，完善城市治理体系，使人民群众在城市中的合法权益得到切实保障。

第五，以人民为中心要实现人与自然和谐共生。城市建设必须坚持可持续发展理念，保护生态环境，减少资源浪费和环境污染。要推动绿色发展和智能建设，倡导节约资源、保护环境的生活方式，让城市与自然相融，实现人与自然和谐共生。

三、坚持新发展理念

人民城市建设过程中，要坚持新发展理念。新发展理念是指创新、协调、绿色、开放、共享的发展理念。坚持新发展理念，是推动高质量发展、建设现代化经济体系的必然要求，也是建设人民城市的必然要求。要坚持创新驱动发展，加快建设创新型城市，培育新动能、开辟新空间。要坚持协调发展，促进城乡区域协调发展，实现城市功能完善、结构优化、空间合理。要坚持绿色发展，推进生态文明建设，构建绿色低碳循环发展的城市体系。要坚持开放发展，深化改革开放，打造国际化、法治化、便利化的营商环境。要坚持共享发展，推进社会公平正义，让城市成果惠及全体人民。

第一，坚持创新驱动发展。创新是人民城市发展的源泉和动力，是实现城市转型升级和高质量发展的根本保证。在人民城市建设中，要加快建设创新型城市，培育新动能、开拓新空间。通过加强科技创新、推进产业升级，提高城市创新能力，培育壮大新兴产业和高端产业，推动城市经济由传统产业向高技术、高附加值产业转型，为城市发展注入新的活力和动力。

第二，坚持协调发展。人民城市建设要注重城乡和区域协调发展，实现城市功能完善、结构优化、空间合理布局。要通过城市规划和城市建设的整体规划，合理布局城市发展，推动城市建设与乡村振兴相协调，实现城市与农村、城市与城市之间的协调发展。同时，要加强城市内部功能区域的协调，促进城市各项事业的协同发展，构建统一高效的城市运行体系。

第三，坚持绿色发展。人民城市建设必须注重生态环境保护，推进生态文明建设，构建绿色低碳循环发展的城市体系。要加强城市生态环境保护，减少资源消耗和环境污染，推动城市发展向绿色、可持续方向转变。通过推进生态修复和保护，建设城市绿色生态基础设施，实现城市与自然的和谐共生，为人民提供优美的生态环境。

第四，坚持开放发展。人民城市建设必须深化改革开放，打造国际化、法治化、便利化的营商环境。要积极推进城市的国际化进程，吸引外来投资和人才，扩大对外开放，增加与国际市场的联系和合作，促进城市与全球经济的互动。同时，要构建法治化的城市营商环境，加强市场监管和法律保障，为人民提供公平、公正的发展机会。

第五，坚持共享发展。人民城市建设要推进社会公平正义，实现共享发展。要加大对教育、医疗、社会保障等公共服务的投入，让全体人民享受到公平、优质的服务。同时，要关注弱势群体和特殊群体的需求，确保城市发展的成果惠及每一个人，实现城市内部资源的公平分配，推动城市内部各方面的共同发展。

四、坚持改革创新

改革创新是推动人民城市建设不断前进的强大动力。要坚持以改革开放为动力源泉，深化各领域各方面改革，破除一切制约发展的体制机制障碍。要坚持以科技创新为引领力量，加强科技创新体系建设，提高科技创新能力和水平。要坚持以文化创新为灵魂力量，弘扬社会主义核心价值观，丰富文化内涵和外延。要坚持以制度创新为保障力量，完善城市治理体系和治理能力现代化，提高城市治理效率和效果。

第一，改革是人民城市建设的关键所在。改革是中国特色社会主义的强大动力，也是推动人民城市建设的必然要求。城市建设中存在着许多体制机制障碍，制约了城市发展的潜力。因此，必须深化各领域各方面的改革，推动城市治理体系和治理能力现代化。要破除行政体制中的束缚，优化政府职能，增强政府服务意识，提高政府效率和公信力。同时，要积极推进经济体制改革，打破垄断，促进市场竞争，推动产业结构调整和转型升级。此外，还要加强社会体制改革，推进社会保障和福利制度的改革，提高人民群众的获得感和幸福感。

第二，科技创新是人民城市建设的核心驱动力。城市的发展需要科技创新的支撑，只有不断加强科技创新，才能提高城市的竞争力和创新能力。要加强科研机构和企业的合作，推动科技成果向实际应用转化，培育新的经济增长点。同时，要加大对科技人才的培养和引进，吸引更多的高端科技人才投身于城市建设。在人工智能、大数据、互联网等领域，要加快创新，推动科技与城市建设的深度融合，让科技成果更好地造福人民。

第三，文化创新是人民城市建设的灵魂力量。文化是城市的软实力，是城市发展的内在动力。要弘扬社会主义核心价值观，推动城市文化建设，加强城市文化设施建设，丰富城市文化活动，提高城市文化软实力。要保护和传承优秀传统文化，发展当代优秀文化，形成多元、丰富的城市文化生态。文化创新也包括推动文化产业的发展，培育文化创意产业，促进文化产业与城市经济的融合，为城市的发展增添新的动力。

第四，制度创新是人民城市建设的保障力量。城市治理要建立现代化的治理体系，实现城市治理能力和治理效率的提升。要加强城市规划和管理，推动城市管理从粗放型向精细化、智能化转变。要完善城市公共服务体系，提高公共服务的质量和覆盖率。同时，要推进依法治市，加强城市的法治建设，维护城市的社会稳定和安全。通过制度创新，建立良好的城市发展环境，为人民城市建设提供坚实的法治保障。

五、坚持依法治市

依法治市是实现人民城市目标的重要手段。要坚持依法治国基本方略，在法治轨道上推进人民城市建设。要坚持法治思维和法治方式，加强城市法治建设，完善城市法律法规体系，保障城市法治运行。要坚持依法行政和依法执政，加强城市行政执法和司法公正，提高城市管理水平和公信力。要坚持依法维护和保障人民权益，加强城市社会治理和公共服务，维护城市安全稳定和社会和谐。

第一，要坚持法治思维和法治方式。依法治市要求在决策和实践中始终坚持依法行政，推动城市管理和服务规范化、科学化、法治化。要以法律为准绳，制定和完善城市法规制度，确保城市建设和管理具有明确的法律依据。同时，要培养和弘扬法治思维，使城市管理者在决策和实践中充分尊重法律、遵守法律，增强依法办事的自觉性和坚定性。

第二，要加强城市法治建设，完善城市法律法规体系。依法治市要求建设健全法律法规，逐步建立与城市管理和发展相适应的法律框架。要加强对现有法律法规的研究和修订，使其与时俱进，保持其科学性和先进性。同时，要加强对法律法规的宣传和普及，提高人民的法律意识和法治观念，使每个人都能在法治的框架内行事。

第三，要坚持依法行政和依法执政。依法治市要求政府在行政管理中必须依法行政，确保决策和管理的合法性和科学性。政府部门要加强行政执法，提高执法水平和公正性，保障人民的合法权益。同时，政府部门要以身作则，严格遵守法律法规，自觉接受监督，为人民树立良好的示范。

第四，要依法维护和保障人民权益。依法治市要求城市社会治理必须以人民的利益为出发点和落脚点。要加强城市公共服务，提高服务质量和水平，满足人民群众对优质生活的需求。同时，要加强城市安全稳定工作，维护社会和谐稳定，确保人民群众的生活安宁和幸福。

六、坚持系统治理

系统治理是提高城市治理现代化水平的必由之路，是实现人民群众美好生活的重要保障。随着我国城镇化进程的加快和城市规模的扩大，城市面临着经济社会发展与资源环境保护、人口密集与公共服务供给、城乡区域协调与社会稳定等方面的矛盾和挑战。这就需要运用系统的思维和方法，从全局和长远的角度，统筹协调城市各项事务，提高城市应对风险和挑战的能力和水平。

第一，要持续完善城市规划制度。规划是城市建设和发展的基础和指南，人民城市要求要坚持科学规划、民主规划、法制规划、综合规划原则，加强顶层设计和总体布局，统筹考虑城市功能定位、空间结构、资源环境、历史文化等因素，制定符合实际、长期有效、可操作性强的城市规划，并严格执行监督。同时，还要注意加强城市规划的动态调整和更新，及时反映城市发展的新变化、新需求、新问题，避免规划的滞后性和僵化性。

第二，要加强城市建设管理。建设是城市规划的落实和实施。要坚持全生命周期管理理念，贯穿城市建设全过程各环节，加强对土地利用、基础设施建设、房地产开发、公共服务设施建设等方面的监管和指导，提高城市建设质量和效率。注意加强城市建设的兼容性，处理好城市建设中的各种关系，如新旧关系、中心边缘关系、功能美观关系等，避免城市建设中的矛盾和冲突。

第三，要创新城市运行治理。运行是城市建设的结果和反馈。要坚持问题导向和需求导向，运用大数据、云计算、人工智能等前沿技术推动城市管理手段、管理模式、管理理念创新，实现数字化、智能化、智慧化管理，提升城市管理效率和水平。注意加强城市运行的参与性和透明性，充分发挥人民群众的主体作用和参与意识，广泛听取各方面的意见和建议，及时公开相关的信息和数据，增强城市运行的公信力和公正性。

参考文献

［1］中共中央党史和文献研究院.习近平关于城市工作论述摘编［M］.北京：中央文献出版社，2023.

［2］潘闻闻，邓智团.创新驱动：新时代人民城市建设的实践逻辑［J］.南京社会科学，2022（4）：49-60.

［3］易承志.人民城市的治理逻辑——基于价值、制度与工具的嵌入分析［J］.南京社会科学，2022（7）：61-70.

［4］袁晓玲，李思蕊，李朝鹏.为城市发展定标："人民城市"理念下城市高质量发展的价值遵循、逻辑意蕴与实践取向［J］.当代经济研究，2022（11）：34-43.

［5］龚晓莺，严宇珺.从资本逻辑到人民逻辑：谱写新时代人民城市新篇章［J］.城市问题，2021（9）：5-12，27.

第三章　建设人民城市的实践基础

中华人民共和国成立至今，人民城市建设历经 70 多年的实践探索，形成了不同的历史阶段，取得了举世瞩目的伟大成就，涌现出许多典型的成功案例，积累了不少经验启示，这些实践探索成果，为新时期人民城市建设奠定了坚实基础。

第一节　人民城市建设的历史回顾

在人民城市建设过程中，由于受到工业化、市场化改革、经济社会发展目标等因素的影响，人民城市建设经历了不同的历史阶段。根据人民城市建设发展各阶段的特点，将人民城市建设的历史划分为工业化带动城市化、市场化引领城市化和科学引领城市高质量发展三个阶段。

一、1949~1978 年：工业化带动城市化的建设阶段

工业化带动城市化的建设阶段，是指中华人民共和国成立后至改革开放前的人民城市建设阶段，主要特点是随着工业化发展以及当时政治经济运动，人民城市建设大起大落，但总体来看工业化仍是人民城市建设的主要动力。这个阶段又可以分为以下四个阶段：

（一）1949~1953 年：工业化前期的接管城市阶段

1949 年中华人民共和国成立后，党和政府开始考虑如何进行城市建设，使

之满足经济发展需要和人民群众需求，由此展开了中华人民共和国人民城市建设的历史探索。1949年3月，党的七届二中全会提出，"一步一步地学会管理城市，并将恢复和发展城市中的生产作为中心任务"，提出党的工作重心由乡村移到城市，并提出要把消费的城市变成生产的城市。1951年2月，《中共中央政治局扩大会议决议要点》指出，要恢复和发展生产，改善城市人民生活，在城市建设计划中要贯彻为生产服务、为工人服务。①

这一阶段主要是接管城市、恢复其正常生产和社会秩序。在北京、南京等主要政治功能强烈、靠消费拉动城市发展、本身生产并不发达的大城市，主要是消除不良消费场所，恢复健康正常的社会消费；在上海、天津等生产较为发达的城市，在清除原有畸形生产机构和消费场所基础上，迅速有效恢复生产和正常市民生活消费。在这一时期的城市改造中，还积极开展文化和政治教育，不断提升居民文化水平。

（二）1953~1958年：以工业化为目的的城市建设阶段

随着中华人民共和国政治经济形势的稳定，党和政府开始加速推进工业化，并根据工业化目标进行城市建设。这一阶段，主要以工业化为核心推进城市建设，工业化很大程度上决定着城市发展的兴衰，成为城市建设的动力源。

从1953年起我国开始大规模的工业化建设，城市建设的总方针是围绕工业化有重点地建设城市。当时受国力限制，政府将人、财、物向在工业建设集中，城市主要是根据工业化需求进行新建或改建。1954年6月，建筑工程部在北京召开第一次全国城市建设会议，明确城市建设的目标是贯彻国家过渡时期的总路线和总任务，为国家社会主义工业化服务，按照国家统一的经济计划确定建设的地点与速度，并对不同城市采取不同建设方针：第一类是有重要工业建设项目的新工业城市；第二类是扩建城市；第三类是可以局部扩建的城市；第四类是一般中小城市②。在"一五"时期，党和政府以156项重点工程为依托，对上海、北京、天津、沈阳、武汉等城市进行大规模改建、扩建，使其符合工业发展要求；同时新建包头、株洲、茂名等一批工矿城市，以保障工业项目推进。到1957年，全国有建制的城市比1952年增加17个，城市人口增加2800万，城镇化率从1952年的12.5%提升到15.4%，工业总产值比1952年翻了一番以上，人民城市的工业基础初步建立起来。③1955年6月，根据新的城市和新的工业区不断出

① 王黎锋.中国共产党历史上召开的历次城市工作会议［J］.党史博采（上），2016（7）：58-60.
② 董志凯.新中国六十年城市建设方针的演变［J］.中国城市经济，2009（10）：84-90，92，94，95.
③ 戴均良.中国城市发展史［M］.哈尔滨：黑龙江人民出版社，1992：387.

现、旧城市也不断扩大郊区的情况，国务院颁布了设置市、镇建制的决定；1955年11月，国务院第二次公布了城乡划分标准，在城市化与城市建设的规制方面作了初步探索。

总之，"一五"时期城市建设重点是有重要工程的新工业城市，它们按照城市建设的统一规划有组织、有计划、有步骤地建设，并且在建设中得到了全国各地的大力支援，因此这段时期城市化建设稳步有序，也取得了较好的效益。

（三）1958~1966 年：压缩城市阶段

1958 年开始的"大跃进"，导致大批农村人口涌入城市，短期内导致城乡比例严重失衡，城镇化数据虚高。1957~1960 年，全国城镇人口从 9950 万增长至 13070 万，城镇化率由 15.39% 增长至 19.75%[1]，中国城市进入"非正常"超速发展阶段，设市数量从 1957 年底的 177 个增加到 1961 年的 208 个[2]。为减轻城市供给负担，我国在 1960~1963 年实施了压缩城镇人口的调整方针，要适度压缩现有城市规模，减缓城市化发展速度。1962 年 10 月，《中共中央国务院关于当前城市工作若干问题的指示》指出，"妥善安置目前大中城市中的闲散劳动力和不能就学的学生""调整市镇建制，缩小城市郊区，完成减少城镇人口计划"。1963 年 9~10 月，中共中央、国务院召开第二次城市工作会议，指出"市政建设落后于生产发展和人民生活的需要，城市人口出生率太高、人口过多，需要安置就学、就业的人逐年增加，如何管理城市还没有很好解决等问题"。[3]

在实践中，主要通过政策控制城市人口、调整市镇建制等办法进行压缩，出现明显的人为压缩城镇化现象。政策效果十分明显，1961~1963 年，大批工业项目被迫下马，大量进城务工农民及家属被迫返乡，部分城市居民直接下放到农村，全国城镇人口减少了 2600 万，一些城市的行政建制被撤销，城市数量从 208 个降至 174 个，城镇化率也由 19.29% 回落至 16.84%[4]；大部分城市停止城市规划，城市基础设施建设普遍出现停滞，相当部分城市出现衰退现象。

出于压缩城镇人口的考虑，1960 年 11 月，第九次全国计划会议上宣布"三年不搞城市规划"，这一决策导致各地纷纷撤销规划机构，大量精简规划人员，使城市建设失去规划的指导，也影响了之后城市建设。由于"左"的指导思想，1964 年、1965 年城市建设工作继续受到负面影响，1964 年底建制市继续减少，降到 169 个。[5]

---

①③④⑤ 王黎锋.中国共产党历史上召开的历次城市工作会议［J］.党史博采（上），2016（7）：58-60.

② 何一民.新中国城市历史分期研究［J］.社会科学研究，2021（2）：184-193.

（四）1966~1978 年：逆城市化阶段

1966~1978 年是逆城市化阶段，而且持续时间很长。1966~1976 年持续十年的"文化大革命"严重影响了国家经济建设，城市规划和建设几乎处于停滞状态。"文化大革命"初期和中期开始的干部下放和数以千万计的知识青年上山下乡，导致中国城市再次进入"非正常"发展阶段，出现实质上的逆城市化现象，部分城市进入萧条时期。"文化大革命"中后期，在"抓革命，促生产"等政策的推动下，全国各地城市有所复苏，但整体上仍然处于缓慢发展状态，除拉萨等地外较少进行大规模的城市建设。① 此外，1964~1980 年的"三线"建设，特别是 1966~1971 年的"三线"建设执行不建城市，甚至要求城市向农村看齐，进一步影响了全国城市建设。

总之，1949~1978 年，我国人民城市建设受国内政治经济发展形势影响很大，有相当一段时间城市建设并没有完全符合城市建设客观经济规律，因而出现城镇化率大起大落的现象。不过，考虑到当时国家财力有限，而且党和政府对于如何进行社会主义城市建设还没有现成的经验，出现这种情况也有一定的客观性。

二、1978~2012 年：市场化引领城市化建设阶段

1978 年以后，我国开始步入改革开放的新时期，城市化建设进入了一个市场化引领城市化建设的新阶段。这个阶段又可以细分为以下四个阶段：

（一）1978~1984 年：小城市快速发展阶段

1978 年以后，城市建设开始步入正轨。由于当时国家财力有限，再加上城乡二元的管理制度存在，我国不再像以前那样开启大规模城市化扩张。1978 年 3 月，国务院召开第三次全国城市工作会议，强调了城市在国民经济发展中的重要地位和作用，要求城市适应国民经济发展的需要，提出城市整顿工作的一系列方针、政策。由于城乡二元的管理制度存在和城市基础设施严重落后，会议强调要"控制大城市规模，合理发展中等城市，积极发展小城市"，这成为以后很长时间内我国人民城市建设的基本基调。

此时城市扩张发展主要在农村，它源于农村市场化改革产生的"推力"。当时农村经济体制改革极大提高了农民生产积极性，促进了农业、农村经济的繁荣，乡镇企业开始成为推动城镇化发展的重要力量。1984 年，全国乡镇企业实

① 何一民.新中国城市历史分期研究［J］.社会科学研究，2021（2）：184–193.

现产值 1245.4 亿元，占全国工业总产值的 16.3%，吸收非农产业的就业人数达 5208 万人，占全国非农产业就业比重的 30.1%，走向富裕的农民开始自发建设小城镇，诞生了一大批以浙江龙港镇等为代表的明星小城镇。① 可以说，这是在城乡二元分割体制下农民自发建设小城镇的创举，也是一种市场化的行为，不过考虑到农村财力限制，这种行为无法持久。

（二）1984~1992 年：出口导向型、生产型城市崛起阶段

这一时期，城镇化主要源于城市经济体制改革和沿海城市的开放产生的"拉力"。在城市体制改革方面，1984 年 10 月，党的十二届三中全会通过《中共中央关于经济体制改革的决定》，开始将经济体制改革的重点转向了城市，改革产生的红利增强了现有城市的实力，直接推动了现有城市的发展和一些小城市的出现。截至 1987 年 2 月底，各级各类试点城市达 148 个，城市经济体制改革向纵深推进，城市发展首次迎来了改革红利。② 其具体表现就是对国有企业推行的"拨改贷""承包制""利改税"等，推动了城市工业特别是轻工业的振兴和发展，其中福建晋江、湖北沙市、广东顺德等一大批小城市借机脱颖而出。③

在对外开放方面，1984 年我国进一步开放了 14 个沿海港口城市，1985 年长江三角洲、珠江三角洲和闽南厦漳泉三角地区被划为经济开放区，1988 年海南全省成为经济特区，1990 年开发开放上海浦东，这些城市的开放引来了外资和外部劳动人口的流入，促进了当地劳动密集型产业、资本密集型产业和高科技产业的发展，直接促进了当地现有城市的大发展和新兴城市的涌现，其中深圳、珠海迅速发展，成为出口导向型、生产型城市的突出代表。

在此阶段，政府开始重视城市化的发展和城市自身建设。1987 年，《国务院关于加强城市建设工作的通知》明确提出，要"搞好城市规划、加强规划管理"，"加强城市基础设施建设，创造良好的投资环境和生活环境"，并明确提出了"要坚决执行'人民城市人民建'的方针"，但依然坚持要"建立合理的城镇体系，走有计划发展的道路"，强调控制大城市规模。

（三）1992~2002 年：城市开发区、新区快速发展阶段

这一时期，我国依然坚持控制大城市、积极发展中小城市的政策。1996 年，《国务院关于加强城市规划工作的通知》再次强调，"坚持贯彻执行严格控制大城

①③ 陈锋. 改革开放三十年我国城镇化进程和城市发展的历史回顾和展望［J］. 规划师，2009，25（1）：10-12.

② 陈颖. 党对城市治理认识和探索的历史回顾［J］. 中国机构改革与管理，2021（8）：6-9.

市规模，合理发展中等城市和小城市的城市发展方针"。在这种背景下，一方面，中小城市依然在迅速发展；另一方面，在国家推进进一步市场经济体制改革和对外开放战略条件下，大城市开始注重城市开发区、新区建设，城市开发区、新区的快速发展成为此阶段城市建设的一个重要特点。其中，开发区主要是对外，新区主要是对内。

在制度改革方面，从 1993 年开始国家分别进行了土地市场交易制度、城镇住房改革和分税制财政管理体制改革，通过这些改革使得土地出让收入成为地方政府财政的主要来源，房地产业作为一个新兴产业异军突起，大规模住房建设对城市经济、城市社会和空间结构都产生了深远的影响，有效促进了城市发展，并且直接刺激和促进了城市新区的发展。其中，上海浦东新区的发展、天津滨海新区发展战略的提出及开建、郑州郑东新区建设的提出，就是重要代表。新区主要以城市经济需求为导向，以生产型新区为主。生产型新区基本覆盖了除西藏、青海以外所有省份；综合型新区主要分布在东部沿海地区，且大都是在 20 世纪 90 年代中后期才开发建设。①

在对外开放方面，党的十四大报告明确提出，"经济技术开发区和高新技术产业开发区的建设，要合理布局，认真办好"，这刺激了全国各地积极兴办各种开发区和新区建设。在开发区建设方面，仅 1992~1993 年，全国就设立县级以上开发区达 6000 多个，占地 1.5 万平方千米。②

（四）2002~2012 年：中心枢纽型城市快速发展阶段

随着国家经济的发展，城镇化和大城市的作用日渐突出，党和政府逐步意识到城市发展思路转变的必要性，并对城市建设道路制定了新的规划，即开始走符合中国特色的城镇化道路，注重大城市及城市群的作用。2002 年，党的十六大报告提出，"要逐步提高城镇化水平，坚持大中小城市和小城镇协调发展，走中国特色的城镇化道路"，开始改变以往"坚持贯彻执行严格控制大城市规模，合理发展中等城市和小城市的城市发展方针"的观念。2006 年，《中华人民共和国国民经济和社会发展第十一个五年规划纲要》提出，"坚持大中小城市和小城镇协调发展……逐步改变城乡二元结构""要把城市群作为推进城镇化的主体形态""已形成城市群发展格局的京津冀、长江三角洲和珠江三角洲等区域，要继

① 朱孟珏，周春山.改革开放以来我国城市新区开发的演变历程、特征及机制研究［J］.现代城市研究，2012，27（9）：80-85.

② 陈锋.改革开放三十年我国城镇化进程和城市发展的历史回顾和展望［J］.规划师，2009，25（1）：10-12.

续发挥带动和辐射作用，加强城市群内各城市的分工协作和优势互补，增强城市群的整体竞争力"以特大城市和大城市为龙头，发挥中心城市作用，形成若干用地少、就业多、要素集聚能力强、人口分布合理的新城市群"，首次提出城市群概念及具体操作办法。2007 年，党的十七大报告提出，"走中国特色城镇化道路……促进大中小城市和小城镇协调发展……以特大城市为依托，形成辐射作用大的城市群，培育新的经济增长极"。可以说，中心枢纽型城市快速发展成为这一阶段的突出特点。

在城市建设的实践中，积极实施西部大开发战略，以公路、铁路、航空等交通基础设施建设为抓手，以立体交通线连接西部重要城市，以发展中心城市为重点带动西部各省份发展，促进了西部城市发展①；2010 年，住房城乡建设部发布《全国城镇体系规划（2010—2020 年）》，明确提出北京、天津、上海、重庆、广州五大国家中心城市；积极推动国家级新区天津滨海新区建设；2010 年 1 月，国务院正式批复《皖江城市带承接产业转移示范区规划》，实施区域协调发展战略，促进当地城市及产业发展；积极建设廉租房和经济适用房等保障性住房，其中 2008~2012 年底新建各类保障性住房 1800 多万套，棚户区改造住房 1200 多万套；坚持搞好房地产市场调控不动摇，遏制了房价过快上涨势头②；积极发展促进资源型城市经济转型试点；等等。

三、2012 年至今：科学引领城市高质量发展阶段

从改革开放到 2012 年，在市场化改革的推动下，城镇化和城市建设在经过持续多年快速发展后，进入新的历史发展阶段，从此我国人民城市建设走上科学引领城市高质量发展道路。

（一）提出城市高质量发展的基本思路

改革开放以来，我国经历了世界历史上规模最大、速度最快的城镇化进程，城市发展取得了举世瞩目的成就。但是，城市快速发展，也带来交通拥堵、人居环境质量下降等一系列"城市病"。针对城市建设发展产生的问题，2015 年底召开的第四次中央城市工作会议，提出了新的城市发展理念、新的城市建设原则和新的城市发展思路。

---

① 何一民．新中国城市历史分期研究［J］．社会科学研究，2021（2）：184-193．
② 2013 年国务院政府工作报告［EB/OL］．［2013-03-05］．http://baike.baidu.com/item/2013年国务院政府工作报告/7208387?fr=ge_ala.

会议明确了今后一个时期城市工作基本思路。会议强调，城市工作是一个系统工程，做好城市工作，需要尊重城市发展规律，顺应城市工作新形势、改革发展新要求、人民群众新期待，坚持以人民为中心的发展思想，贯彻创新、协调、绿色、开放、共享的发展理念，坚持以人为本、科学发展、改革创新、依法治市，转变城市发展方式，完善城市治理体系，提高城市治理能力，着力解决城市病等突出问题，不断提升城市环境质量、人民生活质量、城市竞争力，建设和谐宜居、富有活力、各具特色的现代化城市。主要体现在"一个尊重、五个统筹"方面。

从尊重城市发展规律来看，城市发展是一个自然历史过程，有其自身规律。必须认识、尊重、顺应城市发展规律，端正城市发展指导思想和发展思路。在城市发展过程中，需要做到人口和用地相匹配，城市规模要同资源环境承载能力相适应。

从统筹空间、规模、产业三大结构来看，在城市快速发展过程中，能否形成符合当地实际、体现资源禀赋、文化特色的城市发展空间结构、规模结构、产业结构，直接关系城市发展全局。①从全国来看，需要统筹空间、规模、产业三大结构，推动大中小城市和小城镇、城市群科学布局，与区域经济发展和产业布局紧密衔接，与资源环境承载能力相适应，以提高城市工作全局性。

从统筹规划、建设、管理三大环节来看，坚持系统思维，从城市未来发展的整体谋划、实际的建设改造和提升、城市运行管理等不同环节入手，系统推进各层面工作，提高城市工作的系统性。需要综合考虑城市功能定位、文化特色、建设管理等多种因素来制定规划、优化设计；要加强对城市的空间立体性、平面协调性、风貌整体性、文脉延续性等方面的规划和管控；要不断完善城市管理和服务，彻底改变粗放型管理方式，让人民群众在城市生活得更方便、更舒心、更美好。

从统筹改革、科技、文化三大动力来看，城市可持续发展能力主要来自改革、科技、文化三轮驱动。城市改革涉及方方面面，当前要重点推进规划、建设、管理、户籍等领域的改革，使之成为城市可持续发展主要动力源。深化城市改革，还要推进城市科技、文化等诸多领域改革，既要优化创新创业生态链，建设智能城市，释放城市发展新动能，又要保护弘扬中华优秀传统文化，延续城市历史文脉，打造城市精神，对外树立形象，对内凝聚人心。

从统筹生产、生活、生态三大布局来看，城市发展需要把创造优良人居环境

---

① 闻言.新时代做好城市工作的科学指南——学习《习近平关于城市工作论述摘编》[N].人民日报，2023-05-27（6）.

作为中心目标，从空间上把握好生产空间、生活空间、生态空间的内在联系，实现生产空间集约高效、生活空间宜居适度、生态空间山清水秀。坚持集约发展，树立"精明增长""紧凑城市"理念，科学划定城市开发边界，统筹生产、生活、生态的空间布局，推动城市发展由外延扩张式向内涵提升式转变。①

从统筹政府、社会、市民三大主体来看，城市发展要善于调动政府、社会、市民三大主体的积极性、主动性、创造性，尽最大可能推动三大主体同心、同向、同力，使政府有形之手、市场无形之手、市民勤劳之手共同发力，尤其要鼓励企业和市民通过各种方式参与城市建设、管理，真正实现城市共治共管、共建共享。

（二）推进以人为核心的新型城镇化

新时期，对于如何进一步推进城镇化发展，我国提出了新的发展思路，积极推进以人为核心的新型城镇化发展。2012年，党的十八大提出"走中国特色新型城镇化道路"。2013年，中央城镇化工作会议明确提出，要以人为本，推进以人为核心的城镇化，提高城镇人口素质和居民生活质量；促进大中小城市和小城镇合理分工、功能互补、协同发展；发展有历史记忆、地域特色、民族特点的美丽城镇，并列出了如何进一步推进城镇化的主要任务和具体措施。2014年，中共中央、国务院印发《国家新型城镇化规划（2014—2020年）》，这是中央颁布实施的首份城镇化规划，对2014~2020年的新型城镇化发挥有效的规划指导作用。2015年，中央城市工作会议提出，坚持以人为本，提高新型城镇化水平。随后，在"十三五""十四五"规划中，对具体如何推进以人为核心的新型城镇化发展进行了具体部署。2022年10月，习近平总书记在党的二十大报告中强调，"推进以人为核心的新型城镇化，加快农业转移人口市民化"，为新时期推进以人为核心的新型城镇化提供了根本遵循。

在新型城镇化的实践工作中，我国坚持以人的城镇化为核心、以城市群为主体形态、以城市综合承载能力为支撑、以体制机制创新为保障，主要通过分类放宽或取消城镇落户限制，全面实施居住证制度，城镇基本公共服务向常住人口覆盖，改造城镇老旧小区，有序发展城市群和都市圈，促进大中小城市协调发展，坚持"房住不炒"的定位，积极提高城镇建设和管理水平等有效举措，加快农业转移人口市民化，推进以人为核心的新型城镇化。

近年来，以人为核心的新型城镇化水平和质量显著提升，常住人口城镇化率

---

① 闻言.新时代做好城市工作的科学指南——学习《习近平关于城市工作论述摘编》[N].人民日报，2023-05-27（6）.

由 2012 年的 53.1% 上升到 2022 年的 65.22%，为开启全面建设社会主义现代化国家新征程提供了坚实支撑。在农业转移人口市民化方面，居住证制度全面实施，城镇落户门槛大幅降低，统一城乡居民基本养老保险和医疗保险制度，1.4 亿在城镇稳定就业的农业转移人口及其他人口在城镇落户。在城镇化空间格局优化方面，"两横三纵"城镇化战略格局基本成型，"19+2"城市群主体形态更加定型，京津冀、长三角、粤港澳大湾区三大城市群的国际竞争力显著增强，成渝地区双城经济圈建设驶入快车道。在城市综合承载力显著提高方面，多年累计改造棚户区住房 4200 多万套、惠及 1 亿多居民，老旧小区改造 16.7 万个、惠及 2900 多万个家庭，城市轨道交通运营里程接近 1 万千米，公共服务供给更加优质均衡，网格化服务管理基本实现全覆盖。在城乡发展差距缩小方面，城乡居民收入比由 2012 年的 2.88 降至 2022 年的 2.45，义务教育县域基本均衡发展全面实现，城乡基础设施一体化发展取得积极成效，行政村自来水供给、道路照明、宽带铺设得到全面改善。[①]

（三）高标准推进先进示范城市建设

为更好地推进城市高质量发展，我国积极推进雄安新区和深圳中国特色社会主义示范区建设，在高标准推进先进示范城市建设方面取得了积极成就。

雄安新区地处京津冀腹地，区位优势明显、交通便捷通畅、生态环境优良、资源环境承载能力较强，具备高起点高标准开发建设的基本条件。为重点打造北京非首都功能疏解集中承载地，2017 年，中共中央、国务院印发通知，决定设立河北雄安新区，拟以新发展理念引领建设现代新型城区。在雄安新区建设中，坚持人民城市的建设发展理念，积极确保高标准先进示范城市建设。在顶层设计方面，专门制定了《河北雄安新区总体规划（2018—2035 年）》《河北雄安新区启动区控制性详细规划》《河北雄安新区起步区控制性规划》《中共中央 国务院关于支持河北雄安新区全面深化改革和扩大开放的指导意见》等文件。在经济发展方面，2019 年，雄安新区设立中国（河北）自由贸易试验区雄安片区，雄安新区入选国家数字经济创新发展试验区；2020 年，国务院批复同意在雄安新区设立跨境电子商务综合试验区。在城区建设方面，坚持以人为本，注重生态和绿色发展，已经规划大量公园和绿地，打造宜居的生活环境，努力实现绿色发展，实行"多主体供给、多渠道保障、租购并举"的特色住房制度，并推进公共服务均等化，实现协调和共享。截至 2023 年，累计完成投资 5100 亿元人民币用于雄安新区的建设，相继启动城市规划、交通建设、产业发展等项目。目前已有多家

① 杨荫凯.推进以人为核心的新型城镇化［J］.新型城镇化，2023（7）：8-13.

首都的央企、大学开始入驻，京雄高铁也已经开通，雄安新区建设取得了积极成就。

2016年3月，《中华人民共和国国民经济和社会发展第十三个五年规划纲要》明确提出"推动粤港澳大湾区和跨省区重大合作平台建设"，深圳市作为粤港澳大湾区建设中的中心城市，面临巨大的发展机遇和历史使命。为更好地促进深圳建设，2019年8月18日，《中共中央 国务院关于支持深圳建设中国特色社会主义先行示范区的意见》正式发布，明确其高质量发展高地、法治城市示范、城市文明典范、民生幸福标杆、可持续发展先锋的战略定位，支持深圳建设中国特色社会主义先行示范区。为此，深圳在创新发展与创新文化先行示范区、绿色发展先行示范区、共享发展先行示范区、全面深化改革先行示范区、全面扩大开放先行示范区、大都市治理现代化先行示范区方面发力。目前，深圳已经成为具有全球影响力的经济中心城市和现代化国际大都市、中国特色社会主义先行示范区、创建社会主义现代化强国的城市范例，城市吸引力越来越大。据中经网数据统计，2018~2021年，深圳市辖区户籍人口数从497.5万人增加到627.9万人。

（四）积极建设城市群和国家级城市新区

为进一步促进我国城市的高质量发展，我国根据城市发展规律和经济发展需要，提出了新的发展思路。2012年，党的十八大报告明确提出"科学规划城市群规模和布局"；2015年底，中央城市工作会议明确提出"以城市群为主体形态"的思路，表示要"统筹空间、规模、产业三大结构，提高城市工作全局性"；2017年，党的十九大报告提出"以城市群为主体构建大中小城市和小城镇协调发展的城镇格局"。为此，《国家新型城镇化规划（2014—2020年）》提出，要"发展集聚效率高、辐射作用大、城镇体系优、功能互补强的城市群……构建……以轴线上城市群和节点城市为依托、其他城镇化地区为重要组成部分，大中小城市和小城镇协调发展的'两横三纵'城镇化战略格局"，并提出"优化提升东部地区城市群""培育发展中西部地区城市群"，其中还专门提出"京津冀、长江三角洲和珠江三角洲城市群，是我国经济最具活力、开放程度最高、创新能力最强、吸纳外来人口最多的地区，要以建设世界级城市群为目标"，表示要"建立城市群发展协调机制""增强中心城市辐射带动功能"，这成为我国今后城市群及城市发展的重要指导意见。在实践中，党和政府通过加强综合交通运输网络建设、户籍制度改革、提升城市基本公共服务水平、推动新型城市建设等具体措施积极促进城市群建设，雄安新区、深圳中国特色社会主义示范区也是促进东部地区城市群建设的重要举措。

在此基础上，国家还在积极建设国家级城市新区，其中，2012 年至 2023 年 7 月，我国先后批准了甘肃兰州新区、广州南沙新区、陕西西咸新区、贵州贵安新区、青岛西海岸新区、河北雄安新区等 17 个国家级新区，当前武汉长江新区、合肥滨湖新区、郑州郑东新区等也在积极申请。国家级城市新区的建设，对于提高地区性中心型城市建设，必将起到积极作用。

第二节　人民城市建设的辉煌成就

中华人民共和国成立以来，在工业化、市场化改革、高质量发展的推动下，我国人民城市建设在城市化规模、城镇体系、居民生活、城市治理、发展理念等方面，取得了巨大成就。

一、人口规模巨大的城市化快速发展

城市化是近现代以来世界经济发展的大趋势，"二战"以来发展中国家纷纷开始城市化。中华人民共和国成立之后，开始了城市化进程，经过 70 多年建设取得了辉煌成就。

从人口城市化与城市数量扩张来看，据中经网数据统计，1949 年中国城镇常住人口仅为 5765 万人，占同期全国总人口的 10.64%，全国县级市仅有 61 个，可以说城市化率极低。然而，经过工业化快速发展，到 1978 年中国城镇常住人口达到 17245 万人，占同期全国总人口的 17.92%，全国县级市达到 92 个，镇 2176 个，地级市 98 个。改革开放以后，通过市场化改革、打破城乡壁垒、产业快速发展、积极释放城市发展活力，大大加速了城市化进程，到 2022 年中国城镇常住人口达到 92071 万人，占全国总人口的 65.2%，全国县级市达到 394 个，镇 21389 个，地级市 293 个，标志着我国全面进入"城市时代"。

从城市建成区面积来看，城市建成区面积及人口密度也大幅度提高，城市容载量得到提高。1990 年城市建成区面积是 12856 平方千米，2021 年上升到 62421 平方千米；1990 年城市人口密度 279 人／平方千米，2021 年上升到 2868 人／平方千米。当前全国城市化已进入提质增效的高质量发展新阶段。虽然目前

我国的城市化率与美国、日本、欧洲等发达国家还有较大差距，与巴西、阿根廷等南美发展中国家也有一定差距，但中国城市化起步晚、人口规模大、发展质量较高，其他国家难以与中国相提并论。

二、多层次的城镇体系基本形成

经过多年发展，我国目前大中小城市与小城镇的空间分布的协调性增强，现已构建形成了多层次的城镇体系。2022年中国县级市达到394个，镇21389个，地级市293个。2021年，按市辖区年末总人口计算，人口在400万以上的城市有22个，200万～400万人的城市有48个，100万～200万人的97个，50万～100万人的85个，20万～50万人的37个，20万人以下的8个[①]。这些镇、县级市、地级市及其中的一二线大城市，在一定时空地域内根据其规模、职能、层次等在诸多方面互有联系、互为依存和互有制约，已经形成多层次的城镇体系，并且在全国主要区域内分别以其中主要的中心城市为依托出现了多个城市群，带动了区域经济社会发展，城市群、都市圈和城市带正逐步成为中国城镇化发展推进的主体形态和引领区域经济社会发展的重要引擎。目前，我国已形成了以京津冀、长江三角洲、珠江三角洲为代表的东部沿海地区城市群，也形成了成渝、中原、长江中游、哈长等为代表的中西部城市群，这些大大小小的城市群构成了我国多层次的城镇体系。

在这些城镇体系中，东部城市群经济最发达，各群内城镇的关联度也高，有力推动了东部地区经济发展，成为国民经济重要的增长极。其中，京津冀、长江三角洲、珠江三角洲三大城市群，在2013年就以2.8%的国土面积集聚了18%的人口，创造了36%的国内生产总值，成为带动我国经济快速增长和参与国际经济合作与竞争的主要平台，是我国经济最具活力、开放程度最高、创新能力最强、吸纳外来人口最多的地区，现在以建设世界级城市群为目标，在制度创新、科技进步、产业升级、绿色发展等方面走在全国前列，对全国经济社会发展起着重要支撑和引领作用。由表2-1可知，2021年京津冀、长江经济带、长江三角洲地区人口数分别占全国的7.8%、43.0%和16.7%，GDP分别占8.5%、46.6%和24.3%，第二产业分别占6.6%、47.0%和25.1%，第三产业占10.3%、46.8%和25.3%，进出口占11.4%、45.7%和36.1%，考虑到京津冀、长江经济带、长江三角洲地区较高的城市化率，其中城市的作用可见一斑。

---

① 数据来源于中经网和《中国统计年鉴2022》。

表2-1 2021年京津冀、长江经济带、长江三角洲地区国民经济和社会发展主要指标

指标	京津冀		长江经济带		长江三角洲地区	
	绝对数	占比（%）	绝对数	占比（%）	绝对数	占比（%）
总人口（万人）	11010.0	7.8	60742.0	43.0	23647.0	16.7
GDP（亿元）	96355.9	8.5	530227.7	46.6	276054.0	24.3
第二产业（亿元）	29487.1	6.6	209949.1	47.0	112026.5	25.1
第三产业（亿元）	62501.7	10.3	284382.7	46.8	153635.4	25.3
进出口（亿元）	13028.0	11.4	178676.5	45.7	141041.9	36.1

资料来源：《中国统计年鉴2022》。

目前，我国"两横三纵"为主体的城镇化战略格局基本形成，城市群集聚经济、人口能力明显增强，东部地区城市群一体化水平和国际竞争力明显提高，中西部地区城市群成为推动区域协调发展的新的重要引擎；城市规模结构更加完善，中心城市辐射带动作用更加突出，中小城市数量在持续增加，小城镇服务功能明显增强。

三、城市居民生活水平的稳步提高

我国城市建设的辉煌成就，还体现在城市居民生活水平的稳步提高上，具体表现在城市居民的人均收入、消费水平、耐用品拥有量和城镇收入平等度四方面。

从城市居民人均收入来看，城市居民收入增长非常明显，其中城市居民人均可支配收入从2013年的26467.0元增加到2021年的47411.9元，增长了79.1%，年均增长7.6%，其中工资性收入从2013年的16617.4元增加到2021年的28480.8元。

居民消费也取得了积极进展。2013年，城镇居民人均消费支出是18487.5元，其中居民的食品衣着等生活必需品消费占总消费比重高达67.9%，城镇居民将较大的收入用于生活必需品消费方面。2021年，城镇居民人均消费支出是30307.2元，其中居民的食品衣着等生活必需品消费占总消费比重仅为34.7%。可以看出，经过多年发展，城市居民总体消费水平大幅上升，同时居民食品衣着等生活必需品消费占总消费比重却下降了，城镇居民有更多的收入用于其他消费方面。

从收入平等程度来看，城镇居民收入平等程度稳中有升。衡量城市居民

收入平等程度，可以从五等份分组的人均可支配收入来衡量。由表 2-2 可知，2013~2021 年，各收入组家庭人均可支配收入都在上升，说明大家的收入均随着城镇的发展而增加；同时和 2013 年（40.7%）比，2021 年高收入组在全国收入中的比重（40.9%）略有上升，说明我国城镇收入平等程度尚未得到有效改善。

表 2-2　2013 年与 2021 年我国城镇居民五等份分组的人均可支配收入对比

年份	20% 低收入组	20% 中等偏下收入组	20% 中等收入组	20% 中等偏上收入组	20% 高收入组
2013	9896	17628	24173	32614	57762
2021	16746	30133	42498	59005	102596

资料来源：万得资讯。

从主要耐用品拥有量来看，城市居民平均每百户年末主要耐用品拥有量持续增加，成就较为突出。2013 年，我国城镇居民平均百户拥有汽车 22.3 辆，电动助力车 39.0 辆，洗衣机 88.4 台，电冰箱（柜）89.2 台，彩色电视机 118.6 台，空调 102.2 台，热水器 80.3 台，移动电话 206.1 部，计算机 71.5；2021 年，我国城镇居民平均百户拥有汽车 50.1 辆，电动助力车 68.8 辆，洗衣机 100.5 台，电冰箱（柜）104.2 台，彩色电视机 120.3 台，空调 161.7 台，热水器 98.1 台，移动电话 253.6 部，计算机 63.2 台。[①]与 2013 年比，2021 年除了计算机数量有所下降之外其他指标都上升了，不过计算机数量下降主要是由于智能手机替代作用引起的。

四、城市治理水平的逐步提高

我国城市建设成效，还体现在城市治理水平在逐步提高上，主要表现为社会治安管理及户籍管理、城市治理数字化建设、城市社区自治管理等方面。

在社会治安管理及户籍管理方面，成效突出，社会治安逐步好转。公安机关受理和查处治安案件数目，2009~2021 年，每万人受理案件数从 88.2 件下降到 64.2 件。在城市户籍管理方面，管理方式日益合理化。2014 年国务院印发《关于进一步推进户籍制度改革的意见》，规定要进一步调整户口迁移政策，统一城乡户口登记制度，全面实施居住证制度，稳步推进义务教育、就业服务、基本养老、基本医疗卫生、住房保障等城镇基本公共服务覆盖全部常住人口，到 2020 年基本建立与全面建成小康社会相适应的新型户籍制度。2022 年 7 月，国家发

---

① 《中国统计年鉴 2018》《中国统计年鉴 2022》。

展改革委发布《"十四五"新型城镇化实施方案》，提出放开放宽除个别超大城市外的落户限制，试行以经常居住地登记户口制度。

在城市治理数字化建设方面，数字化转型成效显著。城市政府依托数字化管理，开始由碎片化管理转向整体性管理、由封闭性管理转向开放性管理、由传统政府部门协调转向整体性协同、由手工作业转向数字作业。我国城市数字治理能力提高，有效支撑了疫情防控。城市政府通过实行运营商的手机实名制、交通部门的购票实名制、政府部门的人口数据库以及互联网企业为社会提供服务等，构筑起庞大的数据基础资源，并借助政府强大的数字治理能力，在精准防疫、追踪、隔离等各个环节发挥了重要作用。①

在城市社区自治管理方面，也取得了积极成就。改革开放以后大量农村人口涌入城市，城市的社会流动人口增加，原有的以"单位制"为主、街居制为辅的管理体制不适应城市管理新形势。在这种情况下，2000 年出台的《民政部关于在全国推进城市社区建设的意见》提出，从我国基本国情出发，改革城市基层管理体制，强化社区功能，加强城市基层政权和群众性自治组织建设。经过 20 多年的治理，我国城市社区建设取得了积极成就，截至 2022 年，全国已有社区服务中心 29000 个，社区服务站 50900 个。② 目前社区服务实现了网络化和产业化，基本满足了广大社区居民的实际需求，建立起了与社会主义市场经济体制相适应的社区管理体制和运行机制。③ 2023 年 7 月，住房城乡建设部、国家发展改革委等 7 部门拟将在 106 个社区开展完整社区建设试点，以完善社区服务功能，补齐社区服务设施短板。

第三节　人民城市建设的典型做法

经过多年的发展，我国人民城市建设取得巨大成功。在推进人民城市建设的具体实践中，各地城市主动作为，积极探索，在城市新城建设、智慧城市建设、治理现代化等方面，积累了诸多宝贵经验，形成了多元化的典型经验。

① 推进城市治理现代化，这个能力是关键！［EB/OL］.［2020-12-24］. https://baijiahao.baidu.com/s?id=1686952402133387217&wfr=spider&for=pc.

② 数据来源于国家统计局，https://www.mca.gov.cn/mzsj/tjsj/2023/202301tjsj.html.

③ https://www.mca.gov.cn/zt/n399/n403/c90526/content.html.

一、城市新城区建设：以郑州郑东新区建设为例

郑东新区位于郑州市主城区东部，是郑州市新建城区，规划控制面积 370 平方千米，截至 2023 年底，管辖面积 260 平方千米，辖 12 个乡（镇）办和 3 个园区。自 2003 年 1 月启动开发建设以来，由一片鱼塘村落蝶变为一座现代化新城，成为展示郑州乃至河南对外开放形象的亮丽名片，在全国城市新城区建设中具有典型示范意义。

（一）建设背景

一方面，长期以来，郑州市人口、市域规模、经济总量都比较小，与作为人口大省河南省省会、区域中心城市的地位极不相符，建设城市新区、增强城市发展实力的需求十分强烈。2000 年以前，河南作为内陆经济欠发达省份，亟须中心城市辐射带动省域经济快速发展，郑州作为河南省会城市和区域中心城市，辐射带动河南区域经济发展任务巨大。但当时的郑州城市规模小，经济实力弱，辐射带动能力不够。1999 年，郑州市市辖区户籍人口数是 209.62 万人，市辖区建成区面积是 124.51 平方千米，市辖区 GDP 是 288.89 亿元[①]。并且郑州市市辖区受陇海、京广铁路交叉分割，北部受黄河天然阻隔，拓展空间受到制约，最大的优势拓展空间是向东发展。

另一方面，在 2000 年前后，我国开始重视区域性中心城市建设和发挥大城市的辐射带动作用，并形成政策利好的窗口发展期。2000 年，“十五”计划提出，“积极发展中小城市，完善区域性中心城市功能，发挥大城市的辐射带动作用”。郑州当时作为中等城市和区域性中心城市，迎来了政策窗口期。按照 1998年国务院批复的《郑州城市总体规划（1995 年至 2010 年）》的要求，郑州市区人口发展长远目标为 500 万 ~ 600 万人，原则上同意了郑州进行新区建设、扩大城区面积。这是郑州市规划郑东新区的政策大背景。

（二）建设过程

2000 年，河南省委、省政府提出，“一定要增强郑州中心城市功能”“郑州市当前面临的首要任务是扩大城市规模”“高起点、大手笔”，以开发郑州的新区建设为重点，推动郑州市建设全国区域性中心城市。

2001 年 7 月，郑州市对郑东新区总体规划进行了国际征集。2002 年 3 月，郑州市人大对规划方案予以确认，并以地方性法规形式确保规划顺利实施，2003

---

① 数据来源于中经网。

年 1 月，以郑州国际会展中心开工为标志，郑东新区开发建设拉开序幕。

郑东新区采取组团发展模式，将最初的 150 平方千米规划区域划分为中央商务区（CBD）、龙湖地区、商住物流区、龙子湖高校园区、高科技园区和经济技术开发区等若干组团，进行分别建设。在 2015 年前后，郑东新区除龙湖地区外其他区域都已开始投入使用，其中郑州东站于 2012 年 9 月投入运营，CBD 已成为郑州金融中心区域，2021 年龙子湖高校园区 15 所高等院校全部入住，师生人数超过 20 万人。

（三）建设成就

从自身发展来看，一是郑东新区的经济发展取得巨大成就。目前，累计入驻市场主体超 22 万家，其中世界 500 强企业 78 家。2021 年郑东新区 GDP 为 1270 亿元，仅次于金水区。二是郑东新区的城区建设成效显著。截至 2021 年底共有博物馆 4 个，高等院校数量达到 15 个，各类学前及初中等学校 163 个，区内高铁、城际铁路和地铁汇集，郑大一附院东区分院、阜外华中心血管病医院、河南省中医一附院龙子湖院区等优质医疗资源集聚。2021 年，城镇人口达到 78.4 万人。三是郑东新区生态环境持续提升。秉持"生态城市""海绵城市""新陈代谢城市"理念，累计建成水域 18 平方千米，绿地 40 平方千米，城市核心区绿化覆盖率接近 50%，形成绿水环绕、青山点缀、公园密布的良好生态环境。

从辐射带动效应来看，郑东新区建设还通过扩大城市空间、新旧城区互动、示范效应等方式，带动郑州市整体快速发展。2000~2021 年，郑州市市辖区建成区面积从 133.22 平方千米上升到 744.15 平方千米，户籍人口数从 218.96 万人上升到 466.8 万人，GDP 从 343.47 亿元上升到 8814.05 亿元，建成区绿化覆盖率从 2005 年的 34.9% 上升到 2021 年的 41.63%[①]。近年来，郑州市正在加快推进国家中心城市建设，拥有更大的发展潜力。

（四）经验启示

郑东新区取得巨大成功，有一些成功经验值得探讨。一是抢抓机遇。郑州市有亟须空间拓展的发展需求，国家城市发展政策有变化，河南省委、省政府眼光敏锐，果断决策，抢抓机遇。二是国际视野。采取开放姿态，采纳国际先进设计方案，对郑东新区进行"高起点、大手笔"的规划，充分体现了"海绵城市""生态城市""新陈代谢城市"理念。三是新旧城区互动发展。郑东新区与老

---

① 数据来源于中经网。

城区是以中州大道为界，沿着中州大道向东就地建设新区，中间没有预留空地，不仅可以使新旧城区无缝连接，降低通勤成本，促进要素交流，而且避免了很多城市新旧城区过远导致的不平衡发展问题。四是政府的持续坚持。郑东新区从2003年开建到现在，经历了河南省、郑州市多届政府的更替，但这并没有改变政府坚持不懈持续推动新区建设的决心。郑东新区建设期间始终遭受外界质疑，其中2009~2013年还曾被一些媒体称为"中国最大鬼城"，但政府顶住了外部压力，持续推进建设。

二、城市更新：以上海市城市更新为例

城市更新是城市可持续发展的必然趋势，也是满足人民群众日益增长的美好生活需要的必然选择。改革开放以来，在不断推进城市更新的进程中，上海秉持人民城市的理念，完成了一场华丽的转身，成就了一个独具魅力的国际化大都市。

（一）建设背景

20世纪80年代初，上海常住人口1152万人，居全国第一，人均住房面积却不足5平方米，建筑之密、厂房之挤、道路之狭、绿化之少，均为全国之"最"①。在这种情况下，城市更新就成为历届上海市委、市政府最重视的民生问题。

（二）建设过程

改革开放以来，上海以政府为主导，以居住改善为重点，大规模推进城市更新，具体分为以下三个阶段：②第一阶段（20世纪80~90年代）是以政府筹措为主的住房改造阶段。当时上海的城市面貌和居住环境非常恶劣，很多家庭三代同堂、老少共居，多人生活在一个10平方米左右的小房子里，很多房子属于棚户、简屋、危房。第二阶段（20世纪90年代至21世纪初期）是以效率为优先的大规模旧区改造阶段。这个阶段上海的城市基础设施逐步完善，城市的整个格局持续向外扩张。通过改造升级，贫瘠、落后的"两湾一宅"棚户区变身成为上海内

① 傅晓云，郭定江.上海城市更新的案例分析及经验启示［EB/OL］.［2023-04-04］. https://baijiahao. baidu.com/s?id=1762220719775588767&wfr=spider&for=pc.

② 孙继伟.好的城市更新是释放出来的城市更新大讲堂第十二讲［EB/OL］.［2023-05-21］. http://news. sohu.com/a/677542856_100098692.

环线内规模最大的现代化生态居住园区。第三阶段（21世纪初期至今）是稳步拓展的渐进式更新阶段，城市更新更加关注中心城区的活力提升和历史风貌的保护。

（三）建设成就

从局部向全域拓展看，上海市城市更新从中心城区开始，向宝山、闵行、川沙、虹桥等外围地区拓展；从更新对象看，上海市城市更新从旧城改造和工业用地转型，向黄浦江、苏州河沿岸的重点地区，北外滩、杨浦滨江、北新泾等地区等全类型拓展；从规划体系看，将城市更新融入各项工作。

（四）经验启示

一是建立完善的制度体系。在城市更新的进程中，上海先后出台了《上海市城市更新规划实施办法》《上海市城市更新规划土地实施细则（试行）》《上海市城市更新规划管理操作规程（试行）》《上海市城市更新条例》及实施细则等，建立完善了一整套制度体系。二是坚持人民城市重要理念。城市更新应保护生态环境，提升城市空间品质，坚持人民城市为人民，营造舒适的人居环境。三是保护城市的历史和文化。上海在城市更新进程中就以历史文化遗产保存为重点，更关注历史风貌、工业遗产的保护再利用，强调城市更新的文化内涵。四是兼顾产业转型升级。城市更新需兼顾产业转型升级，实现城市更新和产业转型的融合发展。[①]

三、智慧城市：以杭州智慧城市建设为例

自2012年被正式列为"中国智慧城市"试点城市之后，杭州市正式开启了智慧城市建设的探索。经过多年发展，杭州智慧城市建设成效显著。

（一）建设背景

自2008年智慧城市的概念被IBM公司提出后，已经被中国很多城市接受。随着杭州市城市规模急剧扩张，人口数量快速上升，随之而来的环境负荷超限、公共设施滞后、社会保障不足、交通拥堵等各种城市病问题日渐严峻。城市病严重制约了杭州市经济社会的有序发展。围绕如何破解城市病、提高城市治理效

① 傅晓云，郭定江. 上海城市更新的案例分析及经验启示［EB/OL］.［2023-04-04］. https://baijiahao. baidu.com/s?id=1762220719775588767&wfr=spider&for=pc.

率，杭州市开始积极探索城市治理的智慧化新手段。2011年11月，杭州市发布《杭州市智慧城市建设总体规划》提出，"随着信息技术的不断发展和应用，智慧城市建设已经成为城市发展的重要方向。杭州作为中国东部高度发达的城市之一，有着丰富的信息技术资源和先进的城市基础设施，具备了打造智慧城市的优势条件"，表明杭州市已经充分认识到建设智慧城市的重要性。

（二）建设过程

总的来看，杭州智慧城市建设主要经历了以下阶段：一是初期探索阶段。杭州在建设智慧城市之前，一直在探索建设"数字杭州"，明确把"构筑数字杭州，建设天堂硅谷"作为21世纪初和今后一个时期的"一号工程"。在实践中，杭州市积极进行电子政务建设，并积极为企业、市民服务，让数字化建设直接惠及城市发展。2003年2月投入试运行的"中国杭州"门户网站努力实现政府内外网的融合。二是数字城管建设阶段。杭州智慧城市建设的一个重要阶段是数字城管建设，它经历了从数字城管到智慧城管的变化。杭州智慧城管起步于2005年，是住建部首批10个"数字城管"工作试点城市之一。2008年7月，杭州市发布《杭州市数字化城市管理实施办法》。杭州推进城市管理向城市治理转变，城管数字化治理能力处于全国领先水平。三是积极建设"智慧城市"阶段。2011年发布《杭州市智慧城市建设总体规划》，对杭州智慧城市建设进行规划指导，重点推进交通、医疗、教育、公共服务、旅游、城管等领域的智慧城市建设。四是积极建设"城市大脑"阶段。2016年，杭州提出建设"城市大脑"。2017年，杭州发布城市大脑交通系统V1.0版。2018年底，杭州城市大脑（综合版）发布，尝试将其功能延伸至城管、卫健、旅游、环保等领域，从"治堵"向"治城"转变，截至2021年7月城市大脑已经打通50多个部门、单位的760个数据系统。

（三）建设成就

随着杭州智慧城市建设的不断成功，2018年杭州明确提出打造全国"数字经济第一城"。2020年，中国经济信息社、中国信息协会和中国城市规划设计研究院联合发布《中国城市数字治理报告（2020）》，从数字治理指数角度对城市发展水平进行考察，报告显示，杭州超越北上广深，数字治理指数位居全国第一。

2020年3月31日，习近平总书记在杭州城市大脑运营指挥中心调研时指出，让城市更聪明一些、更智慧一些是推动城市治理体系和治理能力现代化的必由之路，并希望杭州在建设城市大脑方面继续探索创新、加快建设智慧城市、为全国创造更多可推广的经验。在这种情况下，杭州提出城市大脑要实现由"单兵突进、试点先行"向"纵深推进、全面提升"转变，加快形成具有时代特征、中国特色、杭州特点的城市治理现代化数字系统解决方案，杭州正努力成为全国智慧城市建设的"重要窗口"。

（四）经验启示

杭州智慧城市建设能取得积极成就，主要有以下经验：一是坚持"以人为本"。2011 年发布的《杭州市智慧城市建设总体规划》强调，"以人为本是智慧城市建设的核心理念"，提出自身在建设智慧城市中将在"以人为本的民生服务"领域实行重点突破。二是敢于探索，勇于创新。早在 1999 年我国互联网经济兴起后，杭州市抢抓机遇，并于 2000 年就明确提出"构筑数字杭州，建设天堂硅谷"，积极进行电子政务建设。在 2005 年前后进行数字城管建设时，在全国首创信息采集市场化做法，实现了"三个第一"（第一时间发现问题、第一时间处置问题、第一时间解决问题）。在 2016 年创新性提出建设城市大脑。三是常抓不懈，持之以恒。从 2000 年初杭州提出"构筑数字杭州，建设天堂硅谷"，到 2012 年前后提出建设智慧城市、2016 年首次提出城市大脑建设，再到 2018 年杭州明确提出打造全国"数字经济第一城"，都表明杭州市推进智慧城市建设的决心和恒心。也正是这种精神，让杭州才能从最开始的电子政务建设，逐步走向城市大脑，不断实现跨越，从众多的城市中脱颖而出，最终走在全国智慧城市建设前列。

第四节 人民城市建设的经验启示

历经 70 多年的发展，我国人民城市建设取得举世瞩目的巨大成就，通过我国人民城市建设的历史回顾、成就梳理以及典型做法总结，可以得出许多重要的经验启示。

一、坚持党对城市建设的全面领导

中国共产党是中国特色社会主义事业的领导核心，是中国式现代化建设的领导核心，也是实现城市现代化的领导核心。

从城市建设的实践来看，要确保人民城市建设不断成功，就必须坚持党对城市建设的全面领导。党是我国社会主义建设事业和城市建设的领导核心，只有坚持党的领导才能处理好各种经济社会关系，充分调动社会各种资源和力量，推进城市化和人民城市建设。我国是一个幅员辽阔、人口众多的国家，既包括较为发达的东部沿海地区，也包括欠发达的中西部地区，不同地区有不同的利益诉求和发展方式，需要统筹不同地区的城市发展；城市内部形成户籍人口与常住人口、企事业就业群体与自由就业群体等不同的群体，增加了城市治理的难度；城乡关系始终是影响城市建设的重要因素，统筹城乡关系，促进城乡和谐发展任务艰巨。这种情况下，进行城市化和人民城市建设必须有一个坚强的领导核心，才能有效地处理好各地区、不同城市群体、城乡之间的关系，从而有效促进人民城市建设。

从城市建设的历史探索看，坚持党对城市建设的全面领导是确保我国人民城市建设不断成功的重要保障。在党的领导下，我国仅用了 70 多年就完成了西方国家上百年才完成的城市化。从中华人民共和国成立初期恢复城市建设管理、加快工业化带动城市化快速发展，到 20 世纪六七十年代通过政策压缩控制城市发展规模和速度、逆城市化发展，再到改革开放以后市场化改革促进城市发展，新时代城市建设进入高质量发展阶段，我们党先后召开四次城市工作会议，研究解决城市发展的重大问题，对城市建设发展发挥主导作用，促进城市化及人民城市建设快速发展。

二、坚持以人民为中心的发展思想

多年的城市建设发展，一条重要成功经验就是坚持以人民为中心的发展思想。城市的核心是人。城市工作做得好不好，最终要用人民群众的满意度来衡量。在长期的人民城市建设的实践过程中，一再证明无论是事前规划还是具体建设和治理，无论是新城区规划建设还是老城区改造升级，都要聚焦人民群众的根本需求，只有这样才能发挥群众的建设智慧，才能让城市真正地走内涵式、集约型、绿色化的高质量之路。人民城市建设问题，本质上是如何做到"人民城市人民建，人民城市为人民"的问题。只有坚持以人民为中心的发展思想，充分考虑满足人民群众的利益，让人民更好地在城市工作和生活，才能充分发挥人民群众建设人民城市的积极性，更好地促进城市发展。因而，坚持人民城市为人民，是做好人民城市工作的出发点和落脚点。

2020 年 11 月，习近平总书记在《在浦东开发开放 30 周年庆祝大会上的讲话》中指出，"人民城市人民建、人民城市为人民""要坚持广大人民群众在城市建设和发展中的主体地位"。党的二十大报告进一步强调，坚持人民城市人民建、人民城市为人民，提高城市规划、建设、治理水平，加快转变超大特大城市发展方式，实施城市更新行动，加强城市基础设施建设，打造宜居、韧性、智慧城市。这为当前人民城市建设确立了以人民为中心的根本遵循。

三、充分尊重城市发展规律

城市发展不是以人的意志为转移的，它是一个自然历史过程，也有其自身客观规律。当前，认识、尊重、顺应城市发展规律，已成为我国开展城市工作的共识，更是成为城市发展指导思想。

从我国城市发展的不同阶段来看，如果遵循城市发展规律，城市就会健康地可持续发展；如果违背了城市发展规律，城市发展就会受到影响。1953~1957年的工业化发展阶段，我国遵循尊重客观经济规律及城市发展规律，因此工业化及城市建设都取得了较好成绩。但在始于1958年的"大跃进"中，全国各地没有遵循工业发展及城市发展规律，纷纷增加新职工，农民大量涌进城市，导致短期内城市数目、人口骤增，城市和城市人口过分膨胀并远超过国家财力物力承受极限，工业生产和市民生活受到严重影响，出现了"过度城市化"，最后被迫采取大幅度精简压缩措施，甚至在1960年11月第九次全国计划会议上宣布"三年不搞城市规划"，严重影响了全国经济及城市发展。1978年后，党和政府意识到充分尊重城市发展规律的重要性，我国城市化建设及人民城市建设开始逐步走向正规。2000年，国家"十五"计划提出，"推进城市化进程要遵循客观规律，与经济发展水平和市场发育程度相适应，循序渐进，走符合我国国情、大中小城市和小城镇协调发展的多样化城镇化道路"。此后，我国城市化建设日新月异，大中小城市以及城市群、都市圈都得到健康快速发展。当前我国已经步入城市高质量发展的新阶段，更需要充分尊重城市发展规律。

四、坚持推进市场化改革

城市长期健康可持续发展，离不开市场机制的巨大作用。从70多年人民城市建设的历史来看，能否有效地利用市场、推进城市的市场化改革，是促进人民城市高效建设、确保城市健康可持续发展的关键。在改革开放前，我国在计划经济体制下采取"单位制城市"的治理模式，构建了具有"国家主义"显著特征的城市管理体系，排斥了市场机制的作用，使得城市发展主要依靠政府宏观计划和行政命令，用命令和计划取代市场，城市建设和治理过程中不能充分反映城市中生产与需求的真实情况，也不能充分调动各种生产主体的积极性，导致城市经济发展缓慢、城市建设管理脱离经济发展实际，造成城市建设发展大起大落。而在改革开放之后，我国全面开启了经济社会体制改革进程，社会主义市场经济体制逐步确立，城市通过财税体制、城市土地交易、城市住房等市场化的改革，极大地激发了大中小城市发展的活力，使我国经历了世界历史上规模最大、速度最快的城镇化进程。

新时期，我国城市建设发展依然需要持续深化的市场化改革，充分发挥市场作用，尽最大可能推动政府、社会、市民同心同向行动，使政府有形之手、市场无形之手、市民勤劳之手同向发力，推动资金、技术、信息、人力等生产要素向城市汇集，使城市成为各类要素资源最集中、经济创新发展活力最强的地方。

第四章　建设人民城市的系统思维

城市建设与发展是一项庞大而复杂的系统工程，新时期建设人民城市要坚持和运用好系统思维，以人民需要和满意为根本价值取向，从构成城市诸多要素、结构、功能等方面入手，统筹规划、建设、管理三大环节，不断提高城市工作的系统性、整体性、协同性，有效提升城市治理体系和治理能力现代化水平，努力开创人民城市建设的新局面。

第一节　编制接地气的城市规划

习近平总书记强调，"考察一个城市首先看规划，规划科学是最大的效益，规划失误是最大的浪费，规划折腾是最大的忌讳"，要"真正把高标准的城市规划蓝图变为高质量的城市发展现实画卷"。城市规划作为勾画城市未来一定时期建设发展的宏伟蓝图，其编制水平直接影响城市经济社会发展水平、整体形象品质及在国内外的影响力、知名度等。只有始终坚持以人民为中心的发展思想，将加强顶层设计与问计于民统一起来，编制出接地气、有温度、讲实效的城市规划，才能真正地推动人民城市建设高质量发展。

一、树立科学的城市规划理念

（一）把握好城市工作的本质

城市的核心是人民群众，城市规划作为城市发展的龙头，是政府合理分配城市资源，协调各方利益，统筹城市空间布局和建设项目，引导城市持续提升功能品质,营造宜居宜业、人民满意的城市环境,让城市成为人民宜居宜业的美丽幸福家园的重要公共政策。因此,科学编制城市规划,在指导思想上要牢牢把握以人民为中心的发展思想这一底线要求,始终坚持"人民城市为人民""人民城市人民建""人民城市人民享""人民城市人民评";在发展目标上要坚持以满足人民群众对美好生活的需求为导向,将人民宜居安居放在第一位,合理布局生产、生活、生态三大空间,合理安排生态环境建设、产业发展布局、基础设施和公共服务设施等,不断优化城市功能环境,提升城市空间品质,改善人民生活质量,切实增强人民群众的获得感、幸福感和安全感;在实施主体上要充分认识到人民群众是推动城市建设的力量之源,坚持以高质量党建为引领,凝聚广大人民群众形成合力,创造城市发展成果、推进城市高质量发展。

(二)尊重城市发展规律

习近平总书记指出,"城市发展是一个自然历史过程,有其自身规律""城市工作中出现这样那样的问题,归根到底是没有充分认识和自觉顺应城市发展规律"。尊重城市发展规律,是做好城市规划的前提和基础。城市受城镇化发展水平、工业化发展程度、人口规模和人均收入水平等因素的影响,在建设速度、空间形态、发展动力、功能需求等方面呈现出明显的差异。当前,我国城市正由外延式扩张向内涵式提升转变。无论是政府管理者,还是城市规划编制方等相关主体,均须深化对城市建设发展具有系统性、规律性的认知和把握,科学研判城市发展现状及阶段性特征,超前谋划、系统研究,找准城市的发展定位,以高水平的规划推动城市走内涵式、集约型、绿色化的高质量发展路子,促进城市功能不断完善、城市特色更加彰显,发展能级和核心竞争力不断提升,更好地激发城市高质量发展活力。

(三)树牢城市规划系统思维

习近平总书记在中央城市工作会议上提出的"五大统筹",是各地优化提升城市工作系统性、开创人民城市建设新局面的重要行动指南,应当贯穿于城市规划、建设和管理的全过程。"五大统筹"即通过"统筹好空间、规模、产业三大结构""统筹好规划、建设、管理三大环节""统筹好改革、科技、文化三大动力""统筹好生产、生活、生态三大布局""统筹好政府、社会、市民三大主体",有效提高城市规划等工作的全局性、系统性,有力提升城市发展的持续性、宜居性和各方参与的积极性。

二、掌握城市规划内涵与体系

（一）城市规划的发展演进

随着我国经济社会发展阶段的演进和规划体系改革的深入推进，城市规划也由计划经济时期的落实国民经济计划、围绕城市建设而生的建设规划，发展完善到形成了独具特色的规划制度体系，再到"多规合一"后融入国土空间规划体系中，其战略性、科学性、系统性特征不断增强。

第一，在"多规合一"改革之前，我国的城市规划由城市人民政府结合国民经济和社会发展规划、土地利用总体规划等组织编制。在此阶段，城市规划由总体规划和详细规划（分为控制性详细规划、修建性详细规划）构成。其中，大、中城市根据发展需要，可依据相关法律和城市总体规划编制分区规划。

第二，2019年国家实施"多规合一"改革后，要求将主体功能区规划、土地利用规划、城乡规划等空间规划融合为统一的国土空间规划，成为解决各类规划自成体系、内容重叠冲突、缺乏有效衔接的重要手段。城市建设发展要充分发挥国土空间规划的引领作用，持续优化生产、生活、生态空间布局，为提升城市规划、建设、治理水平，绘就高质量发展的蓝图提供有力的规划引导、控制和支撑。目前，全国省、市、县三级国土空间总体规划已经全部编制完成并陆续审核报批。2021年施行的《中华人民共和国土地管理条例》规定，"已经编制国土空间规划的，不再编制土地利用总体规划和城乡规划"。中共中央、国务院印发的《关于建立国土空间规划体系并监督实施的若干意见》提出，"运用城市设计、乡村营造、大数据等手段，改进规划方法，提高规划编制水平"，国土空间规划成为指导城市开发建设的重要依据。

第三，随着经济社会的发展和城市治理水平的提升，人民群众对城市环境提出了新需求、新愿景，部分聚焦解决城市发展某一领域问题的规划开始编制起来，如旨在缓解城市内涝，提升城市公共安全和发展韧性，维护城市生态环境的海绵城市规划；旨在提升城市智慧化水平，探索城市现代化治理新路径的智慧城市规划；旨在促进城市与人民健康协调发展，全方位全周期守护市民健康，为城市经济社会协调发展提供健康基础，提升城市治理能力的健康城市规划等。

第四，随着老龄化、少子化时代的到来，部分城市开始密切关注老人、儿童等人民内部不同群体对城市人居环境等的特殊需求，探索编制"适老化""适小化"城市规划，如深圳出台了全国首部儿童友好城市建设的地方性纲领性文件《深圳市建设儿童友好型城市战略规划（2018—2035年）》。另外，随着扩大内需、刺激消费战略的实施推进，长沙、鄂尔多斯、上海、南京等城市陆续提出

"建设女性友好型城市"的目标，更加关注城市发展的"她需求"，努力为城市治理增添"她视角"。总体来看，我国城市规划的内涵越来越丰富、体系越来越健全，组合形成了指导城市高质量发展的规划体系。

（二）正确处理规划之间的关系

正确处理好城市发展相关规划之间的关系，是推动各类规划形成指导城市建设发展的正向合力的前提。

第一，要坚持城市开展各类开发建设活动以国土空间规划为重要依据，以城市国民经济和社会发展规划为重要指导。随着"多规合一"改革的深入推进，城市规划成了国土空间规划体系的一个重要组成部分，城市开展一切开发建设活动要在国土空间规划划定的生态保护红线、永久基本农田、城镇开发边界"三条控制线"和生产、生活、生态"三大空间"内进行。随着人民群众对城市生活不断产生的新需求、新期待，以及提升城市治理水平的需要，韧性城市、海绵城市、智慧城市、数字城市、健康城市等建设规划的编制和实施成为社会关注的热点，城市应因地制宜地制定基于空间规划体系的基础设施、产业发展、绿地系统等系列专项建设规划，以及城市品质提升、海绵城市、智慧城市等个性化规划的编制方案，促进城市建设发展与国土空间规划、城市国民经济和社会发展规划之间的协调。

第二，要处理好单个城市规划与区域发展规划之间的关系。城市群、都市圈是城镇化和城市发展到一定阶段的产物，建设城市群、都市圈，有助于加强中心城市与周边城市之间的往来协作和一体化协调发展。单个城市发展相关规划的编制与都市圈、城市群规划在目标、布局、重点项目等方面要加强协调，推动形成促进城市高质量发展的规划合力。

第三，衔接好规划的远景目标与近期安排。城市规划建设要坚持远期与近期相结合的原则，正确处理好远景发展和近期安排之间的关系，使规划的目标要求、空间布局、开发时序等与城市经济社会发展水平、人民群众的实际需求和期盼等相适应。

三、探索适用的城市规划模式

（一）明晰城市规划的新趋势

进入高质量发展阶段，城市规划建设的思路与内容等呈现出了新的趋势和要求，对城市发展模式的选择或优化提出了更高的要求。

第一，"经济主流"向"综合多元"演化升级。与早期城市规划的重点和焦点更多偏重于城市的开发建设、更加倾向于与经济增长相关的内容比，高质量发展阶段的规划对象和内容涉及城市的全域、全要素和全行动方略，重点是统筹协调和组合各类要素之间的关系，如国土空间优化、绿色低碳发展、历史文化传承、基础设施和公共服务提升等，凡是与全面优化城市功能、结构、布局、品质，营造宜居、宜业、宜乐、宜游良好城市环境相关领域、内容的建设发展均越来越受到关注。

第二，"自上而下"与"自下而上"均衡协作。人民城市建设离不开人民的参与，城市规划要更加亲民、惠民、便民。编制城市规划要畅通多元化的公众参与平台和渠道，广泛征求市民和社会公众对规划的意见和建议，强化政府管理者、规划编制方等与人民群众之间的互动融合，充分倾听人民内部不同群体的诉求和愿景，争取制定出透明度高、公信度强、人民群众满意度高的规划。

第三，"目标为终"与"过程控制"协调融合。城市规划的有效运行既离不开发展目标的引导，也离不开实施过程的监督和修正，因此，将"目标为终"与"过程控制"有机结合起来，加强规划实施过程和实施实效的检查评估，能确保城市规划近期目标和远景目标的顺利实现。

（二）探索城市规划的适用模式

城市规划采用较多的模式，主要有"战略目标—实施路径—行动安排"模式、"评价研判—制定规划—实施措施"模式和"城市体检—问题针对—应对策略"模式，其编制思路、核心工具和适用场景等各有侧重，可根据城市规划面临的新趋向、新要求，在不同的城市规划领域、规划类型选择更加适用的模式或模式组合。

第一，"战略目标—实施路径—行动安排"模式。这是一种目标导向性的规划模式，其核心是围绕城市一定时期内发展的战略定位和主要目标，进行实施路径的设计和具体行动的安排。通过这种模式编制的规划，其突出特点是不仅具有较强的战略性和超前性，还能将城市发展的远景、近景目标有机协调起来，安排好清晰的实施路线和具体的实施步骤，体现出较强的可操作性。采取"战略目标—实施路径—行动安排"模式编制城市规划，能够更好地发挥政府的战略导向作用及市场等多元主体的作用，但广大市民及社会力量的参与性相对较弱。

第二，"评价研判—制定规划—实施措施"模式。该种模式强调规划是一个动态持续的完整体系，基于对已有规划实施效果进行评估、对现有发展基础禀赋进行评价及对未来发展环境和主要需求进行研判，科学确定发展的战略目标和功能布局等，并提出推动规划实施的配套政策和实施保障等。这种模式编制的规划更加注重对规划实施过程及结果的监测评估，有助于政府等主体不断地修正规划和措施，不断地适应城市发展的实际需求，其广大市民及社会力量的参与度介于"战略目标—实施路径—行动安排"模式和"城市体检—问题针对—应对策略"模式之间。

第三，"城市体检—问题针对—应对策略"模式。这是一种问题导向性的规划模式，其核心是通过主观评估（如"市民满意度调查"等）与客观评估相结合的方法，对标先进城市找差距、对标自身找短板、对标禀赋找特色等，综合评估城市发展建设状况，并对城市建设发展存在的短板问题进行诊断，进而提出科学精准的规划策略和政策供给和服务保障等。通过这种模式编制的城市规划，更加关注城市发展中存在的突出问题和市民对城市生活的需求，有助于城市对其制定的相关政策的实施效果进行评估，持续优化完善相关领域的政策措施，不断改进城市治理的精度、温度和效能。同时，采取"战略目标—实施路径—行动安排"模式编制城市规划，广大市民及社会力量的参与度是相对最强的。

第二节　提升城市建设品质

习近平总书记指出："城市建设水平体现一个城市的经济实力、治理理念、市民素质，要坚持不懈抓下去。"提升城市建设品质，塑造人民满意的现代化品质城市，符合城市高质量发展的本质要求，顺应了人民群众对美好生活的新期盼，是一项基础性、长远性和普惠性的民生工作。新时期，各地要坚持在城市规划的科学引领下，以高品质建设、高效能治理、高质量发展为要求，深入做好品质城市建设这篇大文章。

一、提升城市建设品质的内涵

进入高质量发展阶段，中国城市建设由追求规模速度向注重品质内涵转变。在此背景下，以提高城市发展质量为核心，统筹协调好城市发展的经济需求、生活需求、生态需求、安全需求等，推进城市高质量建设与人民高品质生活融合衔接，塑造人民满意的现代化品质城市成为我国城市建设的行动自觉。2020年11月，全国首个品质城市领域国家标准《新型城镇化　品质城市评价指标体系》

（GB/T 39497-2020）正式发布，标准中明确指出"品质城市是发展质量与文化品位高度融合、有机统一的城市""其内涵主要包括城市的经济发展品质、社会文化品质、生态环境品质、公共服务品质和居民生活品质五个方面"。这五个方面是有机统一的整体，其中，经济发展品质是城市建设品质提升的重要物质基础，社会文化品质是城市建设品质提升的灵魂和气质，生态环境品质是城市建设品质提升的最美底色，公共服务品质是城市建设品质提升的重要保障，居民生活品质是城市建设品质提升的最终目标。但一般意义上的城市建设，更多聚焦于城市的社会文化、生态环境、公共服务、居民生活品质等方面的建设和提升。

二、提升城市建设品质的原则

（一）坚持以人民群众需求为导向

建设人民城市要倾听人民群众的声音、面向人民群众的需求，一方面要聚焦于解决人民群众急难愁盼的问题及公共服务等发展不平衡不充分等问题，让广大群众得到真实惠；另一方面要创造环境引导人民群众参与到城市的建设过程中，增强人民群众的参与感、获得感。

（二）正确处理部分与整体的关系

城市建设品质提升涉及多个领域、多个方面，要围绕高品质城市建设的总体目标，将文化精神、人居环境、公共服务、生活服务等方方面面的建设视为一个有机整体，通盘谋划、协同建设，有效提升城市建设的整体性、系统性和协同性。

（三）统筹推进新城建设与老城改造

随着新型城镇化向纵深推进，城市建设发展面临新城开发与旧城改造并存的局面，实施城市更新成为提升城市建设品质、促进城市高质量发展的必然要求。但要统筹协调新城建设与老城改造之间的关系，探索出新城与老城融合共生的新路子，避免新老城区的割裂和不融合。

（四）把握好历史脉络并紧跟时代

提升城市建设品质，既要传承好城市的历史文脉，更要紧跟时代的脚步。首先，"历史文化是城市的灵魂""城市规划和建设要高度重视历史文化保护"。提升城市建设品质，应当强化对历史文化的保护传承和利用，通过深挖城市历史文化内核、延续城市历史文脉、彰显城市独特气质，更好地满足人民群众对精神文化生活的多元化、个性化、品质化需求。其次，在大数据时代，高质量推进城市建设离不开大数据、云计算、人工智能、物联网等先进技术的支持，要合理运用现代信息技术提升城市建设的信息化、智能化、智慧化水平，更好地满足人民群众对美好生活的新期待。

（五）有为政府、有效市场双向发力

城市建设发展既是政府科学引导的过程，也是市场主导、自然发生的过程。提升城市建设品质，要尊重城市发展的客观规律，推动有为政府、有效市场有机结合、双向发力，构建政府引导、多方参与的建设运营机制，持续增强城市高质量建设的协同力量。

三、提升城市建设品质的重点内容

扎实有序开展城市体检工作，及时评估城市建设发展状况，精准查找城市建设发展中存在的问题短板。在此基础上开展城市更新工作，有针对性地采取措施，从生态环境、文化生活、人居环境、公共服务等多个方面共同发力，推进城市品质的持续提升，努力塑造人民满意的现代化品质城市。

（一）提升城市生态环境品质

绿色是人民城市的最美底色。建设人民城市要站在人与自然和谐共生的高度来谋划发展，深度挖掘绿色发展资源，加强生态保护和修复，增强生态环境建设的系统性、整体性和协同性，塑造自然、生态的城市整体格局。应不断提升城市的生态环境品质，解决好人民群众急难愁盼的生态环境问题，满足人民群众日益增长的对优美生态环境的需要。一是加快建设多层次、多功能、多类型、互联互通的城市绿地系统，包括科学规划建设城市绿带和生态廊道，合理布局城市公园、社区公园、口袋公园、小微绿地等，加快建设城市绿道系统，完善城市绿廊系统、慢行系统及相关设施等，推动城市绿地数量持续增长、布局不断优化。二是积极推广高品质绿色建筑，支持对建筑物屋顶、立面及高架桥等构筑物合理开展立体绿化美化，全面提升城市绿色容量和绿化景观品质。三是强化城市节水管理，提升对生活垃圾、污水等的资源化利用能力。构建城市高质量河湖生态网和高品质水文化景观网，支持城市依托河道、湖泊等建设打造高品质滨水公共空间，增加亲水平台及文化空间等。四是坚定不移地推动产业绿色转型升级，逐步解决工业化、城市化和现代化进程中的突出环境问题。推动城市构建形成以绿为基、蓝绿交织、无界融合的开敞空间，满足市民近绿亲水的生活需求，助推宜居、宜业、宜游的美丽家园的建设。

（二）提升城市文化生活品质

缺乏历史积淀和文化传承的城市是缺乏品质内涵的城市，不能很好地满足人民群众的文化生活新需求、充分滋养人民群众精神世界，是软实力整体疲软的城市。提升城市文化生活品质，要强化城市设计和建筑风貌的控制引导，加强对城市文化基因的传承和延续，塑造高品质的城市特色风貌，推动城市实现有机更新。一是塑造城市特色形象。深入挖掘城市富有地域特色的历史文化内涵，精准定位城市的文化主题，加强城市文化标识塑造，将其有机融入城市的建筑景观和整体风貌中，特别是融入中心城区、历史文化街区、休闲创意展示区等重点区域，塑造城市特有的形象。二是延续城市历史文脉。加大对城市历史文化遗产保护力度，处理好城市建设与历史文化遗产保护利用的关系，通过"在保护中发展、在发展中保护"，推动历史文化保护传承与市民生活改善有机结合，因地制宜地将历史文化街区打造为集文化展示、教育培训、休闲旅游、品质居住等多元功能于一体的现代化社区，有机延续城市的历史文化脉络和街巷肌理。三是要重视对工业遗产的"活化"利用，推动工业遗产由过去单一的生产空间向集城市记忆、创意文化、休闲旅游、科普研学等于一体的综合性空间转变，推动城市的"老面孔"变身为"新地标"。四是推动城市整体风貌融合。促进新城区延续城市文化特色和主体风貌，加强旧城区传统风貌与新城区现代风貌的有机融合，促进新旧城区的融合共生，推动实现历史文脉传承与城市建设的共赢。

（三）提升城市居民生活品质

深入实施城市更新行动，有效解决城市人居环境建设存在短板问题，推动城市居民生活品质的提升。一是解决居住环境瓶颈。全面推进城市老旧小区改造，有助于持续改善城市人居环境，创造人民满意的城市美好生活。实施城市老旧小区改造，重点是强化小区及周边的功能提升，如加强小区内部供电、弱电、给排水、供热、安防、生活垃圾分类等基础设施和养老、教育、公共卫生、文化体育等基本生活配套设施及周边的公共服务设施的建设和改造，推动有条件的小区加装电梯和增加停车设施。健全小区"共建共治共享"的长效管理机制，支持有条件的社区建设智能综合服务平台等，确保小区改造后维护更新进入良性轨道，有效提高群众生活便利度和满意度。二是补齐居住环境短板。加快推动城中村、棚户区、老旧街区、老旧厂区等改造工作，促进老旧市政基础设施改造升级，补齐城市交通、能源、环境等设施短板，有效缓解各类"城市病"问题，推动城市功能提升和协调发展，全面提升城市综合承载力。三是提升城市颜值气质。重视从城市细微处着手，合理开展老城区公共空间"针灸式"更新，通过景观改造、公园更新、小微空间改造等措施，促进老城区既实了"里子"又美了"面子"。因地制宜营造老人友好型、儿童友好型、女性友好型空间，积极满足不同群体对美好生活环境的需求，将提高人民生活品质落到实处、做到细处，提升市民的"民生获得感"。

（四）提升城市公共服务品质

坚持将提升城市品质与增进人民福祉相结合，通过构建优质均衡的公共服务体系，让公共产品更加优质普惠和共享可及，推动城市建设品质再上新台阶。一是促进教育优质均衡发展。推动城市科学应对人口变化形势，构建优质均衡的基本公共教育服务体系，推动教育高质量发展，办好人民满意的教育。二是提升公共卫生服务质量。坚持把保障人民健康放在优先发展的战略位置，扎实推进城市优质医疗资源扩容和区域均衡布局，完善城市公共卫生服务体系，加强重大疫情防控救治体系和应急能力建设，全方位、全周期保障人民健康。三是提升城市公共文化服务效能。构建城市高质量的公共文化服务体系，提升公共文化服务效能。推动图书馆、博物馆、美术馆、文化艺术中心等公共文化场馆提质升级，以高品质公共文化空间塑造城市精神家园。深度挖掘文化资源优势，加大文化人才引育力度，打造更多具有新时代中国特色的优秀文化精品，提升城市文化能级。

（五）增强城市安全韧性

提升城市安全韧性是增强城市抵御风险的能力，保护好人民群众生命财产安全的重要保障，也是建设品质城市的必然要求。要建立符合城市总体安全韧性需求的规划体系和制度体系，为提升城市的安全性和抗风险能力奠定基础。一是以底线约束和安全韧性为前提，提升城市能源、交通、水利等基础设施的绿色、智能、安全建设能力。二是推进海绵城市建设。重点抓好建筑小区、市政道路、河道水系、公园绿地等海绵型工程建设，增强城市防洪排涝能力，提升城市适应气候变化、应对自然灾害等方面的弹性。三是加大城市地下空间利用。加强城市地下空间综合地质调查，科学制定城市地下空间开发利用规划，地上地下空间综合开发利用模式，加快地下工程精准勘探、韧性设计、防灾减灾、低影响开发等关于地下空间合理开发利用关键领域的科技创新，充分发挥地下空间在缓解"城市病"、增强城市安全韧性中的重要作用。四是引导城市各主体增强忧患意识，提升市民和社会公众对风险的认知能力和应急避险能力。

第三节　转变城市管理方式

城市管理是国家治理体系和治理能力现代化的重要内容。习近平总书记指出，"城市政府应该从'划桨人'转变为'掌舵人'""城市管理应该像绣花一样精细""通过绣花般的细心、耐心、巧心提高精细化水平"。习近平总书记关于城市管理的系列重要讲话，为新时期城市转变管理方式、提升管理的精细化和高效化水平提供了重要遵循。新时期建设人民城市，要坚持以习近平总书记关于城市管理工作系列重要讲话和重要批示指示精神为指导，聚焦人民群众的关切，聚焦城市发展短板弱项，多措并举推动城市精细化管理水平向纵深发展。

一、把握城市管理的新趋势

随着我国城市发展迈进内涵提升和品质优先的新阶段，城市管理理念和方法等也随之转变，以更加适应人民城市建设发展的新要求。深刻把握城市管理的新趋势、新变化，是做好城市管理工作，提升城市管理效能的重要前提。

（一）由"划桨人"向"掌舵人"转变

习近平总书记在中央城市工作会议上指出，"城市政府应该从'划桨人'转变为'掌舵人'，同市场、企业、市民一起管理城市事务、承担社会责任"，即城市管理中政府的职责是"掌舵"而非"划桨"，这意味着政府职能由管理向服务转变。新时期建设人民城市，更加要求政府将市民的利益和需求放在心坎儿上，把为市民提供优质、高效、暖心的服务放在首位。精准把握城市发展的战略导向和主要目标，科学制定城市发展的宏观决策，引导市场、企业和市民协同治理好城市等。

（二）由粗放型向精细化转变

随着新型城镇化的深入推进，城市发展迈入新阶段，城市管理的范围、内容等不断拓展，以往粗放的管理模式已经不能有效破解"城市病"等问题，适应不了当前城市发展的实际需求。城市的管理需要切实关注百姓关注的难点、热点、堵点问题，注重在细微处下真功夫、见实效。因此，全面推行以"精致、细致、深入、规范"为内涵的精细化管理模式，成为适应城市发展新阶段、新特征，打造宜居、韧性、智慧城市的必然要求，更是践行人民城市发展理念的具体行动。

（三）由碎片化向系统化转变

城市管理是一项重要且复杂的系统工程，我国原有的条块分割的管理体制使城市管理呈现出碎片化、"救火式"、低效化等弊端。要提高城市管理效能，就要以系统思维谋全局，在科学把握城市建设发展规律的基础上，推动城市管理各个主体、各项业务等各类元素全面整合、系统集成，以融合协调联动等理念推动城市管理由碎片化向系统化转变，形成城市管理强大的向心力和聚合力。

（四）由"独奏曲"向"交响乐"转变

"人民城市人民管，管好城市为人民。"人民群众是城市建设发展的主体，城市的管理离不开人民群众的积极参与。现阶段，过去政府"独唱"的管理模式已经不能满足城市发展的需要，要着力破解城市政府单打独斗、亲自"划桨"的状况，应充分调动人民群众参与城市管理的积极性和创造性，发挥好政府的引导作用，积极构建政府、市民、企业和社会协同共治格局，奏响城市管理的"交响乐"。

（五）由本土化向跨区域转变

随着区域重大战略和区域协调发展战略的深入实施，城市管理由过去传统的以本土化为主，向跨越行政边界深化协作转变。如今，城市间在城市管理、流域治理、生态修复、交通等基础设施建设等多个领域开展的协作日益增多增强，城市管理的跨区域、跨空间特征日趋明显。

（六）由人治为主向智治转变

随着城市的不断发展和科技进步，过去以人力为主导手段的信息处理方式、管理方式已经难以满足当下城市管理快速反应、高效应对的需求。随着大数据时代的到来，积极探索将云计算、大数据、人工智能等现代信息技术运用到城市的基础设施、公共服务、安全监测等多领域多方面，有助于提升城市管理的精细化和高效化水平。

二、厘清城市管理的难点问题

厘清城市管理存在的难点问题，有助于城市找准提升城市管理精细化水平、提高城市管理效能的突破口。当前，我国城市还存在相关法律法规不完善、多元主体合力有待提升、基层治理仍存在薄弱环节、应对突发事件能力不强等亟待解决的难点和问题。

（一）城市管理法律法规不完善

我国关于城市管理尚没有一部系统完整的实体法出台，目前涉及城市管理工作的相关法律依据，分散于数十部法律法规中。而且，随着时代变迁和城市发展迈入新阶段，已有法律法规的部分内容或过于原则化、尚需细化，或存在相互交叉、造成多头执法，或已经不再适用于当前城市管理的需要。我国城市管理法律法规的不健全，造成城市管理过程中部分工作缺乏相应的法律依据和支撑，行政执法手段受到限制，影响了城市管理的效能。

（二）多元主体的合力有待提升

尽管人民群众参与城市管理的渠道越来越通畅，但在过去长期的城市管理中，政府大包大揽、亲自"划桨"，在一定程度上强化了部分市民的依附意识，时至今日依然认为城市管理就是政府和城管部门的职责，对"人民是城市的主人""人民城市人民建""人民城市人民评"等认识不到位。加上大部分市民缺乏参与城市管理的经历和经验、社区信息传达不够通畅等，造成部分市民参与城市管理的自觉性、主动性并不高；再加上社会组织发育不充分等，多元主体协同治理城市的合力不够强。

（三）基层治理仍有薄弱环节

部分城市的管理资源与管理任务之间存在"时空错配"，导致基层行政资源不足、财政资源有限，缺少精细化管理所必需的资源要素保障。加上城市管理的层级偏多、信息传导和共享不畅等，影响基层治理效能的提升。部分基层组织由于缺乏相应的管理权限、分配资源不足及工作量过大等，参与管理的积极性受影响，可能会降低基层治理效能。

（四）应对突发事件能力不强

部分城市应对台风、暴雨等自然灾害的能力不足，不仅影响城市正常运转，还导致部分人民群众生命财产安全受到威胁。这表明城市应急管理法律法规不健全，缺乏科学、系统、高效的应急管理体系；"智慧应急"系统建设不完善，影响应急处置效率；对公众的应急宣传教育的深度、广度均不够，公众防灾避灾减灾的意识和能力不足。

三、推动城市管理高质量发展的建议

聚焦当前城市管理存在的难点问题，从更新城市管理理念、党建引领网格化治理、推动城市公共安全治理、提升城市管理法治化水平等方面着手，促进城市管理高质量发展。

（一）更新城市管理理念

政府要坚持以人民群众对美好生活的需要为导向，积极推动城市管理模式创新，探索具有地方特色、适应实际需求的城市管理路子。一是牢固树立"全生命周期"管理思维。聚焦城市发展的难点、堵点、痛点，聚焦重点领域和关键环节，形成事前防范、事中控制、事后反思的全周期闭环治理，打通城市管理的"最后一公里"，提升城市管理的整体性、系统性和精细化水平。二是构建城市居民"命运共同体"。面对日趋复杂的城市管理情景，构建治理共识是形成多元协同治理格局的重要前提。政府应当多渠道、多平台加强人民城市发展理念的宣传，提高市民和社会公众等对城市管理理念、政策、机制等的认知度、认可度和支持度，推动全社会对"人民城市人民建、人民城市为人民、人民城市人民享、人民城市人民评"达成共识，为构建城市管理的多元协同格局奠定基础。三是推动区域协同共治。随着都市圈、城市群的发展壮大，城市需要在区域层面思考跨越行政边界的管理方式，可根据各自在区域的定位、分工、空间布局等，在协商好各方利益的前提下，构建完善基础设施建设、生态环境修复、流域治理等协同机制，促进城市管理和区域治理的共赢。

（二）党建引领网格化治理

坚持以党建引领"网格化＋信息化"治理模式，畅通城市基层治理"最后一米"。一是坚持以系统思维加强城市社区党建工作。推动社区党建与行业党建、单位党建等其他领域党建的互联互动，有效链接区域内各类主体和优质资源，扩大城市基层党建的整体效应。充分发挥基层党组织战斗堡垒和党员的先锋模范作用，带动多元主体和优质资源下沉基层网络，将党组织的触角延伸到基层治理的

"神经末梢"，推动形成城市基层治理的强大合力。二是完善网格化管理信息化支撑。引进培养一批懂现代信息技术的人才，充实到社区基层管理队伍中。运用现代信息技术，消除不同层级、不同部门间的信息壁垒，实现信息共享、资源互融、协同治理和服务质效提升。三是提升基层治理能力。坚持和发展新时代"枫桥经验"，提升基层治理对人民群众多元化、个性化需求的适应能力，以"绣花"功夫破解基层治理难题，提高城市管理的精细化水平。

（三）推动城市公共安全治理

坚守人民城市的安全底线，提升城市公共安全治理能力。一是坚持科学规划引领。全面梳理城市安全风险点，科学编制城市公共安全规划，构建城市公共安全应急机制。二是加强安全韧性城市建设。加快推进海绵城市建设，破解城市内涝问题，推动雨水循环利用，增强城市在适应气候变化、抵御暴雨等自然灾害方面的韧性；加速城市生命线工程建设，增强城市的保供、保畅、保安全能力。三是加快建设城市大脑。运用现代信息技术，加快建设城市大脑，推动城市管理决策科学化、智慧化、高效化发展，强化对城市安全和防灾减灾的智能化支撑。

（四）提升城市管理法治化水平

健全的法律法规体系是开展城市管理的重要前提，要聚焦城市管理的重点领域、障碍性问题、难点问题，研究制定科学有效的地方性法规，为提升城市管理效能提供强有力的法治保障。提高城市管理行政执法水平，提升群众的法治意识和法治素养，推动城市管理在法治轨道上提质增效。

第四节　提高市民参与度

习近平总书记指出："市民是城市建设、城市发展的主体。要尊重市民对城市发展决策的知情权、参与权、监督权，鼓励企业和市民通过各种方式参与城市建设、管理。"提高市民参与度，是深入践行人民城市重要理念，凸显人民主体地位的应有之义。要不断完善城市发展的市民参与机制，通过"问需于民、问计于民、问效于民"，让更多人民群众的"金点子"转化为城市治理的"金钥匙"和城市高质量发展的"金果子"。

一、推动市民参与人民城市建设的重要意义

（一）市民参与是建设人民城市的应有之义

习近平总书记强调："坚持以人民为中心的发展思想，坚持人民城市为人民。这是我们做好城市工作的出发点和落脚点。"人民城市的发展目标是为了满足人民群众日益增长的美好生活需要，实施主体就是广大人民群众自身，发展效果的评价标准也在于人民群众是否满意。因此，强调市民参与是深刻践行人民城市发展理念，明晰人民群众对美好生活的多元化、多层次需求，凝聚人民城市建设的强大力量，评判人民城市发展成效，实现人民城市发展目标的必然要求。

（二）市民参与是全过程人民民主的重要体现

市民参与城市建设发展是保障人民当家做主，实现社会主义民主政治的需要。通过畅通市民参与人民城市建设发展的平台渠道，激发市民参与人民城市建设、规划、管理的积极性，让市民享有实实在在的知情权、参与权、表达权、监督权，实现将人民群众对城市发展的期盼、美好生活的需求等体现在解决问题、制定政策、决策落地的全过程，是将全过程人民民主自觉融入人民城市建设发展全过程、各领域的重要体现。

（三）市民参与是治理能力现代化的必然要求

人民满意是推动治理体系和治理能力现代化的唯一检验标准，要把群众拥不拥护、支不支持、赞不赞成作为城市治理体系和治理现代化水平的根本评价标准。因此，鼓励市民参与城市建设发展全过程、各领域，是构建政府、市民、社会多元共治、齐抓共管的城市治理格局，让每一个市民参与城市治理、享受城市发展成果，提升城市治理体系和治理能力现代化的内在要求。

二、市民参与人民城市建设面临的主要问题

（一）法治保障相对滞后

尽管宪法和相关法律法规已经对公民参与权等相关问题作出了明确规定，一些地方还结合实际出台了支持公众参与的相关政策。但总体来看，相关的法律法规及政策侧重于作出原则性规定而缺少实施细则，如对市民参与的要求、市民参与的范围、市民的权利及义务等相关内容均需进一步明确，市民参与城市建设发展的具体的、实操性强的法律保障有待进一步增强。

（二）制度供给相对不足

市民参与人民城市建设的制度设计不完善、制度供给相对不足，导致市民参与城市建设发展的实效未达预期。例如，城市建设发展的信息公开机制、市民意见反馈机制、政策宣传推介机制等不健全，造成市民参与人民城市建设的广度、深度和效力不够。

（三）利益协调难度较大

在已有的公众参与城市建设的实践中，相当一部分的市民参与停留在"倾听""告知""咨询"等表层阶段，缺乏"授权""合作"等深层次的参与。在城市建设发展众多利益协调难度较大的领域，市民的话语权比较有限，参与建设、参与管理的归属感和认同感不足，影响市民参与城市建设发展的积极性和实效性。

（四）市民自治能力不强

部分市民对自身的城市建设发展主体地位认识不足，参与城市建设发展的组织化程度不高，市民对城市发展提供有价值的决策、管理建议和监督行为比较匮乏，市民参与城市治理的能力与人民城市建设发展的需求相比还有一定差距。

三、提高人民城市建设市民参与度的建议

（一）健全公众参与法治保障

坚持运用法治手段和法治思维，注重在立法层面增强市民参与人民城市建设的保障和支持。一是完善城市管理法律法规体系。通过进一步完善城市管理的法律法规，构建与新时代人民城市建设相适应的系统、完备的法律法规体系，推动市民办事依法、遇事找法、解决问题用法、化解矛盾靠法成为常态，提升市民参与城市管理的自觉性和安全感。二是健全市民参与法治保障。支持各地结合城市发展实际需求，制定完善市民参与城市发展的相关法律法规，进一步明确市民参与城市建设发展的主体地位，市民参与城市建设发展的范围、程度和程序，市民参与城市建设发展的权利和义务等具体要求，以及市民参与城市建设发展的平台和渠道等。通过加强法治建设，确保市民享有实实在在的知情权、参与权、表达权、监督权，提高市民参与城市建设发展的深度、广度和效能。

（二）构建市民参与长效机制

政府应积极引导市民参与城市建设发展，从制度化参与和非制度化参与两个方面拓宽公众参与渠道。一是加强市民参与的制度保障。建立健全人民建议征集制度，完善人民建议征集平台，为提升城市治理现代化水平充分吸纳民意民智。完善政务公开公众参与制度，让权力在阳光下运行，保障人民群众对城市建设发展各领域、各环节的知情权、参与权、表达权、监督权。健全市民意见管理机制，构建群众意见"收集—反馈—整改—考评"全链条管理机制，提升人民群众的参与感、获得感、幸福感。探索构建鼓励市民参与城市治理的激励机制，增强市民参与城市发展的内在动力。健全城市发展评价机制，强化对城市发展重视吸收民智民意的引导。二是营造市民参与互动良好氛围。强化党建引领，引导市民、社会组织、企业等深度关注城市发展目标、城市建设重点领域等，推动形成理性参与、良好互动、形成共识、凝聚合力的良好局面。

（三）完善多方利益协调机制

人民城市建设涉及方方面面的利益，政府要完善多方参与、协调各方权责利的有效机制，通过完善社会公示、公众听证、专家咨询论证等制度，搭建城市治理过程中各方利益的交流协商平台，完善特定事项市民权益保障、纠纷处置机制和补偿机制等，妥善处理好行业之间、群体之间的利益，坚定市民参与城市发展的信心和积极性。

（四）营造市民自治良好环境

增强政府对人民城市发展理念和相关政策措施的宣传推介力度，加大对市民参与人民城市建设的引导和激励，加强全社会对"人民城市为人民""人民城市人民建""人民城市人民享""人民城市人民评"的认识。优化市民参与人民城市建设的数字化基础条件，拓展市民参与城市建设发展的平台渠道，为市民提供更透明、更便捷、更高效的参与环境，切实推动市民参与度有效提升。

参考文献

［1］闻言.新时代做好城市工作的科学指南［N］.人民日报，2023-05-27（6）.

［2］付高生.以人民城市理念引领城市治理现代化［N］.学习时报，2023-06-28（7）.

［3］唐任伍.从"划桨人"转变为"掌舵人"［N］.学习时报，2023-08-02（5）.

［4］赵庆寺，李松，王建新.提高城市治理现代化水平　开创人民城市建设新局面——上海城市治理的调研与思考［N］.光明日报，2023-08-15（6）.

［5］魏崇辉."人民城市"的生成逻辑与实践旨归［J］.人民论坛，2023（13）：68-70.

［6］赵昱钧，刘佩，屈小娥.城市品质综合评价指标体系构建及实证［J］.统计与决策，2023，39（6）：45-49.

［7］刘阳，徐培祎.城市品质提升规划：人民城市理念下的规划编制重点探析［J］.城市观察，2022（4）：51-63.

［8］卢庆强，武廷海.城市治理视角下的规划模式与规划协同［EB/OL］.［2023-07-20］.https://baijiahao.baidu.com/s?id=1751633466821493540&wfr=spider&for=pc.

［9］单菁菁，李红玉，武占云，等.城市蓝皮书：中国城市发展报告 No.13［A］//郝庆，单菁菁，苗婷婷.现代城市治理的主要问题与政策建议［M］.北京：社会科学文献出版社，2020.

第五章 建设人民城市的现实基础

中华人民共和国成立以来，我国经历了世界历史上规模最大、速度最快的城镇化进程，城市规模不断扩大，城市经济实力持续增强，城市面貌焕然一新，城镇化建设和城市发展取得了举世瞩目的成就[①]。党的十八大以来，在以习近平同志为核心的党中央坚强领导下，城市建设和发展步入了新的阶段，城镇化水平进一步提高，城市发展质量明显改善，城市功能全面提升，为奋力开启社会主义现代化城市建设新征程奠定了坚实的基础。

第一节 城市综合实力显著增强

中华人民共和国成立以来，随着我国城镇化进程的持续深入推进，全国城市数量快速增长，城市人口规模显著增加，城市经济总量快速增长，创新引领能力显著提高，城市在经济社会发展中的作用明显增强。

一、城镇化水平显著提高

从中华人民共和国成立到改革开放前这一段时期，在计划经济体制下，我国的城镇化始终处于被压制的状态。1949 年末，我国常住人口城镇化率只有

---

① 国家统计局城市司.城镇化水平不断提升　城市发展阔步前进——中华人民共和国成立 70 周年经济社会发展成就系列报告之十七 [EB/OL]. [2019-08-15]. https://www.gov.cn/xinwen/2019-08/15/content_5421382.htm.

10.64%，全国共有城市 132 个。国民经济恢复与"一五"时期，出现了一批新兴工矿业城市，武汉、太原和洛阳等老城市也进行了扩建改造，大批农业劳动力转移到城市工业部门，城市数量和城市人口持续增加。1960 年末，常住人口城镇化率达到 19.75%，比 1949 年末提高了 9.11 个百分点；城市数达到 199 个，比 1949 年末增加了 67 个。进入 20 世纪 60 年代，国民经济全面调整，一大批新设置的市退回县建制，一部分地级市降为县级市，人口流动受到户籍政策的严格控制，城镇化进程有所波动。1964 年，"三线"建设开始启动，中西部地区城市数和城镇人口有所增加，区域协调性有所改善，至 1978 年，常住人口城镇化率基本保持在 17%~18%（见图 5-1）。

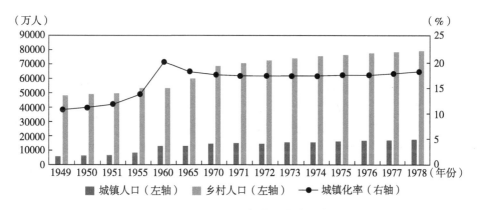

图 5-1　1949~1978 年我国城镇化情况

资料来源：《中国统计年鉴 2022》。

1978 年党的十一届三中全会的召开，开启了我国城镇化建设的新篇章，城镇化进入快速发展的轨道。1978 年末，我国城镇常住人口仅有 1.7 亿人，常住人口城镇化率仅为 17.92%，到了 1996 年，常住人口城镇化率达到 30.48%，根据诺瑟姆曲线，城镇化进入加速发展阶段[1]。2011 年末，中国城镇化率达到 51.27%，城镇人口首次超过农村人口，从一个具有数千年历史的农业型社会进入以城市为主体的城市型社会。1978~2011 年，中国城镇化率增加了 33.35 个百分点（见图 5-2），年均增长 1.01 个百分点；城市数量达到 655 个，是 1978 年的 3 倍；百万以上人口城市数量达到 63 个，是 1978 年的 2 倍。

---

[1]　根据诺瑟姆曲线，城镇化率在 30% 以下是城镇化初级阶段，30% ~ 70% 是城镇化加速阶段，70% 以上为城镇化后期阶段。

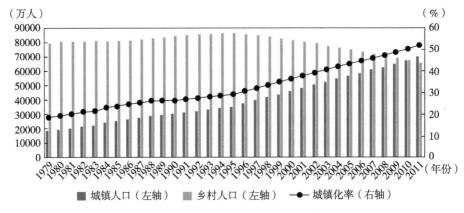

图 5-2 1979~2011 年我国城镇化情况

资料来源：《中国统计年鉴 2022》。

2012 年，党的十八大提出走"中国特色新型城镇化道路"，强调城镇化应以人为本、城乡协调、绿色发展。2014 年，中共中央、国务院印发《国家新型城镇化规划（2014—2020 年）》，标志着中国城镇化发展开始从粗放型向集约型、从外延式向内涵式转变，正式进入品质提升的新阶段。截至 2022 年末，全国城镇常住人口已经达到 9.2 亿人，比 1978 年末增加 7.5 亿人，年均增加 1663 万人；常住人口城镇化率达到 65.22%，比 1978 年末提高 47.3 个百分点，年均提高 1.05 个百分点（见图 5-3）。

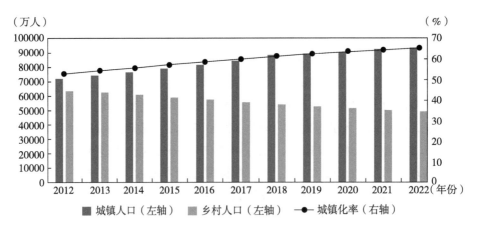

图 5-3 2012~2022 年我国城镇化情况

资料来源：《中国统计年鉴 2022》。

二、城市发展格局更加优化

城市数量显著增多。1949 年末，全国城市共有 132 个，其中，地级以上城市 65 个，县级市 67 个；建制镇 2000 个左右。改革开放后，我国城市数量快速增加。1978 年末，全国城市共有 193 个。其中，地级以上城市 101 个，县级市 92 个；建制镇 2176 个。2021 年末，全国城市数量达到 691 个，比 1978 年增加 498 个。其中，地级以上城市 297 个，比 1978 年末增加 196 个；县级市 394 个，增加 302 个；建制镇数量达到 21322 个，比 1978 年增加 19146 个。

在城市数量大幅增长的同时，城市人口规模也不断扩大，1978 年末，全国城区人口 7682 万人，2021 年末达到 45748 万人，增加了 38066 万人。按 2021 年末城市市辖区人口规模划分，100 万～200 万人、200 万～400 万人、400 万人以上人口的地级以上城市分别有 97 个、48 个、22 个。随着开发区、工业园、新城和新区等不断设立，城市建设快速突破老城区的界限，建成区面积显著扩张。2021 年末，全国城市建成区面积 6.2 万平方千米，比 1981 年末增加了 5.5 万平方千米。

城镇体系日益完善，城镇化布局不断优化，构建了"城市＋建制镇"的框架体系。2000 年以来，随着西部大开发、全面振兴东北地区等老工业基地、中部地区崛起等战略的实施和一系列区域经济发展规划的推动，我国城市在区域之间的发展更加协调，城市空间分布也呈不断优化态势。从宏观空间看，我国城镇空间合理布局的"大分散、小集中"格局正在形成，表现为与我国地理环境资源基本相协调的东密、中散、西稀的总体态势。从微观角度看，我国城市内部空间，中心城区、近郊区以及远郊县的城镇空间结构层次日益显现。

城市群不断发展壮大。随着社会主义市场经济的不断发展，城市发展的行政壁垒逐渐被打破，传统的行政区经济逐步向城市群经济过渡。党的十八大以来，我国高度重视城市群建设工作。《国家新型城镇化规划（2014—2020 年）》明确提出以城市群为主体形态，推动大中小城市和小城镇协调发展。国家"十三五"规划纲要提出建设 19 个城市群的目标。截至 2022 年末，国务院共先后批复了 10 个国家级城市群，分别是长江中游城市群、哈长城市群、成渝城市群、长江三角洲城市群、中原城市群、北部湾城市群、关中平原城市群、呼包鄂榆城市群、兰西城市群、粤港澳大湾区，"抱团"发展成为我国城市发展新潮流，城市群正在重构中国经济"新版图"。

三、经济实力显著提高

中华人民共和国成立初期，我国城市经济基础非常薄弱。改革开放以来，城市百业兴旺，经济总量持续快速增加。1992 年党的十四大召开，明确了建立社会主义市场经济体制的目标，城市作为区域经济社会发展的中心，其地位和作用得到前所未有的认识和重视。

1988年，全国城市地区生产总值只有7025亿元，占全国的一半左右。2020年，县级城市和地级以上城市市辖区地区生产总值达到766720亿元，占全国的比重达到75.6%，其中，仅地级以上城市市辖区地区生产总值就达到600967亿元，占全国的59.3%①，城市财政实力明显增强。1978年，全部城市公共财政收入只有584亿元。2020年末，仅地级以上城市市辖区地方一般公共预算收入就达到93407亿元。根据2022年全球城市GDP排名，我国的上海（44653亿元）、北京（41611亿元）、深圳（32388亿元）进入全球前10行列，其中上海排名第5，北京排名第6，深圳排名第10；此外，重庆、广州、苏州、香港、成都、武汉、杭州、南京等城市进入全球城市前40强行列。

城市产业支撑能力显著增强。中华人民共和国成立初期，我国基本上是一个贫穷落后的农业国。中华人民共和国成立后，逐步完成国家工业化，以及对农业、手工业和资本主义工商业的社会主义改造，城市工业快速发展，逐渐成为国民经济的主要支柱。改革开放后，劳动力、资金和技术加速向城市集聚，现代工业体系快速建立，服务业迅猛发展，城市产业结构不断优化，经济增长转为主要依靠第二、第三产业带动。党的十八大以来，随着高技术产业的飞速发展，工业结构的持续调整升级，国正在由制造大国向制造强国迈进；1978年末，城市各类工业企业只有83250个；2020年末，地级以上城市仅规模以上工业企业就有389435个。新产业新业态新商业模式不断涌现，数字经济和共享经济高速发展，生态环境服务业迅速兴起，文化、旅游和康养等"幸福产业"快速崛起，城市新兴服务业蓬勃发展，成为拉动城市经济增长的主力军；新动能持续发展壮大，转型升级成果明显，城市经济发展潜力和活力进一步释放②。

四、城市创新能力不断增强

城市是创新的策源地、根据地和发散地。创新是城市发展的不竭动力，是高质量发展的澎湃动能。各城市作为科技活动主体的研发活动投入持续增加，研发队伍不断壮大，研发经费规模持续扩大，研发经费投入强度屡创新高，科研基础条件大为改善，各种创新成果层出不穷。在党中央作出了建设创新型国家的重大

---

① 县级城市和地级以上城市市辖区地区生产总值数据由《中国城市统计年鉴2021》计算所得。

② 国家统计局城市司.城镇化水平不断提升　城市发展阔步前进——中华人民共和国成立70周年经济社会发展成就系列报告之十七［EB/OL］.［2019-08-15］. https://www.gov.cn/xinwen/2019-08/15/content_5421382.htm.

战略后，全国先后有 200 多个城市把建设高水平的创新型城市作为发展方向。北京、上海等城市在全球创新城市排行榜中的排名不断提升，创新成为城市经济社会发展的强大动力。

专利申请和授权数量快速增长。根据《中国统计年鉴 2022》，2021 年，我国专利申请量为 524.4 万件，是 1991 年的 105 倍，年均增长 16.8%；我国专利授权量为 460.1 万件，是 1991 年的 187 倍，年均增长 19.1%。在专利数量大幅增长的同时，专利质量也得到同步提升。以最能体现创新水平的发明专利为例，2021 年，我国发明专利申请量达 158.6 万件，占专利申请量的 30.2%，比 1991 年提高 7.4 个百分点；平均每亿元研发经费产生境内发明专利申请 70 件，比 1991 年提高 19 件，专利产出效率得到提高。与此同时，随着科教兴国、人才强国战略的大力实施，科技创新队伍不断壮大，近年来我国研发人员总量已经稳居世界首位。我国研发人员总量在 2013 年超过美国，已连续 10 年稳居世界第一位。《国际科技创新中心发展指数 2022》显示，在全球百强科技创新中心中，欧洲有 34 个，北美有 30 个，亚太地区有 29 个。从总体排名来看，美国有 26 个城市入选百强，中国也有 20 个城市在列。

各种创新成果层出不穷，成为城市经济社会发展的强大动力。我国基础研究在量子科学、铁基超导、外尔费米子、暗物质粒子探测卫星、CIPS 干细胞等研究领域取得重大突破；屠呦呦研究员获得诺贝尔生理学或医学奖，王贻芳研究员获得基础物理学突破奖，潘建伟团队的多自由度量子隐形传态研究位列 2015 年度国际物理学十大突破榜首。高技术领域成绩斐然，神舟载人飞船与天宫空间实验室实现平稳交会对接；新一代静止轨道气象卫星、合成孔径雷达卫星、北斗导航卫星等成功发射运转；"蛟龙"号载人潜水器、海斗号无人潜水器创造新的最大深潜纪录；自主研发超算系统"神威·太湖之光"居世界之冠；赶超国际水平的第四代隐形战斗机和大型水面舰艇相继服役。国产大飞机、高速铁路、三代核电、新能源汽车等部分战略必争领域抢占了制高点，实现从"跟跑"到"并跑""领跑"的跃升。

第二节 城市基础设施日益完善

基础设施是城市正常运行和健康发展的物质基础。中华人民共和国成立之初，我国城市基础设施"一穷二白"，不仅规模小，而且技术落后，运行效率较低，对城市经济社会发展、居民生活水平提升的制约十分明显。经过 70 多年的发展，特别是改革开放以来，随着城镇化建设的推进，我国城市基础设施快速发展，形成了较为完善的基础设施网络体系，服务能力明显提升，成为城市经济社会发展的重要支撑。

一、交通出行更加便利

中华人民共和国成立初期，我国交通设施十分落后，出行非常不便。1949 年末，全国城市道路面积 8432 万平方米，拥有公共交通设施的城市仅 27 个，公共汽（电）车也只有 2299 辆，黄包车、自行车是大城市比较普遍的交通工具。改革开放以来，交通基础设施快速改善，铁路、公路、航空和水路等路网四通八达，城市公交、地铁、城铁、出租车、网约车和共享单车极大地方便了城市居民的出行。2021 年末，全国城市道路长度达到 532476 千米，道路面积达到 1053655 万平方米（见表 5-1）。

表 5-1　1978~2021 年全国城市道路建设情况

年份	道路长度（千米）	道路面积（万平方米）	年份	道路长度（千米）	道路面积（万平方米）
1978	26966	22539	1993	104897	124866
1979	28391	24069	1994	111058	137602
1980	29485	25255	1995	130308	164886
1981	30277	26022	1996	132583	179871
1982	31934	27976	1997	138610	192165
1983	33934	29962	1998	145163	206136
1984	36410	33019	1999	152385	222158
1985	38282	35872	2000	159617	237849
1986	71886	69856	2001	176016	249431
1987	78453	77885	2002	191399	277179
1988	88634	91355	2003	208052	315645
1989	96078	100591	2004	222964	352955
1990	94820	101721	2005	247015	392166
1991	88791	99135	2006	241351	411449
1992	96689	110526	2007	246172	423662

续表

年份	道路长度（千米）	道路面积（万平方米）	年份	道路长度（千米）	道路面积（万平方米）
2008	259740	452433	2015	364978	717675
2009	269141	481947	2016	382454	753819
2010	294443	521322	2017	397830	788853
2011	308897	562523	2018	432231	854268
2012	327081	607449	2019	459304	909791
2013	336304	644155	2020	492650	969803
2014	352333	683028	2021	532476	1053655

资料来源：《中国城乡建设统计年鉴 2021》。

我国轨道交通建设起步较晚，但是建设速度惊人。1965 年全国第一条地铁北京地铁 1 号线开工建设，1971 年正式投入运行，比世界上的第一条地铁整整晚了 102 年。此后，上海、广州、天津、南京等城市也开始轨道交通建设，地铁、轻轨、城市快线等多种轨道交通方式相继投入使用。2021 年末，全国共有50 个城市开通轨道交通，线路长度达到 8571 千米（见图 5-4）。全球轨道交通里程 18 强城市中，中国的上海、北京、广州、深圳、成都和杭州包揽前 6，其中，上海轨道交通全网络运营里程增至 831 千米，稳居世界第 1。此外，48 个城市正在建设轨道交通，在建轨道交通线路长度 5172 千米。城市轨道交通在经济发展较快、人员流动较大的城市中发挥着重要作用，其除了便于人们出行外，还具有带动站点周边经济发展、促进沿线资源发展的作用。

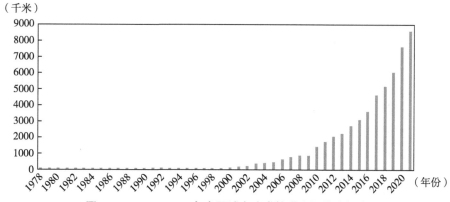

图 5-4　1978~2021 年全国城市建成轨道交通线路长度

资料来源：《中国城乡建设统计年鉴 2021》。

二、市政公用设施逐渐完备

中华人民共和国成立前，城市供水、供电、供气及排水、排污和垃圾处理等设施严重匮乏，市容市貌破败不堪。1949 年末，全国只有 72 个城镇建有自来水厂，供水管道 6589 公里；污水处理厂仅 4 座，日处理能力 4 万吨，排水管道 6035 千米；有供气设施的城市仅 9 个，年供气总量 3970 万立方米。中华人民共和国成立以后，从中央到地方城市政府都高度重视城市建设，市政设施建设迅速发展；特别是改革开放以来，随着城镇化的快速推进，市政设施建设日新月异、突飞猛进。

2021 年末，我国城市供水供气设施基本完备，供水管道长度 106 万千米，供水总量 673 亿立方米，供水普及率 99.38%；人工煤气供气管道长度 9156 千米，供气总量 187 亿立方米，天然气供气管道长度 929088 千米，供气总量 1721 亿立方米，燃气普及率 98.04%；污水处理厂 2827 座，日处理能力 20767 万立方米，排水管道长度 872283 千米，污水处理率 97.89%；生活垃圾无害化处理厂 1407 座，无害化处理能力 1057064 吨／日，无害化处理率为 97.7%；城市公厕 184063 座，市容环卫专用车辆设备 327512 辆；城市集中供热面积 1060316 万平方米，管道长度 461493 千米；城市地下综合管廊长度 6707 千米（见表 5-2）。①

表 5-2　1981~2021 年全国城市市政公用设施水平

年份	供水普及率（％）	燃气普及率（％）	人均道路面积（平方米）	污水处理率（％）	人均公园绿地面积（平方米）	每万人拥有公厕（座）
1981	53.7	11.6	1.81	—	1.50	3.77
1982	56.7	12.6	1.96	—	1.65	3.99
1983	52.5	12.3	1.88	—	1.71	3.95
1984	49.5	13.0	1.84	—	1.62	3.57
1985	45.1	13.0	1.72	—	1.57	3.28
1986	51.3	15.2	3.05	—	1.84	3.61
1987	50.4	16.7	3.10	—	1.90	3.54
1988	47.6	16.5	3.10	—	1.76	3.14
1989	47.4	17.8	3.22	—	1.69	3.09
1990	48.0	19.1	3.13	—	1.78	2.97

---

① 资料来源：《中国城乡建设统计年鉴 2021》。

续表

年份	供水普及率 （%）	燃气普及率 （%）	人均道路面积 （平方米）	污水处理率 （%）	人均公园绿地面积 （平方米）	每万人拥有公厕 （座）
1991	54.8	23.7	3.35	14.86	2.07	3.38
1992	56.2	26.3	3.59	17.29	2.13	3.09
1993	55.2	27.9	3.70	20.02	2.16	2.89
1994	56.0	30.4	3.84	17.10	2.29	2.69
1995	58.7	34.3	4.36	19.69	2.49	3.00
1996	60.7	38.2	4.96	23.62	2.76	3.02
1997	61.2	40.0	5.22	25.84	2.93	2.95
1998	61.9	41.8	5.51	29.56	3.22	2.89
1999	63.5	43.8	5.91	31.93	3.51	2.85
2000	63.9	45.4	6.13	34.25	3.69	2.74
2001	72.26	60.42	6.98	36.43	4.56	3.01
2002	77.85	67.17	7.87	39.97	5.36	3.15
2003	86.15	76.74	9.34	42.39	6.49	3.18
2004	88.85	81.53	10.34	45.67	7.39	3.21
2005	91.09	82.08	10.92	51.95	7.89	3.20
2006	86.07	79.11	11.04	55.67	8.30	2.88
2007	93.83	87.40	11.43	62.87	8.98	3.04
2008	94.73	89.55	12.21	70.16	9.71	3.12
2009	96.12	91.41	12.79	75.25	10.66	3.15
2010	96.68	92.04	13.21	82.31	11.18	3.02
2011	97.04	92.41	13.75	83.63	11.80	2.95
2012	97.16	93.15	14.39	87.30	12.26	2.89
2013	97.56	94.25	14.87	89.34	12.64	2.83
2014	97.64	94.57	15.34	90.18	13.08	2.79
2015	98.07	95.30	15.60	91.90	13.35	2.75
2016	98.42	95.75	15.80	93.44	13.70	2.72
2017	98.30	96.26	16.05	94.54	14.01	2.77

续表

年份	供水普及率（%）	燃气普及率（%）	人均道路面积（平方米）	污水处理率（%）	人均公园绿地面积（平方米）	每万人拥有公厕（座）
2018	98.36	96.70	16.70	95.49	14.11	2.88
2019	98.78	97.29	17.36	96.81	14.36	2.93
2020	98.99	97.87	18.04	97.53	14.78	3.07
2021	99.38	98.04	18.84	97.89	14.87	3.29

注："人均公园绿地面积"指标 2005 年及以前年份为"人均公共绿地面积"。

资料来源：《中国城乡建设统计年鉴 2021》。

三、邮政通信方便快捷

中华人民共和国成立初期，乃至六七十年代，人们主要通过寄信、电报和手摇电话等方式远程联络。经过改革开放以来，特别是党的十八大以来行业的快速发展，我国邮政通信业的面貌发生了翻天覆地的变化。手机、电子邮件和 QQ 等交流沟通方式迅速流行。移动互联网技术成熟和智能手机普及后，移动支付、移动出行、移动视频直播和餐饮外卖等应用得到实现，线上线下加快融合，物联网加速发展，电子商务规模持续扩大，"互联网 +"战略深入贯彻实施，显著改变了经济发展模式和工作生活方式。

邮政业发展不断提档升级。中华人民共和国成立初期，邮政网络残缺不全，生产设备陈旧落后，全国邮路长度仅 70.6 万千米，邮政服务局所 2.6 万处，大部分设施集中在大中城市。经过 70 多年来的大规模建设，目前已基本形成航空、铁路、公路等多种交通运输方式综合利用，连接城乡、覆盖全国、连通世界的现代邮政和快递服务网络，邮政服务水平大幅提高。1978 年末，全国邮政营业网点 5.0 万个，邮路总长度 486 万千米。2021 年末，全国邮路总长度（单程）1192.7 万千米，城市投递路线长度 234 万千米。1949 年，我国邮政业务总量仅1.6 亿元，2021 年邮政业务总量达到 13698 亿元。

电信业发展突飞猛进。中华人民共和国成立以来，通信业务不断推陈出新，通信方式不断变迁，通信技术迎头赶超，通信能力持续提升。中华人民共和国成立初期，通信业基础设施极端落后，全国长途电缆仅 1635 皮长千米，电话用户总数 21.8 万户，电话普及率仅 0.05 部 / 每百人。1978 年改革开放前，全国长途电缆 11864 皮长千米，电话用户 193 万户，电话普及率增至 0.4 部 / 每百人。改革开放以来，我国通信技术高速发展，光通信和移动通信等领域技术突破创新，实现从空白到领先的跨越。移动通信领域经历 1G 空白、2G 跟随、3G 突破、4G 同步、

5G 引领的崛起历程。2021 年末，全国固定电话用户数达到 1.81 亿户，移动电话用户数达到 16.43 亿户。互联网应用加速普及，互联网产业势头强劲，网民数量稳步提高，带动移动互联网接入流量消费快速增长。截至 2021 年 12 月，互联网上网人数达到 10.3 亿人，互联网普及率达到 73%。[①] 光纤宽带不断升级，"千兆城市"加速建设，根据工业和信息化部发布的《关于 2022 年千兆城市建设情况的通报》，截至 2022 年 10 月底，全国共有 110 个城市达到千兆城市建设标准。

第三节　城市公共服务水平显著提高

城市是人民的城市，人民城市为人民。围绕着"为人民服务"，城市公共服务的投入持续增加，基本公共服务体系逐渐完善，基本公共服务水平明显提升，城市居民的获得感、幸福感逐渐增强。

一、教育事业稳步发展

中华人民共和国成立以来，各城市努力发展教育事业，九年义务教育全面普及，高等教育和职业教育规模大幅度扩大，电大、函授和全脱产等成人本专科教育方式灵活多样，各级各类教育快速发展，教育事业取得了举世瞩目的巨大成就。党的十八大以来，以习近平同志为核心的党中央团结带领全党全国各族人民，更加重视教育事业，坚持以人民为中心的发展思想，加强党对教育工作的全面领导，面对实现"两个一百年"奋斗目标和中华民族伟大复兴的中国梦，作出优先发展教育事业、加快教育现代化、建设教育强国的战略部署，推动中国特色社会主义新时代的教育现代化迈入新征程。

1949 年，全国 5.4 亿人口中约 80% 不识字，只有 3000 多万名小学在校生，100 多万名中学在校生，10 多万名大学在校生，大中小学在校生规模类似"倒图钉形"。世纪之交，"倒图钉形"逐渐成为"金字塔形"。2021 年，全国 14 亿人口中，全国小学、初中、高中、大学的在校生，分别为 10779 万人、5018 万人、3976 万人、3496 万人，已经呈现"正梯形"。2021 年末，全国小学学龄儿童净入学率为 99.95%，初中阶段、高中阶段、高等教育的毛入学率分别为 100.9%、

---

① 资料来源：《中国统计年鉴 2022》。

91.4%、57.8%，学前教育毛入园率88.1%，这些指标已经达到同期中上收入国家平均水平。2021年末，城市拥有普通高等学校3012所，专任教师278万人。[①]教育事业的发展，极大地提高了国民的思想道德素质、科学文化素质和健康素质，为城市的发展作出了人力资源开发和知识创新等多方面贡献。

二、医疗卫生事业快速发展

中华人民共和国成立伊始，卫生健康工作面临着传染病、寄生虫病和地方病普遍流行，医疗卫生资源短缺、水平低下的严峻形势。党中央、国务院高度重视卫生健康和医改工作，确立了"面向工农兵、预防为主、团结中西医、卫生工作与群众运动相结合"的卫生工作方针。在城市建立了省、市、县三级公立医院网络。改革开放后，针对当时社会事业"投入不足、效率低下、水平不高"等问题，从宏观层面提出了"国家、集体、个人一起上"的思路，以激活微观机制为重点，改革工资分配制度，充分调动了医务人员工作积极性，并于1997年确立新的卫生工作方针"以农村为重点，预防为主，中西医并重，依靠科技与教育，动员全社会参与，为人民健康服务，为社会主义现代化建设服务"，很大程度上满足了人民群众快速增长的医疗卫生服务需求。1998~2012年，通过发展基本医疗保障制度，建立社会化的医疗费用分担机制，保障人民有能力享受现代医学的发展成果。

党的十八大以来，以习近平同志为核心的党中央把全民健康作为全面小康的重要基础，强调把健康放在优先发展的战略地位，确定了新时代党的卫生健康工作方针，提出"实施健康中国战略"，将深化医改纳入全面深化改革统筹谋划、全面推进。近年来，围绕分级诊疗、现代医院管理、全民医保、药品供应保障、综合监管五项制度建设和建立优质高效的医疗卫生服务体系，着力在解决看病难、看病贵问题上持续发力，城市医疗卫生事业取得了巨大进步。全国城市医疗设施持续改善，医疗卫生水平不断提高。2020年末，全国地级以上城市医院34213个，医院床位684万张，执业（助理）医师390万人。我国人均预期寿命从中华人民共和国成立时的35岁增长到78.2岁。2021年末，我国基本医疗保险参保人数超过13.6亿人，居民个人卫生支出占卫生总费用比例降至27.7%，90%的家庭15分钟内能够到达最近的医疗点。[②]

三、社会保障体系不断健全

中华人民共和国成立后，我国建立了城市国营及部分大型集体企业职工的社

---

①② 资料来源：《2021年国民经济和社会发展统计公报》。

会保险制度体系。改革开放后，党和政府高度重视民生改善，更加灵活、有效，覆盖城乡的就业和社会保障体系逐渐建立。如今，我国城市范围内已经建成了具有鲜明中国特色、世界上规模最大、功能完备的社会保障体系，基本形成了防范化解社会风险的安全网，为提升人民生活品质提供了坚实基础。

社会保障体系逐渐完善。积极开展养老保险顶层设计，出台养老保险制度改革总体方案。统一城乡居民养老保险制度，形成城镇职工和城乡居民两大基本养老保险制度平台。实施机关事业单位养老保险制度改革，实现与企业养老保险制度并轨。出台基本养老保险基金投资管理办法，开展市场化投资运营。建立企业养老保险基金中央调剂制度，全面实现养老保险省级统筹，目前正在抓紧实施养老保险全国统筹。建立职业年金制度，出台个人养老金制度，填补了多层次、多支柱养老保险的制度空白。社会保障体系覆盖范围不多扩大。2022年末，全国城镇职工基本养老保险参保人数超过5亿人，城镇职工基本医疗保险参保人数3.6亿人，共有683万人享受城市最低生活保障。

社会保障服务水平逐渐提升。综合考虑物价变动、职工工资增长、基金承受能力以及财力状况等因素，自2012年以来，连续调整企业和机关事业单位退休人员基本养老金，建立健全基本养老金待遇确定和合理调整机制。自2014年以来，四次统一提高城乡居民基本养老保险全国基础养老金标准。以养老保险为重点的社会保障记录一生、保障一生、服务一生，管理服务标准化、规范化、信息化建设进一步加强，群众社保事务就近办、线上办、快速办更加方便快捷。截至2022年6月底，社会保障卡持卡人数超过13.6亿人，其中电子社保卡领用人数超过5.75亿人。国家社会保险公共服务平台累计访问量已经超过36亿人次，有效地方便了群众跨省通办、一网通办。

第四节　城市生态环境趋于良好

随着我国社会经济的快速发展，城市生态建设与社会经济发展的关系完成从服从到共生、从被动应对到主动响应的转变。与此同时，城市生态环境经历了从良好、恶化到总体好转的演进过程。近年来，随着"绿水青山就是金山银山"的观念深入人心，各地在城市建设中统筹人与自然和谐发展，城市地变绿了，河流变清了，天空变蓝了。

一、城市生态建设持续加强

生态建设相关法律法规体系不断完善。1978 年，第五届全国人民代表大会第一次会议通过的《中华人民共和国宪法》规定，"国家保护环境和自然资源，防治污染和其他公害"。1993 年，全国人大设立环境保护委员会，后更名为环境与资源保护委员会；制定出台了环境保护法律、自然资源法律、行政法规、部门规章和规范性文件、地方性规章组成的环保法律法规体系。2002 年，《中华人民共和国清洁生产促进法》出台，标志着污染治理由末端向全过程控制转变。2009 年，《中华人民共和国循环经济促进法》生效。2015 年 1 月 1 日起实施的《环保法》，被称为"史上最严"；党的十八大以来，制修订相关法律十多部，包括《大气污染防治法》《野生动物保护法》《环境影响评价法》《环境保护税法》等。2015 年，中共中央、国务院出台《关于加快推进生态文明建设的意见》《生态文明体制改革总体方案》。2016 年，《生态文明建设目标评价考核办法》《生态文明建设考核目标体系》和《绿色发展指标体系》相继出台，从制度上保障了我国城市生态文明建设的有序规范推进。2018 年 3 月，十三届全国人民代表大会第一次会议通过《中华人民共和国宪法修正案》，首次将"生态文明"写入宪法。

城市生态保护投入不断加强。由表 5-3 可知，2021 年，我国城镇环境基础设施建设投资达到 6578 亿元，是 2000 年的 12.8 倍，年均增长 12.9%；城镇园林绿化投资 2003 亿元，是 2000 年的 14 倍，年均增长 13.4%；城镇市容环境卫生建设投资额 997 亿元，是 2000 年的 11.8 倍，年均增长 12.5%。

表 5-3　2000~2021 年我国城镇环境和园林绿化投资情况　　　　单位：亿元

年份	城镇环境基础设施建设投资额	城镇园林绿化建设投资额	城镇市容环境卫生建设投资额	年份	城镇环境基础设施建设投资额	城镇园林绿化建设投资额	城镇市容环境卫生建设投资额
2000	516	143	84	2008	2248	824	259
2001	596	163	51	2009	3245	1138	411
2002	789	240	65	2010	5182	2671	424
2003	1072	322	96	2011	4557	1992	556
2004	1141	359	108	2012	5063	2380	399
2005	1290	411	148	2013	5223	2235	506
2006	1315	429	176	2014	5464	2339	592
2007	1468	526	142	2015	4947	2075	472

续表

年份	城镇环境基础设施建设投资额	城镇园林绿化建设投资额	城镇市容环境卫生建设投资额	年份	城镇环境基础设施建设投资额	城镇园林绿化建设投资额	城镇市容环境卫生建设投资额
2016	5412	2171	561	2019	6018	2327	684
2017	6086	2390	623	2020	6842	2195	1130
2018	5893	2413	605	2021	6578	2003	997

资料来源：《中国城乡建设统计年鉴2021》。

二、人居环境更加优美

如图5-5所示，1981年，我国城市公园绿地面积为21637公顷，2021年达到835659公顷。2021年我国城市人均公园绿地面积达到14.87平方米，而1981年只有1.5平方米；2021年，城市建成区绿化覆盖率42.42%，比1986年提高25.52个百分点；城市建成区绿地率38.70%，比1996年提高19.65个百分点。

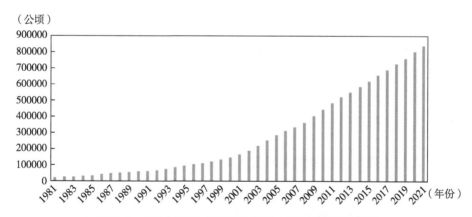

图5-5　1981~2021年我国地级以上城市公园绿地面积

资料来源：《中国城乡建设统计年鉴2021》。

2013年，中央城镇化工作会议提出"海绵城市"的建设目标，并将其上升为国家战略。越来越多的城市通过"海绵城市"建设，改造和治理境内水系和路网交通，就地消纳和利用降雨，提高了城市适应环境变化和应对自然灾害的能力。目前，全国有470多个城市开展了海绵城市建设，30个海绵城市建设试点城市基本实现预期目标，在海绵城市建设的技术路线、规划建设管理措施等方面取得宝贵经验。

精神文明蔚然成风。城市的市容市貌更加干净、整洁和有序。许多城市规定室内公共场所和工作场所全面禁烟,工商、税务和110等窗口服务行业的服务更加文明规范,投诉机制更加便捷有效。市民素质显著提高,在公共场所的行为更加文明,自觉排队、让座等行为越来越普遍。社会主义核心价值观得到彰显,一大批崇德向善、文化厚重、和谐宜居的文明城市涌现出来。截至2020年末,我国已评选表彰了六届共284座全国文明城市(区县)。

第五节　城市治理机制更加健全

治理是各种公共的或私人的个人和机构管理其共同事务的诸多方式的总和。[①] 它是使相互冲突的或不同的利益得以调和并且采取联合行动的持续的过程。城市治理是指城市范围内政府、私营部门、非营利组织作为三种主要的组织形态组成相互依赖的多主体治理网络,在平等的基础上按照参与、沟通、协商、合作的治理机制,在解决城市公共问题、提供城市公共服务、增进城市公共利益的过程中相互合作的利益整合过程。[②] 中华人民共和国的成立拉开了我国城市治理体系建设的序幕,70多年来,通过不断革新城市发展理念、培育城市多元主体、丰富城市建设内涵、优化城市管理方式等举措,我国在城市治理方面进行了大量探索,取得了一定的成效和经验。

一、政府治理理念由经营导向逐步向服务导向转变

改革开放之前以及改革开放初期,我国的城市治理主要是以行政手段为主,包括户籍、治安等方面的管理。改革开放尤其是20世纪90年代以来,城市政府的工作重心逐渐向经济建设转移,城市治理进入了"城市经营"模式,即"城市政府运用市场经济手段,将各种可以用来经营的城市资源资产化,以实现资源配置最大化和最优化,从而提升城市价值"。在这种经济利益至上的城市经营理念指导下,城市的经济发展水平不断提高,同时也产生了许多矛盾。随着改革的深入,城市政府逐渐意识到要从"经营导向"向"服务导向"转变,从单纯强调经

① 俞可平.治理与善治[M].北京:社会科学文献出版社,2000.
② 王佃利.城市管理转型与城市治理分析框架[J].中国行政管理,2006(12):97-101.

济的发展型政策向更具公平性的保障型政策转变。

党的十六大以来，以转变政府职能、构建服务型政府为目标的政府改革思路逐渐明晰。党的十八大提出要"建设职能科学、结构优化、廉洁高效、人民满意的服务型政府"。党的十八届三中全会指出，必须切实转变政府职能，深化行政体制改革，创新行政管理方式，增强政府公信力和执行力，建设法治政府和服务型政府。在政府职能转变的过程中，城市治理的理念也逐渐产生变化，最显著的变化就是日益人性化，由管理向服务转变。《国家新型城镇化规划（2014—2020年）》明确提出："以人的城镇化为核心，合理引导人口流动，有序推进农业转移人口市民化，稳步推进城镇基本公共服务常住人口全覆盖，不断提高人口素质，促进人的全面发展和社会公平正义，使全体居民共享现代化建设成果。"

2019 年，习近平总书记在考察上海时提出"人民城市人民建，人民城市为人民"重要理念。同年，习近平总书记在考察兰州时强调"城市是人民的，城市建设要贯彻以人民为中心的发展思想，让人民群众生活更幸福"，均彰显了以人为本的城市工作理念。近年来，人性化管理越来越受到城市管理执法机关和人民群众的重视，只有树立"以人为本"的城市管理理念，实施弹性、常态化和引导性的人性化管理手段，才能解决当今社会"城管执法难"的问题。于是人性化管理理念被逐渐灌输到各地的城市治理当中。

二、公共服务提供主体由单一的政府垄断变为多元主体竞争格局

我国城市治理现代化的另外一个重要特征，就是治理主体多元化，多元主体参与的协同治理模式已经逐渐在一些城市开始尝试。长期以来，在计划经济体制下，城市公共服务由政府统一提供，这导致政府管了许多管不好、管不了的事。近年来，政府在发挥主导作用的前提下，充分发挥各类企业、社会组织和个人的作用，对公共服务的多中心供给模式进行了许多有益探索，协同治理模式日渐成熟。除了政府或其他公共权威机构外，企业组织、民间组织、社区组织在城市治理中日益发挥重要作用。越来越多过去为政府所拥有的城市管理和服务职能正在转移给其他民间组织和企业组织，它们与城市政府一起形成了一个多元化的城市治理结构。但在这个多元化的城市治理结构中，政府或其他城市公共权威机构依然起着主导性作用，发挥着其他任何非政府组织无法替代的作用。

一方面，政府作为提供服务的责任主体发挥了主导作用，逐年加大对基本公共服务的财政投入力度，确保了基本公共服务的持续发展。为了发挥各类企业、社会组织和个人在社会服务方面的作用，国家出台了一系列政策措施推进公共服务的市场化、社会化，如《关于加快实现社会福利社会化的意见》（2000 年）、

《关于支持社会力量兴办社会福利机构的意见》（2005年）。2012年，《国家基本公共服务体系"十二五"规划》提出，要"创新基本公共服务供给模式，引入竞争机制，积极采取购买服务等方式，形成多元参与、公平竞争的格局，不断提高基本公共服务的质量和效率"。

另一方面，公共服务提供主体逐渐由单一的政府垄断转变为多元主体竞争格局。政府将竞争引入公共服务领域，让更多的非政府组织、私营部门等成为公共服务的供给主体，大大提高了公共服务的质量和效率。城市政府向社会组织"购买"服务成为当前政府职能转变和社会组织发育发展的一个大趋势。根据竞争性和排他性的不同，政府积极探索不同的改革方案，如卫生防疫等纯公益事业继续由政府承担；市政、园林等服务实行企业化管理，对外招标承包；弱势群体服务等由非政府、非营利组织作为服务供给主体；将基础设施公共产品如供水、供电等垄断行业逐渐开放，通过市场竞争提升其服务质量，政府则着力加大对公共服务的价格和质量进行监督。

三、治理手段日益信息化和智慧化

新的信息网络技术日益成为城市治理不可或缺的工具。信息网络技术改变了人类的行为方式和生活方式，同样也改变了城市管理的手段和方式。离开信息网络技术，城市生活已难以想象，与此相适应，信息网络技术对于城市治理的作用也变得极其重要。众多的城市创新项目都与运用信息网络技术改善城市生活直接相关，特别是城市交通、市民参与和社区服务。"智慧城市"的兴起，典型地反映了信息网络技术对于城市管理创新的意义，也在很大程度上预示了未来城市生活的形态。目前国内很多城市已经开始利用大数据、物联网等新一代信息技术开展城市治理，并取得了显著成效。

智慧城市将新一代的IT技术运用于城市各行各业，把传感器嵌入和装备到城市各种物体中，达到城市人、物、功能系统之间的无缝连接、协同联动和智能感知，最终实现对城市各系统需求作出智慧的响应、决策和行动。作为未来城市发展的全新理念，目前智慧城市已被越来越多的城市接受，这些城市期望通过智慧化的行动，应对城市发展所面临的各种挑战及"城市病"，提升公共服务水平。2012年，随着城镇化进程加速和信息技术的全面应用，我国智慧城市建设进入深入探索阶段，从上至下相关部委、各省及市级政府相继出台具体领域的细化政策，支持智慧城市建设。自2016年起，国家出台了《国家信息化发展战略纲要》《"十三五"国家信息化规划》等信息化建设相关的文件，提出了要深入开展新型智慧城市建设，要求将"无处不在的惠民服务、透明高效的在线政府、融合创新的信息经济、精准精细的城市治理、安全可靠的运行体系"作为发展目标。截至2022年底，我国智慧城市试点数量累计已达900个①。

四、城市治理重心逐渐向基层下沉

基层治理是国家治理体系和治理能力现代化的重要基础，是国家治理的"最后一公里"，是以人民为中心发展理念的根本体现。随着城市的发展，大面积突发公共卫生事件的频发，基层治理的重要性越来越凸显。老旧小区更新改造成为"十四五"时期的重点任务之一，正是国家加强基层治理的重要体现。随着基层治理重要性的凸显和国家的重视，各地也都积极采取措施加强基层治理。基层治理更加强调社区网格化的规划、分工、服务、管理能力，发挥移动互联技术在纵向信息传递上的独特优势，在城市规划、城市交通治理中不断提升居民和城市管理者"共商、共建、共享"的能力，由点及面健全城市治理体系。

一是赋权基层网格。突出基层基础导向，从基层最小单元、最小细胞抓起，推动城市治理重心下沉、力量下沉和资源下沉。划分综合网格、制定工作清单，探索将专职网格员纳入社区工作者管理。持续推进社区协商制度化、规范化、程序化。在日常管理中细化社区网格员权责，赋予其日常管理事务"吹哨人"和"召集人"的权利和"督察人"的权力，提升基层治理的精细化、专业化水平。

二是多措并举提升社区能力与活力。强化社区工作者队伍建设，建立社区工作者职业发展体系，建立健全与岗位特点、工作年限、教育程度、专业水平相匹配的社区工作者岗位等级序列、薪酬体系和正常增长机制。创新社区服务招引和经营模式，以信息化手段推动养老、助残、医疗、共享停车等服务在社区集成，依托"微信群"等工具建立楼宇自治互动虚拟社区，促进社会和谐。探索社区基金、社区企业、社区经济等模式，提升社区造血能力。

三是拓宽群众路线社区新场景。积极利用移动互联网技术支撑实施城市社区"群众路线"，从微观层面发动群众及时发现社区日常问题，由下至上协助城市管理者维护城市秩序和安全。认真总结近年来北京、广东、浙江、山东、福建、河南等地公安交管部门依托微信、手机App、智能车载记录仪、支付宝等开展的"随手拍"交通违法举报工作在鼓励群众参与交通安全管理、实现文明交通共建共治共享等方面的良好经验，举一反三拓展社区应用场景，实现群众一键发送、系统一键接收、问题一次解决的社会共治良性循环。

四是以社区"三中心"融入城市"三类人"。适应农业转移人口、老年人口、外籍人口多元化需求，以党群服务中心作为重要平台，构建各项制度以满足非户

---

① 《中国智慧城市行业发展趋势分析与未来前景预测报告（2023—2030年）》。

籍和境外人士参与社区公共事务的需求；成立社区邻里中心，接入本地信息集成平台，依托大数据为农民工提供都市圈范围内求职信息，为老年人口提供都市圈内游憩和医养结合服务信息，为外籍人口提供中外文化交流服务；成立非户籍人口服务中心，接入本地"一网通办"系统，为非户籍常住人口、暂住人口、旅游商务人群提供居留手续、驾驶证办理等政务服务。

五、城市治理法治化逐步加强和完善

我国城市从"管理"发展到"治理"，正是城市治理法治化的过程。在依法治国、依法治市的思想指导下，国家和地方大力推进城市管理法治建设，推行城市建设和管理的规范化、法治化。全国各城市也相继以条例、办法、实施细则等形式制定具体的城市管理法规。随着城市管理法律法规的日趋完善，法治化成为中国共产党城市管理思想的重要内容。

在城市规划管理方面，1989 年 12 月颁布了《中华人民共和国城市规划法》，这是我国第一部关于城市规划的法律。在城市建设管理方面，1992 年颁布了第一部城市市容和环境卫生管理行政法规《城市市容和环境卫生管理条例》。此后有关城市基本建设管理的各类行业性法规也相继出台，如《城市绿化条例》（1992 年）、《城市供水条例》（1994 年）、《城市道路管理条例》（1996 年）、《城市房地产开发经营管理条例》（1998 年）等。在城管执法方面，有关部门自 1990 年起着手建立城建管理监察制度，1992 年建设部颁布了《城建监察规定》。1996 年颁布了《中华人民共和国行政处罚法》，以此为法律依据，开展了城市管理相对集中行政处罚权试点工作，并在全国范围推广实施。党的十八大报告指出，"完善基层民主制度。在城乡社区治理、基层公共事务和公益事业中实行群众自我管理、自我服务、自我教育、自我监督，是人民依法直接行使民主权利的重要方式""加快形成政社分开、权责明确、依法自治的现代社会组织体制"。

参考文献

［1］徐焕．城市治理中的公共服务体制改革［J］．中共天津市委党校学报，2014（5）：93-98+112.

［2］沈体雁，杨明瀚，耿德红．城市数字治理理论与实践［M］．北京：社会科学文献出版社，2023.

［3］俞可平．治理与善治［M］．北京：社会科学文献出版社，2000.

［4］王佃利．城市管理转型与城市治理分析框架［J］．中国行政管理，2006（12）：97-101.

第六章　夯实人民城市的产业基础

城市是经济发展的优势区域，产业和人口向城市集中是客观的经济规律。但是产业要素和人口想要在城市落得住、发展得好、生活得满意，就要通过培育发展格局特色的产业体系，增强创新能力，营造良好就业和生活环境，提升城市对要素资源和人口的容纳能力，强化产业对人民的服务能力。

第一节　构建优质高效的城市服务业新体系

人民城市内居住着来自不同背景、不同需求的人们。服务业可以为人们提供多样化的服务，包括教育、医疗、文化、娱乐、旅游等，以满足人们不同层面的需求。建立优质高效的服务业新体系，不仅能够更好地满足人民城市为人民的需求，还能提升城市的竞争力和发展质量，促进经济社会的可持续发展，进而实现人民城市理念的核心目标，让人民在城市中过上更加幸福美好的生活。

一、城市服务业发展与建设人民城市的紧密关系

服务业是国民经济的重要组成部分，也是城市发展的重要支撑。服务业能够满足城市人民多样化、个性化、高品质的消费需求，提高城市人民的生活水平和幸福感。服务业能够为城市的生产活动提供各种专业化、高效化、智能化的支持，提高城市的生产效率和创新能力。服务业能够为城市的社会管理提供各种便捷化、人性化、智慧化的服务，提高城市的治理水平和公共安全。

服务业是城市发展的新动能，也是城市转型升级的新引擎。服务业在新一轮

科技革命和产业变革中迎来了新的机遇和挑战，催生了一批新产业、新业态、新模式，如互联网、大数据、云计算、人工智能等现代信息技术服务，共享经济、数字支付、跨界电商等新型消费服务，以及研发设计、工程技术、检验检测等生产性服务。这些服务业领域具有高附加值、高技术含量、高创新性的特点，为城市发展注入了新活力，为城市转型升级提供了新动力。

城市服务业是促进城市更新和改善人居环境的重要动力。随着我国城镇化进入后半程，城市面临着老旧小区改造、历史文化保护、生态环境治理等多重挑战，需要通过城市更新来提升城市品质和功能。城市服务业作为一种低碳、高效、创新的产业形态，可以为城市更新提供新的思路和手段，如利用数字技术提升城市管理水平，利用文化创意提升城市形象和魅力，利用绿色低碳提升城市生态环境水平和宜居性。

城市服务业是实现以人为核心的新型城镇化的重要保障。习近平总书记指出，"坚持以人民为中心的发展思想，坚持人民城市为人民"。在新型城镇化建设中，要更好地解决好农业转移人口的就业和落户问题，让他们享受到与城镇人民同等的公共服务和社会保障。城市服务业作为一种具有较强劳动吸纳能力和较低门槛的产业类型，可以为农业转移人口提供更多更好的就业机会，帮助他们实现稳定就业和增收致富。同时，通过发展教育、医疗、养老等社会服务业，可以为农业转移人口提供更加优质便捷的公共服务，提升他们的生活品质和幸福感。

服务业是城市开放合作的新平台，也是城市国际竞争力的新标志。服务业在全球经济一体化中发挥着越来越重要的作用，服务贸易已成为国际贸易增长的主要驱动力。我国积极扩大服务业对外开放，加快推进自贸试验区建设，举办服贸会、进博会等重大展会，打造数字贸易示范区等一系列举措，吸引了大量外资进入我国服务业领域，促进了我国服务业与国际先进水平的接轨和融合，提升了我国城市在全球价值链中的地位和影响力。

二、我国城市服务业发展的总体特点与新形势

在中国，服务业主要集中在城市，尤其是一线城市和部分发达的二线城市。这是由于城市相对于农村地区拥有更多的人口、更发达的经济和更多的社会资源，因此更容易成为服务业的中心。城市服务业在整个服务业中地位非常重要。随着经济的发展和城市化进程的推进，城市服务业的比重持续增加。

城市服务业规模不断扩大，对经济增长的贡献不断提升。改革开放以来，我国服务业持续高速增长，1978~2021 年，我国第三产业增加值占 GDP 的比重从

24.6%上升到53.3%[①]；产业增加值规模从不足1000亿元，增加到2022年底的近64万亿元，并吸纳了大批劳动力，为城市新增人口提供了大量岗位，成为全球最大的服务业体系，是支撑推动城市发展的关键力量。2022年，我国服务贸易保持较快增长，服务进出口总额达到59801.9亿元，同比增长12.9%，其中，全年服务出口28522.4亿元，增长12.1%；进口31279.5亿元，增长13.5%。[②]受新冠疫情影响，2021年我国第三产业增加值同比下降2.8%，对国内生产总值增长的贡献率为53.9%。随着疫情防控和经济社会秩序恢复，服务业对国内生产总值的贡献率为逐步回升。

城市服务业结构不断优化，战略性新兴服务业和高技术服务业快速发展。近年来，我国加快推进供给侧结构性改革，培育和发展现代服务业和新兴服务业，不断提升服务业创新能力和竞争力。2022年，信息传输、软件和信息技术服务业，金融业，租赁和商务服务业等现代服务业增加值占服务业增加值比重超过30%，比2012年提高6个百分点。当前，我国现代新兴服务业发展速度和质量明显高于服务业整体发展水平。

城市服务业创新能力不断提升，数字经济和新型消费领域活跃。近年来，我国以网络购物、移动支付、线上线下融合等新业态、新模式为特征的新型消费迅速发展，特别是新冠疫情暴发以来，传统接触式线下消费受到影响，新型消费发挥了重要作用。一些走在前列的地区，正加速各类新技术的落地应用，让数字技术为传统消费场景赋能。例如，在北京市西城区，北京坊商圈打造了全球首个"5G+虚拟现实"智慧商圈；在苏州市相城区，迎湖村搭上数字经济的快车，在农家乐、酒店、超市等商户设置多个数字人民币消费场景。同时，服务业产业数字化也是发展最快的领域之一。2019年，服务业数字经济增加值占行业增加值的比重已达到37.8%。近些年，北京市、上海市、深圳市等综合引领型城市，以及广州市、杭州市、南京市等特色开拓型城市，在数字创新要素、数字基础设施、核心数字产业、数字融合应用、数字经济需求和数字政策环境等方面表现突出，成为我国城市数字经济的竞争力高地。在线教育、在线医疗、在线旅游等新型消费领域快速发展，满足了人们多样化、个性化的消费需求。

服务业区域发展更加协调，差距逐渐缩小。近些年，我国积极推进京津冀、长三角、粤港澳大湾区等动力源地区的引领带动作用，促进区域间服务业合作交流，打造一批具有国际竞争力的现代服务业集聚区。同时，我国还实施一系列促

① 陈薇.高水平开放推动现代服务业发展［N］.经济日报，2022-06-28（10）.

② 商务部：去年我国服务贸易进出口总额同比增12.9%［EB/OL］.［2023-01-31］. https://baijiahao.baidu.com/s?id=1756491244685313230&wfr=spider&for=pc.

进中西部地区发展的政策措施，推动区域间资源要素流动和配置优化，提升中西部地区服务业发展水平。

三、加快打造城市优质高效的现代服务业体系

推动传统服务业高质量发展。以餐饮、零售、旅游、培训和医疗等为代表的传统服务业，在我国城市建设和发展过程中，发挥着举足轻重的作用。面向未来，通过优化调整传统服务业产业结构，强化科技赋能，推动传统服务业向高附加值、高技术含量的服务业转型升级。持续优化传统服务业服务模式。加速发展个性化定制服务，根据当前城市消费者的需求和偏好，推动医疗、餐饮等领域发展个性化定制服务。注重提供优质的客户体验，从服务环境、服务态度、服务流程等方面提升服务质量。提供友好、热情、专业的服务，建立良好的沟通和互动，使消费者感到满意和愉悦。强化服务人员专业素养，重视服务人员的培训和素质提升，提高服务人员的专业技能、沟通能力和服务意识，建立完善的服务人员培训体系，使其具备良好的职业道德和专业知识。强化传统服务标准体系建设，完善重点领域服务标准，针对餐饮旅游、批发零售、养老服务、健康服务等重点传统服务业领域，加快建立统一行业服务标准，推动服务标准对服务流程、服务环境、服务设施、服务安全、服务效果等方面全覆盖。强化科技赋能传统服务业升级，推动传统服务业智慧化转型，引入智能技术和物联网技术，实现传感器监测设备状态、实现设备自动化控制；利用人工智能技术进行数据分析和预测，优化服务流程和资源配置；利用云计算和大数据技术进行数据存储和分析，提供个性化的服务，加快传统服务业数字化升级。

大力发展现代服务业。现代服务业为城市提供了经济增长的动力、人才吸引的力量、文化魅力的展现等多方面的支持，是中国城市大力发展的方向。未来中国城市应聚焦信息技术服务、金融科技、互联网金融等重要现代服务业加速发展，同时，也要重视培育文化创意产业、健康养老服务、旅游休闲服务等新兴服务业，推动现代服务业的多元发展和创新驱动。加强创新驱动，提升服务业的数字化、智能化、品质化水平，培育新业态、新模式、新领域，满足多样化、个性化的消费需求。深化改革开放，放宽市场准入，优化营商环境，激发市场主体活力，扩大服务贸易规模和水平，提高服务业的国际竞争力。推进产业融合，加强服务业与农业、制造业的深度协同，促进产业链供应链价值链优化升级，提高现代产业体系的综合效益。引导要素集聚，打造一批具有国际影响力的高端服务业集聚区和中心城市，形成区域协调发展的新格局。坚持以人民为中心，加快发展教育、医疗、养老、文化等社会服务业，提高服务质量和效率，增强人民群众的

获得感和幸福感。

着力支持城市小微服务业企业发展。城市小微服务业企业是城市服务业的重要组成部分，数量众多，覆盖面广，涵盖了餐饮、住宿、文化、旅游、教育、医疗、养老等多个领域，能够灵活适应和满足城市人民多样化、个性化的消费需求，是城市服务业发展最优支撑能力、最具活力的部分，是解决城市民生就业的主力军，吸纳了大量的就业人口，特别是中低收入群体、农民工、妇女等弱势群体，为城市社会稳定和和谐发展做出重要贡献。为此，要为城市中小微服务业企业提供更多支持，帮助它们更好发展。一是要优化税收政策，减轻小微服务业企业的负担，对符合条件的小微企业实施增值税、消费税、城市维护建设税、教育费附加、地方教育附加、房产税、城镇土地使用税和印花税等"六税两费"的减免政策。二是加大金融支持，提高小微服务业企业的融资可得性，各地区各部门要加大对服务业领域困难行业的信贷支持力度，引导金融机构合理确定信贷评级标准，提高信贷审批效率，降低融资成本，延长还款期限，适当增加信用贷款和无抵押贷款比重。三是健全扶持机制，营造良好的发展环境，各部门要完善小微服务业企业的培训、咨询、指导等公共服务体系，加强对小微服务业企业的法律援助和知识产权保护，简化行政审批和监管程序，降低市场准入门槛，创造公平竞争的市场环境。

进一步提升服务业国际化发展水平。一是要加强服务贸易的开放合作，拓展服务出口市场。与发达国家相比，中国服务贸易的结构仍然偏向于传统的旅游、运输等领域，而商务服务、金融服务、电信服务等现代服务业的比重较低。因此，要积极参与区域经济一体化进程，推动《区域全面经济伙伴关系协定》（RCEP）、《全面与进步跨太平洋伙伴关系协定》（CPTPP）等自由贸易协定的签署和实施，扩大对外开放的领域和程度，提高服务业在国际分工中的地位和作用。二是积极培育具有国际影响力的服务品牌，提升服务形象和声誉。加强对小微服务业企业的法律援助和知识产权保护，简化行政审批和监管程序，降低市场准入门槛，创造公平竞争的市场环境，加强对国际市场需求和规则的研究和分析，加强对外宣传和推广，提高中国服务品牌的知名度和美誉度，树立中国服务业的良好形象。三是引导集聚发展，形成多层次、多业态的服务业集聚区。围绕搭平台优环境，加强服务业集聚区建设规划引导，加快集聚区或功能园区的公共信息平台、技术平台、重大通信基础设施建设，为服务业集聚发展创造良好条件，以北京、上海、广州、深圳、成都、郑州等城市为重点，形成多个具有世界级影响力的高端服务业集聚中心城市，推动中国成为全球高端生产性服务业集聚地和全球高端服务业投资者最向往的国家之一。

第二节 发展现代新型都市工业

都市型工业是指依托大都市独特的信息流、人才流、现代物流、资金流等社会资源，以产品设计、研究开发、营销管理、技术服务和加工制造为主，以都市型工业园区、楼宇为载体，能够在市中心区域生存与发展，与城市功能和生态环境相协调的，增值快、就业广、适应市场快速反应的现代绿色工业。都市型工业可以促进城市经济结构的优化和转型升级，促进城市空间布局的优化和节约利用以及促进城乡融合发展和社会稳定。在建设和发展人民城市的过程中，需重视对都市型工业的布局，不断提升发展质量。

一、都市型工业的总体特点

都市型产业具有结构轻型化、微型化的典型特征。都市型工业主要涉及电子信息、生物医药、新材料、新能源等高新技术产业，以及文化创意、时尚设计、金融服务等现代服务业，这些产业的产品重量轻、体积小，对土地和能源的需求相对较低，更适合在城市中心区域布局。随着科技的进步和社会经济的发展，人们对产品的需求更加个性化、多样化。传统的重工业往往生产大量标准化产品，难以满足人们不断增长的个性化需求。而轻型化、微型化产业更加灵活，能够快速响应市场需求，提供个性化的产品和服务。这也是都市型工业在市场竞争中获得优势的重要原因之一。

产业链高端化、服务化是都市型工业的显著特征。都市型工业注重产品的附加值和创新能力，更多地参与到全球产业链的高端环节，如研发设计、品牌营销、技术服务等。同时，都市型工业也提供更多的配套服务，如物流配送、质量检测、维修保养等，以满足消费者的个性化和多样化需求。这种产业链高端化和服务化的发展，提高了都市型工业的附加值和竞争力，也推动了产业的升级和转型。

产业模式集约化、网络化是都市型工业的重要特点。都市型工业借助于大都市丰富的社会资源和交通便利，形成了紧密的产业集群和协作网络，实现了规模效益和专业分工。在都市型工业的集约化发展中，不同企业之间形成合作伙伴关系，共享资源、共同开发，提高了生产效率和竞争力。同时，都市型工业利用信息技术和互联网平台，打造了智能化和数字化的生产管理系统，实现了灵活化和定制化的生产模式。这种集约化和网络化的产业模式，有效提升了都市型工业的运营效率和创新能力。

产业环境清洁化、美化始终是都市型工业的发展追求。都市型工业自产生以来就十分注重环境保护和节能减排。都市型工业采用了先进的生产设备和工艺，减少了废气、废水、废渣等污染物的排放，提高了资源利用率和循环利用率。同时，都市型工业注重美化生产场所和周边环境，打造了优美的园区景观和文化氛围。通过绿化环保等措施，都市型工业创造了良好的生产环境，提高了员工的工作满意度和幸福感，也增强了企业的社会形象和品牌价值。

二、都市型工业未来的发展趋势

一是产业领域不断拓展。随着科技进步和消费升级，都市型工业将涵盖更多的新兴产业和领域，如人工智能、5G 通信、云计算、大数据、物联网等。这些产业具有高附加值、高技术含量、高知识密集度的特点，能够满足城市人民的多元化和个性化需求，同时也能够提升城市的创新能力和竞争力。例如，上海市在都市型工业中重点发展了节能环保、新一代信息技术、生物、高端装备、新能源、新能源汽车、新材料等工业战略性新兴产业，为上海打造国际科技创新中心奠定了坚实的基础。

二是产业形态不断创新。随着城市空间的优化和整合，都市型工业将呈现出更多的新型形态，如楼宇经济、地下经济、屋顶经济等。这些形态能够充分利用城市内部的存量空间，实现土地资源的节约利用和集约开发，同时也能够提升城市的美观度和品质度。例如，杭州市在都市工业中推动了特色小镇和工业楼宇的建设，打造了一批集研发、生产、服务于一体的创意产业园区。

三是产业水平不断提升。随着人才培养和引进，以及科研投入和成果转化的加强，都市型工业将提高自主创新能力和核心竞争力，在全球产业链中占据更高的地位。这需要都市型工业与高校、科研机构、金融机构等建立紧密的合作关系，形成有效的创新生态系统，推动科技成果的快速应用和商业化。例如，东京市在都市工业中充分利用了东京大学等高水平高校和科研机构的人才和技术优势，将测控技术、可变气门等技术应用于精密机械、汽车制造、3C 电子等领域，实现了高附加值产品的规模化生产。

四是产业影响不断扩大。随着区域协调和一体化的推进，以及对外开放和合作的深化，都市型工业将带动周边地区和国内外市场的发展，形成更大的经济社会效益。这需要都市型工业与其他城市和地区建立良好的互动机制，实现资源共享和优势互补，同时也需要积极参与国际交流和合作，拓展海外市场和渠道。例如，广州市在都市工业中强化了与粤港澳大湾区的协同创新，引导都市型工业科技创新要素流动，在关键核心技术攻坚、企业技术创新能力构建和创新人才团队建设方面共建共享，以都市型工业协同创新建设推动粤港澳大湾区国际科技创新中心建设。

三、都市型工业在中国城市的发展现状

都市型工业在中国城市发展中取得了显著的成就，主要体现在以下两个方面：

一是促进了城市经济结构的优化。都市型工业以高附加值、高技术含量、高知识密集度的产品和服务为主，提高了城市经济的质量和效益，增强了城市经济的竞争力和创新力。根据《2022 年全球创新指数报告》，我国创新能力全球排名升至第 11 位，意味着我国已经开始进入国际创新先进行列。其中，都市圈集聚了大量科研院所和高新技术企业，是我国科技资源的密集区，也是创新的主要来源地。例如，深圳都市圈在基因测序、互联网、三维显示、柔性显示、新能源汽车、无人机和超材料等领域的创新能力处于世界前沿，并且拥有深圳国家基因库、国家超级计算深圳中心、大亚湾中微子实验室等一批重大科技基础设施，在北斗卫星、基因、移动互联和云计算等领域建立了 45 个产学研资联盟和 10 个专利联盟。

二是促进了城市空间布局的优化。都市型工业以轻量化、微型化、环保化为特征，对土地资源的占用较少，对环境污染的影响较小，适应了城市空间布局的紧凑化和节约化要求。都市型工业可以有效利用城市内部存量空间进行再开发，改造提升老旧工业区和闲置厂房，打造现代化产业园区和创意产业园区，提升城市形象和品质。例如，上海将老旧厂房改造成为文化创意产业园区、科技创新中心等现代服务业载体，形成了一批具有上海特色的文化地标和创新平台，促进了城乡融合发展的优化。都市型工业以服务导向为特征，对人才资源的需求较大，可以有效吸纳农民工等流动人口进入城镇就业，并通过提供培训、社保等公共服务促进农民工人民化。同时，都市型工业可以与农村产业相结合，形成产业链上下游互动和协同发展的关系，推动农村产业转型升级和农民增收致富。例如，成都都市圈通过打造"一核五圈四带"的空间布局，推动中心城市与周边县域的产业协作，发展现代农业、乡村旅游、特色小镇等产业，实现了城乡融合发展。

尽管都市型工业在中国城市发展中发挥了重要作用，但也面临着一些问题和挑战。一是产业结构不平衡，高端制造业比重不足。都市型工业虽然以高附加值、高技术含量的产品和服务为主，但在不同城市之间存在差异。一些超大特大城市和发达地区的都市型工业已经形成了一批具有国际竞争力的高端制造业和战

略性新兴产业，但一些中小城市和欠发达地区的都市型工业仍然以传统制造业为主，缺乏创新能力和核心竞争力，难以适应新形势下的市场需求和环境要求。二是人才结构不合理，缺乏高素质人才。都市型工业对人才资源的需求较大，尤其是高素质的创新人才和技能人才。然而，目前我国都市型工业所需的人才供给与需求之间存在不匹配的问题。三是政策体系不完善，制度环境不优化。都市型工业作为一种新型工业类型，需要相应的政策体系和制度环境来支持和保障其健康发展。然而，目前我国对于都市型工业的政策支持还不够充分和有效，存在着政策空白、政策分散、政策落实不到位等问题。

四、推动都市型工业高质量发展的路径

一是加强产业创新能力，提升高端制造业比重。要加大科技创新投入，建设一批国家级和省级制造业创新中心，培育一批具有国际竞争力的战略性新兴产业集群。要加强产学研用合作，推动科技成果转化和应用，打造一批具有自主知识产权和核心技术的品牌产品。要加快数字化、网络化、智能化改造提升传统制造业，推动工业互联网、大数据、云计算等新技术在都市型工业中的广泛应用。

二是优化人才培养和引进机制，增加高素质人才供给。要完善人才培养体系，加强对高校和职业院校的指导和支持，培养符合都市型工业需求的创新人才和技能人才。要实施人才引进计划，放宽对海内外高层次人才的引进条件和待遇，为都市型工业提供优质的人力资源。要加强人才激励机制，完善人才评价和激励制度，提高人才的收入水平和社会地位，激发人才的创新活力和创造潜力。

三是建立完善的政策体系和制度环境，营造有利于都市型工业发展的氛围。要制定一系列针对都市型工业的政策措施，包括税收优惠、财政补贴、金融支持、土地供应、用能保障等，为都市型工业提供政策支持和保障。要简化行政审批流程，降低市场准入门槛，为都市型工业提供便利化的服务。要加强产权保护和信用体系建设，为都市型工业提供公平化的竞争环境。要加强生态环境保护和治理，为都市型工业提供绿色化的发展空间。

四是加强城市基础设施建设和维护，着力提升城市承载能力。城市基础设施是保障城市正常运行和提升城市品质的重要条件，也是吸引人才和投资的重要因素。要加快推进城市交通、水利、能源、通信、环卫等基础设施建设，提高城市的综合承载能力和服务水平；要加强对老旧基础设施的改造和更新，提高城市的安全性和可靠性；要加强对基础设施的运营和管理，提高城市的效率和节约性。

五是促进城市文化建设和创新，激发城市创新创造潜能。城市文化是城市发展的灵魂和动力，是城市吸引力和竞争力的重要体现。要加强对城市历史文化遗

产的保护和传承，突出城市的特色和风貌；要加强对城市现代文化产业的培育和发展，打造一批具有影响力和辐射力的文化品牌和产品；要加强对城市创意文化空间的打造和利用，激发城市的创新活力和创造潜力。

第三节　促进城市数字经济和实体经济深度融合

数字经济是继农业经济、工业经济之后的主要经济形态，是以数据资源为关键要素，以现代信息网络为主要载体，以信息通信技术融合应用、全要素数字化转型为重要推动力，促进效率与公平更加统一的新经济形态。① 数字经济发展速度之快、辐射范围之广、影响程度之深前所未有，正推动生产方式、生活方式和治理方式深刻变革，成为重组全球要素资源、重塑全球经济结构、改变全球竞争格局的关键力量。数字经济将对城市产生协作效应、替代作用、衍生作用、增强作用。促进数字经济与实体经济的深度融合，能够有效改变传统城市经济的生产方式、组织形式和商业模式，构建现代化产业体系，推动城市经济高质量发展，进而增强人民城市的产业支撑和内生动力。

一、城市数字经济和实体经济深度融合的价值

城市的本质特征是聚集，不仅是人口聚居、建筑密集的空间，而且是生产、消费、交换、流通和信息的集中地。2022 年，我国常住人口城镇化率已经达到65.22%，城镇人口占总人口的比重不断提高，城市经济在国民经济中的地位越来越重要，城市文明引领社会文明进步。随着我国城市型社会为主体的社会特征更加明显，城市的数字经济与实体经济的融合，不仅改变了城市自身的经济结构，而且也带动整体国民经济结构和效率的变化，具体来讲，体现在以下几个方面：一是推动实体经济发展模式的转变。数字经济和实体经济的融合，催生出大量的个性化产品需求和服务需求，进而加快实体经济的网络化、服务化、虚拟化发展，实现产业结构的升级和产品种类的迭代。二是培育生成新的产业业态。数字经济和实体经济的融合，在土地、劳动力、资本、技术等核心要素之外，又增

---

① 国务院关于印发"十四五"数字经济发展规划的通知［EB/OL］.［2022-01-12］. https://www.gov.cn/zhengce/zhengceku/2022-01/12/content_5667817.htm.

加了数字，让数字成为关键的生产要素和战略资源，以数字为主要生产要素的产业业态逐步生成壮大，涵盖大数据技术产品研发、工业大数据、行业大数据、大数据产业主体、大数据安全保障、大数据产业服务体系等产业业态和模式逐步兴起。三是提高资源利用效率和水平。数字经济和实体经济的融合，加快建立以大数据分析为基础的经济模式，为现代产业的发展提供了更好的技术支撑，并推动创新速度的不断加快和创新范围的不断拓展，产生放大作用、叠加作用与倍增作用，重塑传统经济体系，产生"创造性破坏"，进而提高全社会的劳动生产效率，提高资源的利用水平。四是提高企业对市场反应的灵敏程度。企业作为市场主体，只有能够及时对市场需求、价格等因素进行准确灵敏的反应，才有可能打通产销，满足市场需求，形成核心竞争力。数字经济与实体经济的融合，容易实现对客户需求的精准把握，对资金流、信息流、物流等数据的准确分析，从而更容易实现全业务、全流程、全链条的优化，提高对市场变动的灵敏度，优化企业决策速度与决策水平，形成企业的核心竞争力。

二、城市数字经济和实体经济深度融合的机制

城市数字经济和实体经济的融合，在其形成机制上主要有两个方面：一方面是数字产业化；另一方面是产业数字化。其中，数字产业化是数字经济建设中的核心驱动力，产业数字化是数字经济实现价值创造的落脚点。具体展开来讲，包括：

一是数字产业化。数字产业化即数字产业部门通过对外输出技术产品及相关服务（包括大数据、云计算、人工智能、虚拟现实等）而实现的增值活动。城市是数据的集聚地，也是人才的集聚地，为数字经济和实体经济的融合发展提供了市场需求、数据要素、人才支撑、创新平台、金融中介等服务。数字产业化以"互联网＋"为原动力，注重发挥数据作为重要生产要素之一的经济价值，包括数据基础设施建设、数字经济创新、数据流通交易，其产业业态主要包括人工智能、大数据、区块链、云计算、网络安全等新兴数字产业、基于5G的应用场景和产业生态，智慧政务、智慧环保、智慧交通、智慧物流、智慧能源、智慧医疗、智慧养老等重点领域、第三方大数据服务产业、共享经济、平台经济等。

二是产业数字化。产业数字化即传统产业部门将各种数字技术与实际生产相结合而实现的效率提升及产出增加。产业数字化重视传统产业的数字化升级转型，降本增效，以适应新时代的发展需求，是传统产业利用数字技术对自身进行升级改造的过程，其具体形态或模式为研发设计、生产制造、经营管理、市场服务等环节的数字化应用，个性定制、柔性制造等新模式，产业园区数字化改造、

制造业和服务业的数字化转型，智慧农业等，是数字经济与实体经济融合的主战场。

三、城市数字经济和实体经济深度融合的现状

近年来，我国城市数字经济与实体经济深度融合加速推进，取得明显成效，主要表现在以下三个方面：

一是融合领域不断扩大。近年来，城市作为信息化的高地，5G、云计算、物联网、大数据、人工智能等数字技术加快发展，传统企业数字化转型加速推进，新场景新业态新模式不断涌现，对三次产业的渗透率不断提高。中国信通院、中商产业研究院数据显示，2022年，数字技术对第一、第二、第三产业数字经济渗透率分别为10.5%、24.0%、44.7%，第三产业明显高于第二产业。

二是应用场景不断拓展。以5G、云计算、人工智能等为代表的新一代信息技术，加速渗透到企业的研发设计、生产制造、供应链管理、客户服务等各个环节，涌现出协同研发设计、柔性生产制造、远程设备操控、设备故障诊断、机器视觉质检等众多典型应用场景。截至2023年4月，工业互联网标识解析体系覆盖31个省（区、市）和40个行业，服务企业超过了25万家，重点平台连接设备超过了8100万台（套）。工业互联网已覆盖45个国民经济大类、166个中类，覆盖工业大类的85%以上。随着人工智能、物联网、LBS、NFC等技术不断发展，智慧餐厅、智慧菜场等新型服务设施正在走入人们的生活。

三是基础设施不断完善。根据国家互联网信息办公室发布的《数字中国发展报告（2022年）》，截至2022年底，我国数字基础设施规模能级大幅提升，累计建成开通5G基站231.2万个，5G用户达5.61亿户，全球占比均超过60%。全国110个城市达到千兆城市建设标准，千兆光网具备覆盖超过5亿户家庭能力。移动物联网终端用户数达18.45亿户，成为全球主要经济体中首个实现"物超人"的国家。所有地级市实现千兆光网覆盖，为城市数字经济和实体经济的深度融合发展提供了坚实的基础。

然而，我国城市数字经济和实体经济的融合发展仍然面临一些问题和挑战：一是对数字经济和实体经济深度融合的认知还需要提升。很少有企业能够意识到大量数据资源具有提升生产效率、降低成本损耗等战略价值，或者及时认识到数据资源的巨大价值，重硬件轻软件、重制造轻服务、重规模轻质量的惯性思想短期难以改变，数据价值难以有效挖掘利用。二是对数字经济和实体经济深度融合的应用还需要提升。虽然很多企业充分认识到深度挖掘数据资源的重要性，但是由于对数字经济发展过程中企业生产经营流程的再造把握还不够精准，导致在应

用层面不够深入。三是对数字经济和实体经济深度融合的人才还需要培养。现在的人才出现"两张皮"现象，其中一类人才分布在传统的产品研发和运营领域，对传统服务业、制造业的生产经营流程比较熟悉，但是对大数据采集与分析、流程及工艺优化、数字化战略管理等领域不熟悉。同时，一些具有互联网、大数据、人工智能等思维的人才，对传统服务业、制造业的运作流程与关键环节不够熟悉，造成跨界融合人才的缺乏，影响了数字经济和实体经济深度融合。四是数字经济和实体经济深度融合的环境还需要优化。例如，数字作为一种新兴的生产要素资源，数字业务的进一步开展依赖法律规定的持续细化，法律规定的缺位会加大一些数字业务创新导致的社会风险、金融风险。

四、城市数字经济和实体经济深度融合的路径

城市要实现高质量发展，人民城市要高质量建设，离不开数字技术这个新动力。加快数字经济和实体经济融合发展，用大数据智能化手段助推城市经济资源要素的重组、整合，能够在城市建设中达到优化资源配置的目的。人民城市建设中的数字经济和实体经济融合发展，主要通过以下几种路径来实现：

一是以场景应用为先导。加快建设完善智慧城市整体框架，打造城市大脑中心，对城市的产业经济、生态环境、城市生活、社会活动以及城市管理和服务等领域，通过数字化应用场景进行重新塑造，全面掌握城市运行状态，推动数字化应用场景从分散式场景创新演变到分布式场景创新。支持龙头企业搭建场景平台，开放技术、标准、渠道等资源，引导各类主体参与智能制造、智慧园区、电子商务、智慧物流、研发设计、数字创意、数字金融、智慧农业等领域的应用场景创新，形成一批具有高技术水准、完整解决方案、成熟应用模式、可复制和可推广的数字技术应用场景典型案例。加强问题导向和需求导向，深化"以应用换项目，以市场换产业"的发展模式，在生产、生活、治理等各个数字化转型领域，挖掘硬需求，通过发布场景开放清单，精准匹配应用场景供需。

二是以技术创新为引领。瞄准传感器、量子信息、网络通信、集成电路、关键软件、大数据、人工智能、区块链、新材料等战略性前瞻性领域，着力提升基础软硬件、核心电子元器件、关键基础材料和生产装备的供给水平，提高数字技术基础研发能力。协同推进信息技术软硬件产品产业化、规模化应用，加快集成适配和迭代优化，推动软件产业做大做强，提升关键软硬件技术创新和供给能力。支持具有自主核心技术的开源社区、开源平台、开源项目发展，推动创新资源共建共享，促进创新模式开放化演进。

三是以基础设施为支撑。紧跟新一轮信息技术变革和数字化发展趋势，加快

下一代互联网和窄带物联网等规模部署应用，完成重点领域互联网第六代协议改造任务，建设高速泛在、天地一体、云网融合、智能敏捷、绿色低碳、安全可控的智能化综合性数字信息基础设施。积极稳妥推进空间信息基础设施演进升级，加快布局卫星通信网络等，推动卫星互联网建设。提高物联网覆盖水平，增强固移融合、宽窄结合的物联接入能力。高效布局人工智能基础设施，提升支撑"智能+"发展的行业赋能能力。

四是以良好生态为保障。建立市场化服务与公共服务双轮驱动，技术、资本、人才、数据等多要素支撑的数字化转型服务生态，解决企业"不会转""不能转""不敢转"的难题。面向重点行业和企业转型需求，培育推广一批数字化解决方案。聚焦转型咨询、标准制定、测试评估等方向，培育一批第三方专业化服务机构，提升数字化转型服务市场规模和活力。支持高校、龙头企业、行业协会等加强协同，建设综合测试验证环境，加强产业共性解决方案供给。建设数字化转型促进中心，衔接集聚各类资源条件，提供数字化转型公共服务，打造区域产业数字化创新综合体，带动传统产业数字化转型。

第四节　营造城市一流创新创业生态

科技是第一生产力、人才是第一资源、创新是第一动力。新一轮科技革命与产业变革方兴未艾，全球地缘政治、经济和创新版图也在经历剧烈变动，城市作为国际信息、技术、知识、人才等交流的节点，越来越成为国家之间、地区之间科技创新竞争合作的平台和载体。同时，我国正处于依赖要素驱动的粗放式经济增长模式向创新驱动的集约式经济增长模式转变的关键时期，党的二十大报告提出，要"深入实施科教兴国战略、人才强国战略、创新驱动发展战略，开辟发展新领域新赛道，不断塑造发展新动能新优势"。在此背景下，越来越需要城市发挥科创资源集聚和科创能力较强的优势，引领建设创新型国家和带动经济高质量发展，让人民群众共享经济发展成果，从经济增长中受益。

一、人民城市建设对一流创新创业生态的要求

习近平总书记强调，科学技术从来没有像今天这样深刻影响着国家前途命运，从来没有像今天这样深刻影响着人民生活福祉。在人民城市建设过程中，营

造一流创新创业生态，要始终围绕着人民性展开，更好地满足人民群众的需要。

一是要以人民群众的现实需求为导向。人民的需要和呼唤，是科技进步和创新的时代声音。随着我国进入社会主义现代化建设的新时代，我国社会主要矛盾已经转化为人民日益增长的美好生活需要和不平衡不充分的发展之间的矛盾，人民群众对美好生活的向往是城市创新创业的出发点和落脚点，是城市创新创业的源动力。城市营造一流的创新创业生态，要围绕人民群众的现实需求，围绕解决人民群众追求美好生活的关键环节，围绕和人民群众生产生活密切相关的就业、住房、教育、医疗、食品安全、生态环境、社会保障等民生领域，从人民群众关心的事情做起，从让人民群众满意的事情做起，要充分体现出人民的期盼、人民的需求，提高人民群众的获得感、幸福感。

二是要充分尊重人民群众的创新创业精神。在人类社会发展进步的历史进程中，人民既是这一进程的参与者，更是推动这一进程不断发展进步的重要力量。纵观古今中外，新生事物的产生与发展、思想认识的深化及突破、社会的发展与变革，无不来自亿万人民的实践与创造。城市营造一流的创新创业环境，就要在实践维度上重视人民群众的根本力量，最大限度地尊重和发挥人民群众的创造力，不断拓展问计于民的渠道，聚天下英才而用之，把人民群众的积极性、主动性保护好、发挥好、引导好。

三是要把握好创新创业的以人民为中心的价值导向。从价值维度看，让广大人民群众能够积极参与到创新创业中来，共享创新创业的成果，是城市科技创新发展的价值导向与价值归旨。其中蕴含着创新创业的立场——人民立场，创新创业的取向——增进人民福祉，创新创业的动力——人民素质的全面提高，创新创业的手段——人民主体性的发挥，创新创业的标准——人民利益的满足，创新创业的目的——人的全面发展与幸福等丰富内涵。此外，人的全面发展包含了人民参与创新创业的权利，鼓励发挥创新能力和创业潜力，创造就业机会和实现自我价值。

二、营造一流城市创新创业面临的形势

自 2014 年 9 月，夏季达沃斯论坛上李克强同志提出"大众创业、万众创新"以来，形成了"万众创新""人人创新"的新势态。良好的创新创业生态，让各类市场主体得到了迅猛发展，企业数量迅速增长，一些新的就业形态不断涌现，就业方式更加灵活，就业空间更加广阔。随着创新创业的发展，科技研究和试验发展的经费投入也在快速增长，科技研究和试验发展的经费投入占国内生产总值的比重持续提高创新链、产业链、人才链、政策链、资金链、信息链融合程度不

断加深，科技成果转化率不断提高。与此同时，国家持续深化"放管服"改革，开展营商环境评价，推进营商环境以评促改、以改促优，充分释放社会各界的创新创业动能，并把这种创新创业的积极性保护好、发挥好、引导好。根据中国青年创业就业基金会联合泽平宏观发布的《中国青年创业发展报告（2022）》的数据，创新创业呈现高质量发展态势，创业数量可观、创投活跃度高、创服机构同步跟进，整体创业生态优良。2021 年，我国新设市场主体超 900 万家，独角兽企业数量位居世界第 2，孵化器数量超 6000 家。

随着我国创新创业工作部署的推进，当前城市创新创业生态也发生了变化，这种变化为城市创新创业提供了更多机遇，同时也带来了一些挑战和问题。一是政策体系更加完善。近年来，政府不断加强对创新创业的支持和帮扶力度，推出了一系列创业政策和扶持措施，如简化创业手续、降低创业门槛、提供创业贷款等，并在营商环境评价中设置专门指标用于评估促进创新创业政策体系的完善，降低了创新创业的门槛和成本，使更多人有了创新创业的机会，促进了创新创业的发展。二是技术支撑更加有力。近年来，随着人工智能、大数据、物联网、云计算等新技术的应用，创新创业的方式和手段也发生了重大变革，创新创业者可以通过开发手机应用程序或者网站来推广自己的产品和服务，不仅使创业成本更低，还可以将市场范围扩大到全球。同时，互联网技术的发展也催生了一批新型企业，它们以创新的商业模式和技术优势占领市场，成为新的增长点。三是市场环境更具竞争力。随着互联网的发展，生产者、消费者、流通者能够获取更海量的信息，创新创业带来的产品将在全球市场上进行比较，更多选择购买服务、体验以及其他更加全面的产品，也带来更加个性化的需求。随之而来的是竞争的激烈化，无论在哪个行业中进行创新创业，都需要面对众多竞争对手的挑战。最后，还需要面临一些问题。例如，产学研用联合的体制机制还有待进一步健全，企业尚未真正成为决策主体、投入主体、利益主体和风险承担主体，高校、科研院所的技术、人才、成果、设备等资源优势难以向产业有效聚集；科技成果转化率还有待进一步提高，高校、科研院所更多关注国家重点项目和科研任务，其科研成果与地方经济结合不紧，转化率不高；多元化投融资体系还有待进一步完善，风险投资机构发育缓慢，多渠道、社会化的投融资体系仍需完善，孵化的中小创新企业融资难问题没有根本解决；创新创业的人才支撑还需要进一步增强，企业普遍感到缺乏人才。

三、营造一流城市创新创业生态的路径

城市营造一流创新创业生态环境，要以"两改"（政策体系改革、体制机制

改革)、"两引"(引育人才、引育平台)、"一优化"(优化环境氛围)为重点，持续优化创新生态环境，全面激发创新活力，开创科技创新新局面。

一是改革政策体系。围绕调动人的积极性和优化资源配置两个关键，强化政策学习和调查研究，形成一批分量足、含金量高、内容充实、特色鲜明的政策，同时对现有政策进行修订和完善，确保精准施策。建立更加完善高效的政策落实机制，确保政策惠及企业和科研人员。分析政策推动成效，逐步将技术转移、研发平台认定、重大科技创新活动补助等普惠性政策落实到所有创新创业活动。

二是改革体制机制。加大先行先试力度，发挥绩效考核和薪酬激励作用，不断激发创新活力，打造改革升级版。探索财政科技经费配置方式创新。针对不同创新主体和创新平台，优化财政科技经费配置方式，发挥好财政科技资金的引导作用，引导企业成为创新投入的主体，撬动全社会研发投入，进一步激发科研机构、企业和科研人员的创新活力。积极推进以优化科技项目评审管理、改进科技人才评价方式、完善科研机构评估制度为主要内容的"三评"改革，建立以质量、绩效和贡献为导向的科学评价体系，减轻科研人员负担，扩大科研人员和团队的自主权。

三是引育专业人才。实施"不求所有但求所用"的人才政策，充分发挥柔性引才作用，精准施策，加大创新型科技人才引进培养力度，从市场准入、要素供给、政策保障等方面实施重点扶持，推动各类高层次人才奖补政策落地实施，打通人才创新创业通道。加大对科研人员转化科研成果的支持力度，大幅提高科研人员成果转化收益比例。支持科技人员兼职取酬，鼓励高校、科研院所科技人员在完成岗位职责和聘用合同约定任务的前提下，兼职从事技术研发、产品开发、技术咨询、技术服务等成果转化活动。

四是引育平台载体。围绕产业技术关键领域创新，在有条件的城市设立国家级高新技术产业开发区和产业技术研究院等新型研发机构。健全技术、标准、专利协同机制，建设国家技术标准创新基地，推动跨领域跨行业协同创新，深化产学研协同创新机制，支持行业骨干企业联合高校、科研院所建立覆盖完整创新链、全产业链的产业技术创新战略联盟。鼓励城市间联合开展人才培养和科技攻关，加快创新成果区域间转化应用，共建一批产业合作与创新转化平台、科技创新园区，打造区域协同创新共同体。

五是优化氛围环境。着力解决创新创业创造面临的突出矛盾和问题，持续打造市场化、法治化、国际化营商环境，不断完善各类所有制企业发展环境，让企业和个人有更多活力和更大空间去发展经济、创造财富。大力弘扬企业家精神和工匠精神，在全社会营造尊重劳动、尊重知识、尊重人才、尊重创造的环境和氛围，让创新创业创造在全社会蔚然成风。加快为创新创业搭建提供公共服务、具备强大功能的网络平台，积极促进第三方服务发展，通过不断扩大社会服务覆盖面，为创新创业提供更为专业有效的社会服务。

参考文献

［1］邵晖.北京都市型工业发展研究［J］.北京社会科学，2011（5）：29-35.

［2］苏永伟，刘泽鑫.物流效率、技术创新与现代服务业发展的门槛效应研究——来自省级面板数据的分析［J］.宏观经济研究，2022（7）：149-162.

［3］杨道玲，傅娟，邢玉冠.“十四五”数字经济与实体经济融合发展亟待破解五大难题［J］.中国发展观察，2022（2）：65-69.

［4］汪碧刚，胡春立.新时代科技创新，应始终体现人民性特征［N］.科技日报，2022-05-09（8）.

［5］李永胜，赵彩如.科技创新必须坚持正确的价值导向［N］.光明日报，2021-10-21（16）.

第七章　完善人民城市的基础设施

基础设施是保障城市正常运行和健康发展的物质基础，也是实现经济转型的重要支撑、改善民生的重要抓手、防范安全风险的重要保障。改革开放以来，我国城市基础设施建设取得了巨大的成就，但是当前城市基础设施领域仍然存在一些问题和薄弱环节，成为城市进一步发展的主要瓶颈和制约因素。在城市未来的基础设施建设过程中，要坚持以人民为中心的建设理念，以解决人民群众最关心、最直接、最现实的利益问题为立足点，着力补短板、强弱项、提品质、增效益，加快构建系统完备、高效实用、智能绿色、安全可靠的现代化基础设施体系，实现经济效益、社会效益、生态效益、安全效益相统一，全面提高城市基础设施运行效率，完善城市基础设施全生命周期管理机制，持续推进城市基础设施高质量发展。

第一节　完善城市交通基础设施

交通是城市跳动的脉搏，也是城市发展的动力。交通设施串联着城市的发展脉络，牵引着城市未来的发展方向。虽然近年来我国城市交通基础设施建设速度很快，也取得了一定的成就，但是随着城市规模的不断扩大，城市人口的快速膨胀，特别是机动车保有量的逐年增加，一些大中城市的居民普遍感到出行不便、交通拥挤、道路堵塞。为满足居民高水平出行需求和城市高质量发展的需要，应从以下几个方面加快城市交通基础设施建设：

一、完善轨道交通与地面公共交通网络

作为一种高效、便捷的运输方式，轨道交通能够在一定程度上缓解大城市交

通拥堵问题，通过轨道交通，人们可以快速到达目的地，减少了交通堵塞带来的时间浪费和压力。在未来的城市交通基础设施建设中，要分类推进城市轨道交通建设。一是强化重点地区轨道交通建设与多网衔接，加快构建城市群轨道交通网络。以京津冀、长三角、粤港澳大湾区、长江中游、山东半岛、中原城市群等地区为重点，科学有序推进城际地铁、高铁建设，构建城市群轨道交通网络，推动相邻区域之间的互联互通。二是围绕北京、上海、广州、郑州等国家中心城市，强化重点中心区域与周边地区的轨道交通建设与多网衔接，加快构建以轨道交通为骨干的 1 小时通勤圈。统筹做好城市轨道交通与干线铁路、城际铁路、市域（郊）铁路等多种轨道交通制式及地面公交、城市慢行交通系统的衔接融合，探索都市圈中心城市轨道交通以合理制式适当向周边城市（镇）延伸。三是加快推动超大、特大城市轨道交通功能优化提升，合理布局轨道交通线路，加大中心城区轨道交通路网密度，统筹建设市域（郊）铁路并做好设施互联互通，提高轨道交通覆盖率和服务效率。四是推动 I 型大城市[①]稳步推进轨道交通主骨架网络建设，并布局建设中低运量轨道交通系统，加强轨道交通网络覆盖面，形成网络化运营效益。[②]

加快完善地面公共交通网络。根据城市规模、经济水平、地理环境、出行需求等因素，因地制宜构建城市公共交通发展模式。以城市发展和居民出行需求为导向，推进规划、建设、管理、服务与公共交通网络协同发展，不断创新管理机制和服务方式，充分发挥新技术在城市公共交通领域的积极作用。鼓励新型智能交通运载工具的应用，加快推进大数据、云计算、泛在互联、人工智能、车路协同等新技术在公交线网优化、运营调度、服务监管、行业管理和出行服务等方面的应用，提高城市公共交通智能化发展水平。推进公交行业服务标准化、规范化、精细化、人性化。优化公交线网布局和结构，构建快线、干线、支线、微线等分层服务网络，持续改善公交可达性和便捷性，提高城市公共交通供给能力和服务品质，增强城市公共交通吸引力和竞争力，让公众共享城市公共交通发展成果。

解决好"最后一公里"问题。长期以来，公共交通"最后一公里"问题是许多城市交通的瓶颈之一，影响着城市运行效率和交通服务质量。可以通过以下措施解决交通"最后一公里"问题：一是开通穿梭巴士，畅通社区微循环，为居民提供灵活、便利、优惠的公交接驳换乘服务。二是积极发展公共自行车租赁系

---

① 根据国务院 2014 年下发的《关于调整城市规模划分标准的通知》，城区常住人口 300 万以上 500 万以下的城市为 I 型大城市。

② 参见《"十四五"全国城市基础设施建设规划》。

统，引导共享单车规范发展，作为公共交通系统的一种有效补充，为居民提供从地铁站点、大型卖场等地到居住小区的"短驳"服务。三是通过广泛听取当地居民意见，调整优化公交线网，中心城区推进重复线路的优化归并，市郊结合部及郊区新城加强区域公交线网的布设。

二、强化停车设施建设改造

城市停车设施是满足人民美好生活需要的重要保障，也是现代城市发展的重要方面。随着经济发展和人民生活水平的提高，机动车保有量不断攀升，车位太少、汽车太多，车位不好找、停车收费贵、停车场"好进不好出"等问题日益突出。近年来，我国城市停车设施规模持续扩大，停车秩序不断改善，但仍存在供给能力短缺、治理水平不高、市场化进程滞后等问题，困扰着许多车主。为此，需要多措并举，一方面增加停车设施供给，另一方面优化停车设施结构，提升停车设施服务效率和服务水平。

完善机动车停车设施供给体系。从需求端来看，居民停车需求分为基本停车需求和出行停车需求两大类。与之相应，供给端要按照"有效保障基本停车需求，合理满足出行停车需求"的原则，采用差别化的停车供给策略，统筹布局城市停车设施，优化停车供给结构。根据城市发展需求，尽快编制停车设施专项规划，通过政府引导、多部门参与、市场化运作的方式，加快构建以配建停车设施为主体、路外公共停车设施为辅助、路内停车为补充的城市停车系统，满足居民日常停车需求。结合居住小区、楼宇改造等，采取新建、挖潜、盘活等多种形式，利用既有空间进行扩容，增加公共停车设施；鼓励利用空闲厂区、边角空地、待建土地和具备条件的桥下空间等建设临时停车设施，满足居民出行停车需求。

补齐非机动车停车短板。目前，城市内电动车、共享单车的数量越来越多，在方便了居民出行的同时，也衍生了乱停乱放等不文明现象，不仅对城市交通秩序造成一定阻碍，也埋下了很多交通安全隐患，亟须对非机动车停车设施和管理水平进行改善提升。今后，在新建居住区和公共建筑应当规划配建非机动车停车场，以地面停车为主，为居民提供便捷停车需求。老旧城区在城市更新改造过程中，要合理配置非机动车停车设施空间。在轨道交通车站、公共交通换乘枢纽等非机动车停车需求大的公共区域，应设置非机动车停车设施，为居民出行利用非机动车进行驻车换乘提供便利。此外，还应加强非机动车停车管理，在地铁口、公交站、商圈、写字楼周边，对现有的非机动车停车区域应进行一定细分，将停车区域分为外卖快递停车区、共享单车停车区及其他非机动车停车区等，安排专人现场加强管理，对乱停放现象进行引导、劝阻，并将乱停放的非机动车移至规定的停放区域内。针对共享单车乱堆放、乱停放问题，应督促共享单车公司加强运维，增加运输共享单车的频次，避免出现车辆堆放阻碍交通现象。

增加老旧小区停车泊位供给。老旧城区和老旧小区由于建设时间早，在建设时多数没有预留停车空间。对于大多数老旧小区来说，停车是个绕不过去的难题。结合当前国家正在推行的老旧小区改造，通过扩建新建停车设施和内部挖潜增效、规范管理等手段，有效增加停车设施供给，提升泊位使用效率，逐步提升城市居住区停车泊位与小汽车拥有量的比例。鼓励老旧小区因地制宜建设停车楼、地下停车场、机械式立体停车库等集约化停车设施。在具备条件的老旧小区，在做好消防安全管理的前提下，建设电动自行车集中停放和充电场所。针对新能源汽车快速增加的趋势，新建停车位充分预留充电设施建设安装条件，并加强现有停车场配套设施改造；针对那些停车位严重不足，并且扩容难度大的老旧小区，鼓励在社区建设公共停车区充电桩，满足新能源汽车充电需求。

三、城市交通设施体系化与人性化提升

我国多数城市在早期发展阶段，受到设计经验不足等因素限制，所制定的城市道路交通系统规划方案较为片面、僵化，过于注重对城市道路交通运量、交通安全系数的提升，而忽视了对道路美观性、人民群众出行便捷性、不同群体出行需求、道路交通安全系数的满足。

推动城市路网人性化改造。按照"窄马路、密路网"的理念对城市道路进行规划建设和改造，提升路网密度。对城市道路网络中的快速路、主干路和次干路、支路级配比例进行科学合理设计，加强快速路、主干路建设改造升级，提升次干路、支路和街巷路建设品质，构建级配合理、适宜绿色出行的路网体系。加快城市老旧小区道路改造，打通各类"断头路"、应急救援"生命通道"，提高道路网络的便捷性和通达性。

开展道路设施人性化建设与改造。规范设置道路交通安全设施和交通管理设施，提高出行安全性。合理设计道路断面，集约设置各类杆体、箱体、地下管线等设施，拆除或归并闲置、废弃的设施，妥善处理各类设施布置与慢行空间、道路绿化美化的关系，提高土地利用率和慢行空间舒适性，提升景观效果。推进现有道路无障碍设施改造，改善交通基础设施无障碍出行条件，提升无障碍出行水平。精细化设计建设道路空间。提高公共交通、步行和非机动车等绿色交通路权比例，提升街道环境品质和公共空间氛围。对于适宜骑行的城市，新建、改造道路红线内人行道和非机动车道空间所占比例不宜低于30%。

让绿色出行成为低碳生活新风尚。推进人行道净化行动，统筹建设非机动车专用道。全面开展非机动车专用道专项规划和建设，结合城市道路建设和改造计划，成片、成网统筹建设非机动车专用道，保障非机动车专用道有效通行宽度。完善非机动车专用道的标识、监控系统，限制机动车进入非机动车专用道，保障人力自行车、电动自行车等非机动车路权。完善人行道网络，拓宽过窄人行道，清理占道行为，科学设置人行过街设施和立体步行系统，确保人行道连续畅通。及时排查和消除人行道设施破损、路面坑洼、井盖缺失沉陷等安全隐患，确保人行道通行安全。加强城市道路沿线照明和沿路绿化，建设林荫路，形成舒适的人行道通行环境。

第二节　构建绿色低碳的城市能源系统

能源是城市的血液，驱动着城市的运转，城市也是能源消费的主要战场。随着"双碳"战略的持续深入推进，新能源的大规模、高比例、高质量可持续发展是必然趋势，城市能源系统也将迎来全面深刻的变革。加快构建绿色低碳的城市能源系统，是如期实现碳达峰、碳中和的内在要求，也是推动城市高质量发展的重要支撑。

一、适度超前建设城市配电网

电力是城市发展的"引擎"，推动城市高质量发展向纵深推进，电力基础建设必须走在前面。城市发展日新月异，城市电网的建设和改造，既要满足当前需要，又要适度超前，用更新、更强、更优的电网为城市发展提供更有力的支撑。

着力提升电力供应保障能力。以保障城市电力供应安全为重点，以满足经济社会发展和人民群众美好生活的用电需要为根本目的，加快打造清洁低碳、安全高效的现代电力体系，为城市提供可靠电力保障。围绕大中城市，加快建成坚强局部电网，形成"坚强统一电网联络支撑、本地保障电源分区平衡、应急自备电源承担兜底、应急移动电源作为补充"的四级保障体系，提升在极端状态下的城市电力供应保障能力。强化电力安全风险管控，进一步规范风险辨识、评估、预警、管控等环节，加强极端情形下电力安全保障分析测算和风险管控，组织开展隐患排查，推进应急体系建设，持续完善安全生产突发事件响应机制。强化电力系统网络安全，加强电力行业关键信息基础设施安全保护，深化网络漏洞安全管理，推进攻防关键技术研究，增强态势感知、预警及协同处理能力①。

积极开展城市韧性电网和智慧电网建设。推进新一代信息技术与电力系统融合创新，提升全自愈配电网、柔性输电、精准电网末端感知等智能电网技术水平，示范建设智能微网。探索远程集控、智慧巡检、智能诊断等电力智能运维新模式。结合城市更新、新能源汽车充电设施建设，开展城市配电网扩容和升级改造，推进城市电力电缆通道建设和具备条件地区架空线入地，实现设备状态环境全面监控、故障主动研判自愈，提高电网韧性。建设以城市为单元的应急备用和调峰电源，提升供电保障能力。推进分布式可再生能源和建筑一体化利用，有序推进主动配电网、微电网、交直流混合电网应用，因地制宜推动城市分布式光伏发展，提高分布式电源与配电网协调能力。积极发展能源互联网，深度融合先进能源技术、信息通信技术和控制技术，支撑能源电力清洁低碳转型、能源综合利用效率优化和多元主体灵活便捷接入。

积极推进充换电基础设施建设。结合国家新基建发展要求及新能源汽车的发展前景，统筹既有建筑、居民小区、停车场和公路沿线等空间资源，积极推进充换电基础设施建设，提升充电网络技术创新水平和服务体验，形成"适度超前、快充为主、慢充为辅"的公共充换电网络。在有条件的城市，积极推广智能有序、慢充为主的居民区充电服务模式，继续加快老旧小区公共充电桩建设。开展车网互动（V2G）应用，促进新能源汽车与电网能量高效互动。推动"电动汽车、充电桩、电网"数据的互联互通，应用"车、桩"数据优化城市充电网络布局，构建以充电服务为纽带的新能源汽车生态圈。积极扩大城市中心地区和周边区域网架结构，提高负荷互带能力，满足重大基础设施项目高可靠性供电需要。

二、打造安全可靠燃气系统

燃气是建设现代化城市必须具备的一整套现代化设施的组成部分。发展城市燃气能较大幅度地提高热能利用效率，既是城市现代化建设的需要，又是节约能源消耗、保护城市环境、提高人民生活水平的重要措施。未来，城市燃气系统建设要以确保城市能源持续安全稳定供应为前提，以满足人民日益增长的美好生活需要为导向，着眼于加快推进碳排放达峰、改善大气环境质量，着力构建安全可靠、低碳环保、稳定供应的燃气输配体系。

强化天然气气源保障。因地制宜建设 LNG 接收站及调峰储气设施，提高管

---

① 参见《北京市"十四五"时期电力发展规划》。

存调节能力、地下储气库采气调节能力和 LNG 气化外输调节能力，提升天然气管网保供及调峰水平。加快天然气长输管道及区域天然气管网建设，推进管网互联互通，完善 LNG 储运体系。按照确保稳定供应的原则，积极优化城市气源供应格局，推进气源采购方式多元化，保障供应安全。支持城市燃气企业、直供用户准确核定年用气量，与上游气源企业签订长期供气合同，支持城市燃气企业直接从海外采购气源，推动地市建立区域气源采购协同机制，满足不断增长的用气需求。①

加强市政燃气管道建设。各地政府部门要将城市门站等燃气设施用地纳入当地国土空间总体规划和详细规划，建立天然气管道分类审批制度，进一步优化铁路、公路等部门审批流程，缩短审批时间。积极拓展、加密城市供气管网，重点推动新建居民小区全部配套建设燃气管道，加快推进老旧小区、城中村、偏远城区、重点工业园区、大型用气企业供气管道化改造，最大限度消除市县建成区管网空白区域，实现管网覆盖。全面开展城市供气管网排查评估，对于建设时间较早、设计标准落后、老旧破损严重、供气能力不足的管道进行更新改造，逐步提升管输系统稳定供应能力和智能化水平。鼓励相邻城市之间、不同企业之间加强统筹协调，推动燃气管网互联互通，形成多源多向管网格局，提高供气可靠性和安全性。

加快推进城市"瓶改管"工程。长期以来，由于违规使用燃气瓶引发的安全事故层出不穷，而管道天然气具有安全、经济、清洁、便捷的优势。实施"瓶改管"工程，对于有效降低市民用气成本，提升生活品质，提高城市安全管理水平，进一步减少碳排放、改善生态环境质量，加快建设清洁低碳、安全高效的现代能源体系，具有重要意义。在今后的城市建设中，严格新建住宅配套建设管道天然气设施，已建成管道天然气设施的住宅要争取实现开户点火，有效减少燃气瓶使用。支持有条件的城市强制推行公共机构、餐饮酒店等商业单位"瓶改管"，鼓励用户开通使用天然气。按照"政府补助、企业让利、个人负担"相结合的方式，鼓励各地出台"瓶改管"政策措施，支持城市燃气企业推出"瓶改管"优惠措施，采用针对小微商业用户的"一口价"套餐式收费标准、分期付款计划、燃气配套设施租赁等多种方式，扩大燃气管道覆盖面。

三、建设清洁高效供热系统

城市供热是城市基础设施的重要组成部分，是城市经济和社会发展的重要载体，直接关系社会公众的利益关系城市经济和社会可持续发展。随着经济的不断

---

① 参见《广东省城镇燃气发展"十四五"规划》。

发展、城镇化进程的加速、人民生活水平的逐渐提高，城市集中供热需求量日益增多。未来，要积极提高新能源和可再生能源耦合供热应用规模，全面推广智能供热，加快构建更加安全、清洁、绿色、智能、高效的供热体系，全面提升供热行业安全运行管理水平，助力实现碳达峰、碳中和，为建设生态宜居城市和推动社会经济发展提供有效支撑。

加快城市热源能力建设。坚持供热方式多元化、供热用能多样化，提高供热系统的韧性。加快构建新能源和可再生能源、储能等多种方式与热电联产和区域锅炉房耦合的供热体系。充分挖掘余热供热资源。加强清洁热源和配套供热管网建设和改造，发展新能源、可再生能源等低碳能源。统筹电厂周边城市新建区及新增负荷区域，优先采用电厂余热供热。因地制宜推进工业余热、天然气、电力和可再生能源供暖，实施小散燃煤热源替代，推进燃煤热源清洁化改造，支撑城镇供热低碳转型。积极推进实现北方地区冬季清洁取暖规划目标，开展清洁取暖绩效评价，加强城市清洁取暖试点经验推广。支持适宜城市实施热网连通工程，开展多热源联供试点建设，提升城市供热系统安全水平。

强化城市热网能力建设。积极开展城市集中供热系统清洁化建设和改造，推进智能供热，加快重新构建更加安全、清洁、绿色、智能、高效的供热体系，全面提升供热行业安全运行管理水平。各地区要统筹调配区域间供热资源，制定区域供热专项规划，合理布局、输送供热热能。具有多个热源的城市，管网间要实现互联互通、多热源联网运行，实现城市供热"一张网"，提高供热安全性。实施老旧管网更新改造，保持老旧管网动态清零，提高热量输送效率。探索建立城市主管网由政府主导管理、热源供应和终端服务市场化运营的供热管理机制，形成"管住中间、放开两头"的供热运营新格局。同时，加快供热智能化建设和改造，实现热源、管网、热力站及用户终端全系统智能运行调节、控制和管理，提升精准供热水平。

推进绿色清洁供热。在地热能适宜开发地区，加大地热能勘查支持力度，扩大地热能开发利用。支持地热能富集地区，依据国土空间规划、矿产资源总体规划等，编制地热资源开发专项规划，合理布局地热采矿权区块设置，服务地方地热能产业发展。有序投放地热采矿权，鼓励开展大区块勘查、大区块出让，促进地热能规模化、集约化开发利用。按照政府引导、市场主导的原则，推广地热能多场景应用。鼓励党政机关、公共机构采用地热能供暖和供冷，将地热能利用纳入节约型机关、节约型公共机构示范单位创建内容和公共机构节能考核评价标准，支持具备条件的机关事业单位创建节约型公共机构示范单位。支持鼓励高铁站、机场等重点建设项目，结合供暖或者供冷需求，因地制宜推进"地热能+"多能互补、梯级利用。

第三节　加快城市新一代信息通信基础设施建设

当前，新一轮科技革命和产业变革带来的激烈竞争前所未有，以信息技术生态优势、数字化转型势能、数据治理能力为核心的国家创新力和竞争力正在成为世界各国新一轮竞争焦点，数字领域规则体系及核心技术生态体系的竞争日趋激烈。未来，要加快建设高速泛在、天地一体、集成互联、安全高效的信息基础设施，为城市发展注入强大动力，让居民在信息化发展中有更多获得感、幸福感、安全感。

一、稳步推进 5G 网络建设

5G 是第五代移动通信技术（5th Generation Mobile Communication Technology）的简称，具有高速率、低时延、泛在网和万物互联等特征，是新一代信息基础设施。从国际移动通信发展来看，移动通信延续着每十年一代技术的发展规律，已历经 1G、2G、3G、4G 的发展，正在经历 5G 时代，每一次通信代际的变化，都伴随着通信技术的巨大进步，极大地带动了经济和社会的发展。从 1G 到 4G 再到 5G，人与人之间的通信更加高效便捷，实现了人与物、物与物之间的通信联系，形成了更多生产领域的应用场景，也使通信成为居民生产生活中的必需品。

5G 网络通过引入新的无线传输技术，提高数据传播速率，其理论传播速度可以达到每秒几十 Gb、数据传输速度达到 4G 的百倍以上。数据传输速率的提升，满足了 AR/VR、超高清等高解析度媒体对网络传播速度的要求，使消费者在体验过程中更具沉浸感，有更好的交互体验，有助于相关产业的发展壮大，以及应用场景的推广。网络传输的高速率缩小了"本地"和"云上"的差距，可以提升移动办公、远程会议、远程教育等应用场景下的体验。3G 网络时延约 100 毫秒，4G 网络时延 20～80 毫秒，5G 网络时延下降到 1～10 毫秒。从无人驾驶、无人工厂等应用场景广泛应用了 5G 低时延的特性可以看出，这些应用场景都需要在高速运动中对运动过程进行及时准确把控。在远程医疗，尤其是开展远程急救、远程手术过程中，高速率、低时延是手术实现良好效果的关键支撑。5G 可以通过小型基站覆盖末梢通信，使任何角落都能连接网络信号。5G 网络的高速率、泛在网特点为实现万物互联奠定了最基础的支撑，成为世界万物进入数字世界的入口和通道。

在今后的城市建设中，应结合智慧城市建设和数字经济发展需要，加强 5G

网络建设，加快形成热点地区多网并存、边远地区一网托底的移动通信网络格局。同时，还应做好 5G 基础设施与市政等基础设施规划衔接，推动建筑物配套建设移动通信、应急通信设施或预留建设空间，加快开放共享电力、交通、市政等基础设施和社会站址资源，支持 5G 建设。采用高中低频混合组网、宏微结合、室内外协同的方式，加快推进城区连续覆盖，加强商务楼宇、交通枢纽、地下空间等重点地区室内深度覆盖。结合产业发展和行业应用需要，做好产业园区、高速公路和高铁沿线等应用场景 5G 网络的全覆盖。构建移动物联网网络体系，实现交通路网、城市管网、工业园区、现代农业示范区等场景移动物联网深度覆盖。统筹推进城市泛在感知基础设施建设，打造支持固移融合、宽窄结合的物联接入能力，提升城市智能感知水平。①

二、加快建设"千兆城市"

以千兆光网和 5G 为代表的"双千兆"网络，能向单个用户提供固定和移动网络千兆接入能力，具有超大带宽、超低时延、先进可靠等特征。"千兆网络"是新型基础设施的重要组成和承载底座，在拉动有效投资、促进新型消费、赋能产业数字化转型等方面发挥着重要作用。从支撑宏观社会经济发展看，"双千兆"网络可以为高质量发展提供新动能，带动生产和消费；从支持产业数字化转型看，"双千兆"网络有力支持垂直行业的数字化变革，催生诸多新模式新生态；从满足人民美好生活需要来看，"双千兆"网络和每个人都息息相关，无处不在的高速网络和快速发展的新业务和新应用正改变着城市的发展和人们的生活。

随着数字化浪潮汹涌而至，千兆网络逐步成为助推各行各业数字化转型的又一重要引擎。随着光纤接入（FTTH/O）端口建设稳步提升，许多城市光纤能力普遍超过百兆，并进一步向千兆以上速率升级。千兆城市是国家加大城市信息通信基础设施建设力度、提升城市信息化水平的一项重要举措，也是衡量一个城市现代化水平的一个重要指标。2021 年 3 月，工业和信息化部印发《"双千兆"网络协同发展行动计划（2021—2023 年）》，启动实施千兆城市建设。根据工业和信息化部公布的"千兆城市"名单，截至 2022 年底，全国共有 110 个城市达到千兆城市建设标准，还有更多的城市在积极推动"千兆城市"建设。

在今后的"千兆城市"建设中，一方面，要严格落实新建住宅、商务楼宇及公共建筑配套建设光纤等通信设施的标准要求，促进城市光纤网络全覆盖；另一

---

① 参见《"十四五"国家信息化规划》。

方面，加速光纤网络扩容提速，积极推进光纤接入技术演进，建设高速信息通信网络，全面开展家庭千兆接入和企业万兆接入升级改造，推动实现光纤到桌面、光纤进车间。此外，还应持续扩展骨干网络承载能力，积极推广部署软件定义、分段路由等技术，加快提升端到端差异化承载和快速服务提供能力。

三、加快建设智慧广电网络

广播电视和网络视听作为我国公共文化服务供给的重要渠道，在满足人民群众均等化、多样化、个性化、高质量的精神文化需求，为人民群众提供用得上、用得起、用得好的高质量视听内容服务和综合信息服务，不断增强人民群众文化获得感、幸福感、安全感等方面发挥重要作用。当前，移动应用、社交媒体、问答社区、网络直播、聚合类平台、自媒体公众号等新应用不断涌现，网上信息传播呈现出海量聚集的特征，互联网信息泛在传播给广播电视和网络视听安全保障带来新挑战。与此同时，新一轮信息技术革命给广播电视和网络视听转型升级带来新机遇，信息技术和人类生产生活交汇融合、数字信息爆发式增长、信息网络基础设施加快建设，全球范围内广播电视网、通信网、互联网等基础网络持续互融互通，正在逐步形成万物感知、万物互联、万物智能的信息网络空间，5G网络商用和千兆宽带逐步普及，高新视频快速发展。

新时代智慧广电网络发展，要以科技创新为根本动力，以科技自立自强为战略支撑，以满足人民日益增长的美好生活需要为根本目的，推动媒体融合发展，打造智慧广电媒体，发展智慧广电网络，为建设文化强国、科技强国、网络强国、数字中国贡献广电力量。深化5G、物联网、云计算、人工智能、大数据、区块链等新一代信息技术在广播电视和网络视听领域的应用，打造即时可取的大众化、个性化新视听业态，提升广电行业综合服务能力，扩大服务新版图，以科技创新强化智慧广电新供给、新模式、新业态。

加快智慧广电视听节目技术迭代升级，推进节目内容形态创新，大力开展超高清视频、多维声、VR、AR、MR、360°全景视频、全息成像等新视听技术研究，建立新视听节目的拍摄、制作、存储、播出、分发、呈现全链条技术体系，向用户提供高品质视听服务，增强广播电视节目内容竞争力，引领文化新消费。加快智慧广电媒体平台IP化、云化、融合化、智慧化发展，推动建立"一体化资源配置、多媒体内容汇聚、共平台内容生产、多渠道内容分发、多终端精准服务、全流程智能协同"的智慧内容生产体系，增强媒体服务供给能力。加快智慧广电传播体系转型，统筹有线、无线、卫星、互联网资源，构建高速泛在、天地一体、集成互联、智能协同、安全高效的新型广电网络，建成业务运营智慧化、用户服务精准化的主流媒体融合传播网、数字文化传播网、基础战略资源网，增强广电网络辐射力、传播力。加快智慧广电终端用户体验升级，打造新型智能终端，着力实现智慧化、云端化和软件化，使之成为智慧广电服务的重要入口和智慧家庭的信息中枢，不断增强对智慧广电业务和应用的承载能力。①

四、推动信息基础设施绿色低碳转型发展

未来一段时期，我国数字经济将转向深化应用、规范发展和普惠共享的新阶段，推动信息基础设施企业绿色低碳转型，有利于带动产业链上下游绿色发展，促进城市绿色低碳转型发展，并赋能全社会降碳促达峰。

一是围绕落实"碳达峰""碳中和"战略部署，在新型信息基础设施建设过程中同步考虑绿色低碳发展要求，大力实施信息通信业绿色低碳发展行动计划，推动减排技术、新设备和新能源在新型信息基础设施上的广泛应用。加强5G基站新工艺、新材料、新方案、新设计的推广应用，鼓励企业采用风能、水能等可再生能源。

二是稳步推进网络全光化，鼓励采用新型超低损耗光纤，规模部署200G/400G光传输系统和1T以上大容量低功耗网络设备，引导100G及以上光传输系统向城域网下沉，减少光电转换能耗。推进网络架构扁平化，精简网络层级和网络设备节点数量，逐步形成云网融合、数网协同的网络架构。

三是坚持"能共享不新建，能共建不独建"的共建共享模式，落实电信基础设施增量集约建设、存量充分共享工作要求，深化电信企业间基站站址、光缆等网络设施共建共享，推动通信与公安、市政、交通运输、电力等部门各类杆塔管道资源与通信管道资源双向共享和相互开放。

第四节　更新改造城市老旧基础设施

和人一样，城市基础设施同样有"新陈代谢"，需要及时科学地"除旧布新"。

经过几十年的发展，我国一些城市的基础设施已经进入老化阶段，推动老旧基础设施更新改造，更新的不仅是城市环境，而是老百姓的生活品质。一方面，

---

① 参见《广播电视和网络视听"十四五"发展规划》。

老百姓可以通过基础设施的提升和改造，享受到更好的基础设施和更好的环境；另一方面，通过基础设施的更新改造，可以对产业再激活，促进城市经济高质量发展。

一、城市老化燃气管道更新

随着我国城市燃气事业持续发展，近年来，达到使用年限的燃气管道逐渐增多，各地因管道老化腐蚀等问题带来的安全事故屡见不鲜，全国多个城市发生燃气爆炸事故，为政府部门的监管与城市燃气企业的安全运营敲响了警钟。保护城市安全"生命线"，及时消除燃气管道安全隐患成为"头等大事"。截至2020年底，全国城市和县城燃气管道共有约105万千米，部分管道老化问题凸显，严重威胁人民群众生命财产安全，亟须加快更新改造。

城市燃气管道等老化更新改造是重要民生工程和发展工程，有利于维护人民群众生命财产安全，有利于维护城市安全运行，有利于促进有效投资、扩大国内需求，对推动城市更新、满足人民群众美好生活需要具有十分重要的意义。2022年，国务院办公厅印发《城市燃气管道等老化更新改造实施方案（2022—2025年）》，提出加快开展城市燃气管道老化更新改造工作。

坚持以人为本的理念，从保障人民群众生命财产安全出发，加快更新改造城市燃气等老化管道和设施；聚焦重点，排查治理城市管道安全隐患，推动存在安全隐患的城市燃气管道应改尽改。在具体操作中，从各城市实际出发，科学确定更新改造范围和标准，明确目标和任务，不搞"一刀切"，不层层下指标，避免"运动式"更新改造；将城市作为有机生命体，统筹推进城市燃气管道等老化更新改造与市政建设，避免"马路拉链"。

在尽快全面摸清城市燃气管道老化更新改造底数的基础上，各地要督促省级和城市行业主管部门分别牵头组织编制本省份和本城市燃气管道老化更新改造方案，建立健全适应改造需要的工作机制，切实落实企业主体责任和地方政府属地责任。以材质落后、使用年限较长、存在安全隐患的燃气管道设施为重点，全面启动城市燃气管道老化更新改造工作。

加快推进城市老旧供热管网改造工作，对使用年限较长的老旧供热管道进行更新改造，对存在漏损和安全隐患、节能效果不佳的供热一级、二级管网和换热站等设施实施改造。坚持建管并重，加快构建燃气管道安全管理长效机制。严格落实各方责任，加强普查评估和更新改造全过程管理，确保质量和安全；坚持标本兼治，完善管理制度规范，加强城市燃气管道等运维养护，健全安全管理长效机制。加强管道和设施运维养护。严格落实专业经营单位运维养护主体责任和城市（县）政府监管责任。专业经营单位要加强运维养护能力建设，完善资金投入机制，定期开展检查、巡查、检测、维护，依法组织燃气压力管道定期检验，及时发现和消除安全隐患，防止管道和设施带病运行；健全应急抢险机制，提升迅速高效处置突发事件能力。鼓励专业经营单位承接非居民用户所拥有燃气等管道和设施的运维管理。对于业主共有燃气等管道和设施，更新改造后可依法移交给专业经营单位，由其负责后续运营维护和更新改造。

二、城市供排水管网改造更新

近年来，随着城市规模的扩大，给排水管网的建设速度不断加快，但是在一些城市，特别是老城区，存在给排水系统设施老化、排水能力不足的问题，严重时还容易出现给水管道爆裂、排水管道结构破坏甚至造成道路塌陷的情况，影响周边居民的正常生产生活。排水管网在长期的使用过程中，管道会逐渐老化，内部水垢污渍的堆积可能引发管道堵塞的问题，导致排水能力下降，管网本身的作用无法得到充分发挥。

全面排查城市防洪排涝设施薄弱环节。排查排涝通道、泵站、排水管网等排水防涝工程体系存在的过流能力"卡脖子"问题，雨水排口存在的外水淹没、顶托倒灌等问题，雨污水管网混错接、排水防涝设施缺失、破损和功能失效等问题，河道排涝与管渠排水能力衔接匹配等情况；分析历史上严重影响生产生活秩序的积水点及其整治情况；按排水分区评估城市排水防涝设施可应对降雨量的现状。摸清城市排水防涝应急抢险能力、队伍建设和物资储备情况，研判应急预案科学性与可操作性，排查城市供水供气等生命线工程防汛安全隐患，排查车库、建筑小区地下空间、各类下穿通道、地铁、变配电站、通信基站、医院、学校、养老院等重点区域或薄弱地区防汛安全隐患及应急抢险装备物资布设情况。

系统建设城市排水防涝工程体系。将海绵城市建设理念落实到城市规划建设管理全过程，优先考虑把有限的雨水留下来，采用"渗、滞、蓄、净、用、排"等措施削减雨水源头径流，推进海绵型建筑与小区、道路与广场、公园与绿地建设。在城市更新、老旧小区改造等工作中，将解决居住社区积水内涝问题作为重要内容。针对易造成积水内涝问题和混错接的雨污水管网，汛前应加强排水管网的清疏养护。提升立交桥区、下穿隧道、地铁出入口及场站等区域及周边排涝能力，确保抽排能力匹配、功能完好，减少周边雨水汇入。优化城市排涝通道及排水管网布局。完善城市河道、湖塘、排洪沟、道路边沟等排涝通道，整治排涝通道瓶颈段。对超过使用年限、材质落后或存在隐患的供水管道进行更新改造，降低漏损率，保障水质安全。实施排水管道更新改造、破损修复改造，改造易造成积水内涝问题和混错接的雨污水管网，因地制宜推进雨污分流改造，基本解决市政雨污水管网混错接问题，基本消除污水直排。

三、推动城市传统基础设施智能化改造

传统城市基础设施一般指工程性基础设施，包括城市能源供给系统、城市给排水系统、城市交通系统、城市邮政通信系统、城市环境卫生系统与城市防灾系统等。随着新一代信息技术的不断成熟和智慧城市建设的深入推进，加快推动传统基础设施的智能化改造，推进基于数字化、网络化、智能化的新型城市基础设施建设和改造，就显得越发重要。

加快推进城市交通、水利、能源、环卫、园林绿化等系统传统基础设施数字化、网络化、智能化建设与改造，加强泛在感知、终端联网、智能调度体系构建。在有条件的城市推动基础设施智能化管理，逐步实现城市基础设施建设数字化、监测感知网络化、运营管理智能化，对接城市运行管理服务平台，支撑城市运行管理"一网统管"。因地制宜有序推动建立全面感知、可靠传输、智能处理、精准决策的城市基础设施智能化管理与监管体系。加强智慧水务、园林绿化、燃气热力等专业领域管理监测、养护系统、公众服务系统研发和应用示范，推进各行业规划、设计、施工、管养全生命过程的智慧支撑技术体系建设。推动供电服务向"供电＋能效服务"延伸拓展，积极拓展综合能源服务、大数据运营等新业务领域，探索能源互联网新业态、新模式。推动智慧地下管线综合运营维护信息化升级，逐步实现地下管线各项运维参数信息的采集、实时监测、自动预警和智能处置。推进城市应急广播体系建设，构建新型城市基础设施智能化建设标准体系。

建设智慧道路交通基础设施系统。分类别、分功能、分阶段、分区域推进泛在先进的智慧道路基础设施建设。加快推进道路交通设施、视频监测设施、环卫设施、照明设施等面向车城协同的路内基础设施数字化、智能化建设和改造，实现道路交通设施的智能互联、数字化采集、管理与应用。建设完善智能停车设施。加强新能源汽车充换电、加气、加氢等设施建设，加快形成以快充为主的城市新能源汽车公共充电网络。开展新能源汽车充换电基础设施信息服务，完善充换电、加气、加氢基础设施信息互联互通网络。重点推进城市公交枢纽、公共停车场充电设施设备的规划与建设。

开展智慧多功能灯杆系统建设，依托城市道路照明系统，推进可综合承载多种设备和传感器的城市感知底座建设。促进杆塔资源的共建共享，采用"多杆合

一、多牌合一、多管合一、多井合一、多箱合一"的技术手段，对城市道路空间内各类系统的场外设施进行系统性整合，并预留扩展空间和接口，同步加强智慧多功能灯杆信息管理。

参考文献

［1］孙倩倩，鞠方，周建军.数字基础设施建设与城市创新：基于技术分工视角的分析［J］.中国软科学，2023（7）：178–192.

［2］黄浩，李超，赵京桥.中国智能城市建设与发展：设施、治理与经济生活［A］∥李扬.中国数字经济高质量发展报告（2022）［M］.北京：社会科学文献出版社，2022.

第八章　强化人民城市的改造提升

党的十八大以来，我国深入推进新型城镇化战略，以"人民城市人民建，人民城市为人民"为宗旨，通过持续开展生态修复和城市功能修补，实施棚户区和危房及老旧小区改造等举措，基本实现了住有所居，城市环境更加宜居，居民的精神面貌焕然一新。多年来，人民城市的改造提升实践既有城市扩容的大手笔，也有细致入微的工笔画，取得了量质齐升的良好效果，向世人交出了一份优秀答卷。

第一节　加快推进城市棚户区和危房改造

棚户区和危房改造是我国政府为改造城镇危旧住房、改善困难家庭住房条件而推出的一项民生工程。通过国家十多年坚持不懈的努力，棚户区和危房改造工程极大地改善了住房困难群众的居住条件，补足了城市发展中的短板，优化了城市形态和城市产业结构，扩大了有效需求，对中国社会经济发展起到了积极作用。

一、棚户区和危房的概念及其形成原因

根据 2009 年印发的《关于推进城市和国有工矿棚户区改造工作的指导意见》（建保〔2009〕295 号）和 2010 年印发的《关于做好城市和国有工矿棚户区改造规划编制工作的通知》（建保〔2010〕58 号）等文件规定：棚户区是指国有土地上集中连片简易结构房屋较多、建筑密度较大、基础设施简陋、房屋建成年限较长、使用功能不全、安全隐患突出的居住区域。从《城市危险房屋管理规定》对

危房的定义来看，危房是指房屋的结构已经受到了严重的破坏，或者已经成为危险的构件，在任何时候都有可能失去结构的稳定性和承载力，无法保障人们的生活和使用。广义上的棚户区包括城市棚户区、国有工矿棚户区、国有林（场）区棚户区（危旧房）、国有农垦区危房。棚户区和危房改造的根本目的是使棚户区居民居住条件明显改善，使城市基础设施配套得到快速更新，加快城市综合承载能力的提升。

棚户区在我国形成的主要原因包括三个方面：一是在城市早期发展过程中由于规划不合理、政策监管缺失形成的自建住房。改革开放初期，城市高速发展，相应的城市总体规划水平却相对滞后，部分人员通过自建住房的形式解决由于家庭重组、人口增加等原因产生的居住问题，这部分在原有住房周围搭建的违规建筑随着时间推移形成了棚户区。二是城市化进程中由于城市外延扩大形成的非农低端就业者聚居。随着城市规模不断扩大，原来生活在城乡交界处的农民在农业用地被征用后，进入城镇成为城镇居民。这部分人员限于教育水平、经济状况，仍聚居生活在原村落，形成"城中村"。三是计划经济时代企事业单位统一搭建的集体宿舍。由于 20 世纪 90 年代国有企事业单位改制、产业升级转型等原因，部分单位经历了关、停、并、转的改革。这些单位修建的集体宿舍受原单位效益下滑影响，缺乏住房维修资金，年代久远就成为棚户区。

虽然我国棚户区形成的原因有多种，但棚户区存在的问题却具有共同性：一是居住容积率高，人均居住面积小。二是房屋结构简易，年久失修，防火、防洪、抗震等级均无法达到国家房屋建设标准，存在巨大安全隐患。三是小区环境差，区域基础设施配套落后，交通不便利，无绿化、无公共活动场地，采光通风差，环境卫生脏、乱、差。四是人员多为社会弱势群体，区域治安环境复杂。

二、棚户区和危房改造的现实意义

一是有利于让百姓共享城市发展成果。棚户区和危房改造是改善民生、汇聚民心的重大举措。与高楼林立、配套完善、规划整洁的城市环境相比，棚户区宅院分布凌乱不均，安全隐患多，居住环境差，配套设施落后，居民无法享受城市发展的成果。棚户区和危房改造将有效解决中低收入群体住房困难问题，满足社会弱势群体改善居住环境的愿望，使居民都能够享受到明亮整洁的楼房、规范的物业管理和优质的医疗教育配套，全面提升居民的获得感、幸福感、安全感。

二是有利于完善城市功能。我国在高速的城镇化发展进程中产生了区域发展失衡、城乡二元结构突出等问题，城市布局在历史形成过程中也存在合理规划缺失、粗放发展等问题。这些问题导致区域内马太效应显著，城市核心功能重叠。城市的一边是高堂广厦，另一边却是简屋陋舍。当前阶段，城镇化发展对协调发展提出了更高的要求。推进棚户区和危房改造有利于补齐城市发展短板，改善城区落后面貌，消除城市内部二元结构，提升和完善城市功能，提高城市综合服务水平。

三是促进城市发展更公平更有活力。棚户区和危房改造不以盈利为导向，而是努力让城市发展带来的公共服务升级惠及在城市生活的每一位市民。经过各地长期的探索，棚户区和危房改造更注重分配的合理，公平公正，统一标准，既要防止暴富，也要保障有房可住，制定了更加合理的赔偿、补偿和奖励标准，真正实现人人有房住。一些城市在进行棚户区和危房改造的同时，融入了保障房、人才安居房建设，既顺应了国家"房住不炒"的政策要求，也最大限度地满足了城市吸引人才的住房需求，为提高城市人才吸引力提供了重要支撑，城市吸引了更多人才，自然更加有活力。

四是促进城市生活文化水平提升。各地在棚户区和危房改造过程中不仅提升改造硬件设施，同时也注重儿童友好社区、老人友好社区、科技智能社区、绿色环保社区等先进理念的植入。当回迁居民享受并接纳先进理念带来的品质生活时，就会更加意识到"讲文明、讲素质"的重要性，就会自觉加强对环境的保护，对老人、儿童的关爱。另外，随着小区精神文化生活日益丰富，小区居民之间也更加注重文明交流，社区整体的文明程度显著提高。

三、棚户区和危房改造的发展阶段

第一阶段：2004~2008年是棚户区和危房改造的起步阶段。2004年末，棚户区和危房改造工作在辽宁省率先启动，随后在东北三省实施振兴战略过程中相继展开。此阶段的特点是在以辽宁为主的局部地区进行棚户区和危房改造试点工作，还没有作为一项在全国范围内推广的民生工程，棚户区和危房改造处于起步阶段。因此，此阶段的棚户区改造工作主要依靠地方政府自主推进，具有明显的地域特征。棚户区改造的起步阶段解决了很多亟待解决的民生问题，也为后续的棚户区改造推广提供了宝贵的经验。

第二阶段：2008~2014年是棚户区和危房改造的全面推广阶段。2008年11月，国家出台的扩大内需、促进经济平稳较快增长的十项措施明确提出加快建设保障性安居工程，棚户区和危房改造作为保障性安居工程的重要组成部分已经开始在全国范围内全面启动。自此，我国棚户区和危房改造正式进入全面推广阶段。这个阶段处于美国次贷危机向全球范围蔓延，我国外部发展环境承受巨大压力背景之下。因此，棚户区和危房改造这一民生工程也被赋予了促进投资、拉动增长的意义。在此期间，国家出台了《关于推进城市和国有工矿棚户区改造工作的指导意见》《关于加快推进棚户区（危旧房）改造的通知》《国务院关于加快棚户区改造工作的意见》等多个文件和政策，国家提出全面推进各类棚户区和危房改造工作，将非集中连片棚户区、城中村改造统一纳入城市棚户区和危房改造范围。2008~2014 年，全国共改造各类棚户区 2080 万套，其中 2013~2014 年改造各类棚户区 820 万套，是改造力度较大的时期。

第三阶段：2014~2018 年是棚户区和危房改造全面提速阶段。2014 年 3 月，中共中央、国务院印发《国家新型城镇化规划（2014—2020 年）》，提出加快推进集中成片城市棚户区和危房改造，到 2020 年基本完成城市棚户区和危房改造任务，努力实现 1 亿左右农业转移人口和其他常住人口在城镇落户。同年 7 月，国务院办公厅印发《国务院办公厅关于进一步加强棚户区改造工作的通知》（国办发〔2014〕36 号），要求重点安排资源枯竭型城市、独立工矿区和三线企业集中地区棚户区改造，棚户区和危房改造进入全面提速阶段。2015 年 6 月，国务院发布《国务院关于进一步做好城镇棚户区和城乡危房改造及配套基础设施建设有关工作的意见》（国发〔2015〕37 号），明确了 2015~2017 年改造包括城市危房、城中村在内的各类棚户区住房 1800 万套的棚改三年目标。这一时期国家对于棚户区和危房改造的支持力度非常大，2015~2017 年，全国棚户区和危房改造住房实际执行套数均超过 600 万套；2014~2017 年，全国累计完成棚户区和危房改造 2300 万套，棚户区和危房改造的攻坚阶段任务基本完成。

第四阶段：2018 年至今是棚户区和危房改造战略转型阶段。2018 年，棚户区和危房改造战略迎来了拐点，主要表现是 2018 年棚户区和危房改造任务首次回落，降低至 580 万套。棚户区和危房改造经过前三个阶段的发展，此时已经进入攻坚收尾阶段。尽管此阶段改造任务量出现下降，但战略转型阶段的棚户区和危房改造工作难度却在增加。因为改造难度较小的多数已基本完成，剩下的主要是难啃的“硬骨头”。尤其是分布在中西部地区、林区和矿区的棚户区改造项目，市场运作空间小，配套压力大。

四、棚户区和危房改造的典型经验

由于全国各个城市的发展阶段、经济条件等基本情况差异较大，因此不同城市在棚户区和危房改造具体实施和运作过程中又呈现出一些不同的特点，并形成了不同的经验模式。

一是推动资源枯竭型城市转型的“阜新模式”。辽宁省阜新市是一座因煤而立的资源型城市，阜新因煤而兴，也因煤而衰。在计划经济时期，为解决职工住房问题，阜新市在矿山周围建设了大量的简易平房，在平房的周围又搭建了无数的小房。后来，伴随着煤炭资源的日渐枯竭和经济体制的逐步转轨，这些临时搭建的小房年久失修、失养形成了大片的棚户区。阜新市全市棚户区面积为387万平方米，其中5万平方米以上的集中连片棚户区就达283万平方米，棚户区户数占市区总户数的28.68%。居住在棚户区的居民绝大多数都是低收入困难人群，阜新市的棚户区和危房改造面临房屋面积多、改造任务重、资金困难大等问题。阜新市把棚户区和危房改造工程作为一把手工程来抓，在总体规划上，统筹考虑居民出行、入学等配套设施因素，合理确定新区选址，配建商品房及商业网点，全面提高建设档次，让每个棚改新区都成为繁华区。阜新市针对一些地块开发价值小，开发商积极性不高的现状，政府对棚户区改造项目周边道路等基础设施进行配套建设，提升土地利用价值。另外，阜新市棚户区和危房改造过程中，还大力调整产业结构，突出发展现代农业、现代服务业，引进了双汇、伊利等农业产业化企业，培育发展了资讯、旅游、社区服务等服务业，扶持和发展了科技含量较高的电子化工等工业企业，因地制宜发展了一些劳动密集型企业。阜新国有工矿棚户区改造形成较为完整的"政府主导、市场运作、政策优惠、部门配合"的模式，为资源枯竭型城市转型探索出了一条值得借鉴的新路子。

二是以健全住房保障为先导的"长沙模式"。2009年，长沙市政府决定用3年时间完成二环线以内约730万平方米的成片棚户区改造任务，并在2009年完成200万平方米的棚户区拆迁任务。与其他城市的棚户区改造不同，长沙市是按照"一健""三改"的思路来完成这项任务，"一健"即健全住房保障体系，"三改"即改革制度、改造房屋、改善环境，长沙以住房保障制度改革为切入点来推进棚户区改造。2008年，长沙市就进行了经济适用房货币补贴的改革尝试，即向低收入无房户，每户发给货币补贴8万元；低收入住房困难户每户5万元；对改制企业职工、过去没有享受房改政策的，每户增加补贴2万元。长沙在棚户区改造中，一方面，通过廉租住房来安置那些符合享受住房保障条件的拆迁户；另一方面，对所有棚户区的原住户将继续推行并不断完善经济适用房货币补贴的保障方式，变以往的"补砖头"为"补人头"。长沙在后来的棚改实践中又实施了"四增两减"的政策，即增加公共绿地、公共空间、配套设施、支路网密度，减少居住人口密度、开发强度，"四增两减""有机更新""市级统筹""安置优先"等多项举措都在棚改项目中落地得到体现。自2018年以来，长沙市启动了老城区的有机更新，探索了一条"留、改、拆"并重的新路子，城市人居环境明显改善，长沙连续多年获得国家级表彰。

三是共筑宜居梦的赣州棚改经验。江西省赣州市始终坚持以人民为中心，持久发力、稳步有序推进棚户区改造，不断增强人民群众的获得感、幸福感。截至2021年底，赣州市累计完成各类棚户区改造24.85万户、面积达2374万平方米，让 82.75 万户群众改善了居住条件。赣州市 2021 年棚户区改造工作获得国务院督查激励。赣州市在棚改中坚持先规划后改造，按照"先急后缓、有序推进""先改造连片区域、后改造零星地块"原则，分轮次、分年度确定棚户区改造攻坚计划。在全面摸清棚户区待改造区域的房屋现状、人口数量、改造意愿、安置补偿等情况基础上，做到"改造意愿清、住房现状清、征拆面积清、安置方式清、补偿数量清"，预先制订征收和安置方案，保证棚户区改造工作有序推进。赣州市在棚改中实行"三明确、三公示、三公开"，规范征收安置全过程管理。在征收环节，明确"征收政策、征收范围、补偿标准"，公示"征收对象、征收面积、补偿款项"；在安置环节，做到"房源公开、选房公开、结果公开"。征收和安置全过程接受当地纪检监察机关和群众监督。赣州市在棚改中从"选址、质量、配套"三个方面入手，按照"十分钟生活圈、半小时经济圈"的居住需求，选择交通便利、条件优越的城市核心地段，规划建设高品质安置小区。赣州市对老城区棚改项目，避免在原址上加密加高的改造方式，多拆少建"做减法"，改善民生"做加法"，充分利用腾退地块，规划建设公园、绿地、停车场等，提升城市功能品质，改善市民居住生活环境。同时，也将棚户区改造与传承城市文脉相结合，对穿插在历史文化街区的老旧房屋，加以修缮保护，延续历史文脉。

以上三种棚户区和危房改造模式各有特点："阜新模式"将棚户区与危房改造与推动城市经济转型结合起来，从更大的视角将棚户区改造与保障和改善民生统一起来；"长沙模式"是在改革和健全住房保障制度的基础上得以展开的，表明改造与改革是分不开的，只有通过体制、机制和制度的改革创新，才能推进棚户区改造顺利进行；"赣州经验"充分显示出政府的作用，棚户区改造原本就应当是政府实施的一项惠民工程，政府要做到让利于民，让拆迁户住上与商品房同等品质的安置房。上述不同模式和经验，从不同角度为我国推进棚户区改造提供了有益的借鉴。

五、未来棚户区和危房改造的发展趋势

棚户区和危房改造进入攻坚收尾阶段。根据国家棚改攻坚计划的安排，到2020 年，我国基本完成现有的城镇棚户区、城中村和危房的改造。也就是说，大规模的棚改到 2020 年底基本结束。从现实情况来看，棚改的大部分任务确已完成，目前我国的棚改项目已逐步下降，2018 年，全国各类棚户区改造开工 626万套，2019 年降至 316 万套，2023 年降至 159 万套。但棚户区改造工作收尾并不等于所有的房子都不拆了，部分危房、在重点规划区域的老房子还会拆迁，但是比例会大幅度降低。2021 年 8 月，住房城乡建设部印发《关于在实施城市更新行动中防止大拆大建问题的通知》，就明确提出"除违法建筑和经专业机构鉴定为危房且无修缮保留价值的建筑外，不大规模、成片集中拆除现状建筑，原则上老城区更新单元（片区）或项目内拆除建筑面积不应大于现状总建筑面积的 20%"。最后剩下的棚户区大多经济效益不高，主要依赖财政补助来实现。一方面，可以通过加快安置房的建设，为棚改居民提供实物安置；另一方面，可以通过地产调控与限制货币化安置，降低市场对于房价的预期，加强居民的拆迁意愿，促进棚户区早日完成攻坚清零。

棚户区和危房改造将由旧城改造代替。棚户区和危房改造在过去近 20 年的城市发展进程中起到了重要的作用，解决了大量城市的老旧、危险、不宜居的住房问题，并且提供了大量的保障房供给。然而，随着中国城市化进程的不断推进，大修大建的隐患也逐渐暴露出来，过去大规模的拆迁模式已经不适用于当下的城市发展需要。棚改货币化安置带来了一些负面的作用，一是货币化安置拉高了房价。随着大量手持现金的拆迁户进入市场，三四线城市的房价被拉高。当赔偿数额很高时，拆迁户除了能再买一套自住房，还有余力继续进行房产投资，这和国家提出的"房住不炒"的定位是相悖的。2018 年时，国家就提出，商品住房库存不足、房价上涨压力大的市县要尽快取消货币化安置政策。二是增加了地方债压力。一些地方随意扩大棚改范围，一些房龄不长、结构比较安全的居民楼也被纳入了棚改范围，增加了地方政府的债务压力。在房价、地价的涨价周期，地方可以通过提高地价来平衡拆迁成本，但是，已经翻番的三四线城市的房价，未来也不能一直上涨，随着棚改货币化资金投入增加，边际效应已经开始衰减。从 2022 年开始，过去执行了一段时间的大规模棚改拆迁就基本结束，取而代之的是旧房改造，就是在不大拆大建的基础上，对房龄达到了 20 年以上的老旧小区进行修缮改造。未来一段时期，老旧小区和旧房改造会保持在一个高水平线上运行，相比过去的棚改拆迁，既能够增强城市的韧性，推进城市空间的重塑，也起到了提高居住水平、美化城市环境的作用。

第二节　有序推进城市老旧住宅小区综合整治

老旧小区改造是顺应群众对美好生活的向往、改善居住条件的民生工程和发展工程，我国持续推进城镇老旧小区改造，精准补短板、强弱项，加快消除住房和小区安全隐患，全面提升城镇老旧小区和社区居住环境、设施条件和服务功能，推动建设安全健康、设施完善、管理有序的完整社区，对于不断增强人民群众获得感、幸福感、安全感，推动惠民生扩内需，推进城市更新和开发建设方式转型，促进经济高质量发展等都具有重要的现实意义。

一、老旧小区的概念和老旧小区改造的主要内容

老旧小区是指城市或县城（城关镇）建成年代较早、失养失修失管、市政配套设施不完善、社区服务设施不健全、居民改造意愿强烈的住宅小区（含单栋住宅楼），目前国家推进老旧小区改造的重点是 2000 年底前建成的住宅区。

老旧小区改造内容主要分为基础类、完善类、提升类三类。基础类是指为满足居民安全需要和基本生活需求的内容，主要包括供水、排水、供电、消防、安防、生活垃圾分类等市政配套基础设施改造提升以及小区内建筑物屋面、外墙、楼梯等公共部位维修等内容。完善类是指为满足居民生活便利需要和改善型生活需求的内容，主要包括拆除违法建设，整治小区及周边绿化、照明环境和加装电梯，改造建设电动自行车及汽车充电设施、文化体育健身设施等配套设施。提升类是指为丰富社区服务供给、提升居民生活品质、立足小区及周边实际条件积极推进的内容，主要包括养老、托育、便民市场、快递服务站等社区综合公共服务设施配套建设及智慧化改造。

二、老旧小区改造的重要性

老旧小区改造是顺应群众对美好的生活向往的民生工程。目前，随着住房短缺矛盾逐步得到解决，我国城镇住房已从过去的总量短缺转变为结构性供给不足、质量相对较低，人民群众对住房的需求从"有没有"向"好不好"转变，对住房质量和环境提出了更高要求，期盼拥有更舒适、更安全的居住条件，更便捷的市政公共服务设施，以及更完整的居住社区环境。我国从 1998 年开始实施住房制度改革，1998 年发布了《关于进一步深化城镇住房制度改革加快住房建设的通知》，开始推行我国住房商品化改革，住房实物分配制度被取消，实行住房分配货币化。因此，绝大部分 2000 年底之前建成的老旧小区是在福利分房制度下形成的，建筑标准较低、基础设施老化程度严重，存在失养失修失管、市政配套设施不完善、社区服务设施不健全等问题，居民改造意愿强烈。根据 2020 年住房城乡建设部的调查摸底，全国 2000 年底以前建成的老旧小区约 22 万个，涉及的居民近 3900 万户，这些老旧小区居民改造需求迫切。民之所望就是政之所

向，推进老旧小区改造是国家顺应群众期盼、改善居住条件的民生工程和发展工程，可切实提高广大城镇居民福祉。

老旧小区改造是有效扩大内需的重要举措。随着我国城市发展进入新时期，城市发展正由"增量扩张"时代全面转向"存量更新"时代，以存量更新提升为主的发展思路正逐步成为很多城市的发展战略。"十四五"规划纲要将实施城市更新行动作为推动以人为核心的新型城镇化的一项重要内容，而老旧小区改造又是实施城市更新行动的重要板块。从部分地区公开的"十四五"期间城市更新计划来看，老旧小区改造是发力重点。老旧小区改造是一个涉及多个产业的综合体系，涵盖了水电气热、外墙维修、绿化、节能改造、加装电梯、社区综合服务设施、智慧化改造等领域，对相关行业拉动作用非常明显，能够直接推动建材、建筑装修、物业管理、智慧服务等多个品类市场规模扩大，具有从投资端和消费端拉动内需的双重效应，是实现让城市发展更有质量的务实举措。根据住房城乡建设部官网发布公告内容看，2023年我国计划改造5万个以上老旧小区，力争让2000万居民获益。在国家政策的强力赋能下，老旧小区改造将带动更多细分产业领域持续释放需求，老旧小区改造市场体量不断扩容，其相关产业链发展也将迎来新高峰。

三、我国老旧小区改造的实践探索

一是推进试点探索，摸排情况总结经验。2015年中央城市工作会议首次提出"加快老旧小区改造"。2017年，住房城乡建设部提出在全国15个城市开展老旧小区改造试点，多个地方出台老旧小区改造实施方案或实施意见加快推进这项工作。2019年，住房城乡建设部会同国家发展改革委、财政部在摸排总结老旧小区改造试点工作基础上联合印发《关于做好2019年老旧小区改造工作的通知》，全面推进城镇老旧小区改造。

二是明确目标任务，做好顶层设计。2020年，国务院办公厅印发《关于全面推进城镇老旧小区改造工作的指导意见》，提出到"十四五"期末，结合各地实际，力争基本完成2000年底前建成的需改造城镇老旧小区改造任务，在明确老旧小区改造对象范围、内容、目标和任务的基础上，为全面推进城镇老旧小区改造提供了顶层设计，提出建立健全组织实施机制，建立改造资金政府与居民、社会力量合理共担机制，完善配套政策，强化组织保障。

三是总结推广可复制政策机制清单，推进工作制度化、规范化。2020年以来，住房城乡建设部先后印发6批城镇老旧小区改造可复制政策机制清单，围绕工作统筹协调、项目生成、资金合理共担、社会力量参与、金融机构支持、动员群众共建、项目推进、存量资源整合利用、小区长效管理等，有针对性地总结经验解决问题。2021年，住房城乡建设部、国家发展改革委、财政部三部委联合发文，从需要把牢的底线要求和重点破解的难点问题两个方面明确城镇老旧小区改造工作衡量标准，充分激发老旧小区改造既是民生工程也是发展工程的作用。2022年，住房城乡建设部印发《全国城镇老旧小区改造统计调查制度》，推动老旧小区改造工作更加规范有序开展。

四、我国老旧小区改造取得的成就和存在的问题

老旧小区改造是提升群众获得感的重要抓手。近年来，我国围绕老旧小区改造不断落实相关政策，在政策和市场双轮驱动下，城镇老旧小区改造工作驶入快车道，越来越多的城市和家庭享受到老旧小区改造带来的福利。2019~2022年，全国累计新开工改造城镇老旧小区16.7万个，惠及2900多万户、8000多万居民，完成投资6600多亿元。各地政府也把老旧小区改造作为重点民生工程，通过实施老旧小区改造，完善了老旧小区水电路气信等配套基础设施，因地制宜增加了养老、托育、便利店等公共服务设施，消除了大量的安全隐患，极大改善了老旧小区居民的生活环境和居住条件。

老旧小区改造取得了重大阶段性成果，但各地在推进老旧小区改造过程中也出现了一些问题和难题，主要表现在以下几方面：

一是居民及社会单位参与度较低。老旧小区改造涉及业主、租户、社会单位等多个利益主体，各个主体间缺乏明确责任分工。一些地方的政府为了完成老旧小区改造的进度和速度，暂时承担了老旧小区改造的主导者和主要出资人的职责。随着老旧小区改造的规模越来越大，政府承担的压力及工作任务都明显增加，政府希望居民和工作单位等主体能够积极参与老旧小区改造。但是由于老旧小区改造受益对象具有分散性，而且老旧小区居民平均收入水平偏低、年龄偏大，认为老旧小区的改造主要是政府的职责，不愿意分担相关的工作内容，居民及社会单位参与度较低，居民主体作用难以充分发挥。

二是统筹协调难度大。老旧小区改造涉及部门单位众多，统筹协调困难。由于历史原因，老旧小区燃气、供电、供水、网线等设施落后，存在乱搭乱建现象，拆改难度大。老旧小区改造工作涉及消防、电力、交通、水务、通信等众多部门，统筹协调存在困难，难以形成合力，制约了老旧小区的改造效率。

三是改造资金筹措困难。老旧小区改造资金的财政依赖度高，社会资本进入积极性低，尚未建立多元化融资机制，出资模式单一，缺乏收益分配机制，不少地方改造资金主要靠财政补贴。再者，老旧小区的住户普遍年龄偏大，大多依靠

退休金维持生活，经济状况比较差，居民改造意愿薄弱，改造资金难以筹集，小区大维修基金难以启用。

四是缺乏后期维护保养的长效机制。老旧小区缺乏自治组织的指导，改造后的成果缺乏持续的维护资金，导致老旧小区改造成果维护不足。另外，老旧小区居民议事规则及后续管理机制等也不健全，尚未能够实现自我管理。

五、有序推进老旧小区改造遵循的基本原则

一是坚持以人为本，把握改造重点。从人民群众最关心、最直接、最现实的利益问题出发，征求居民意见并合理确定老旧小区改造内容，重点改造完善小区配套和市政基础设施，提升老旧小区养老、托育、医疗等公共服务水平，推动建设安全健康、设施完善、管理有序的完整居住社区。

二是坚持因地制宜，做到精准施策。科学确定老旧小区改造目标，力求做到尽力而为又量力而行，不搞"一刀切"、不层层下指标；合理制定老旧小区改造方案，体现原有小区特点，杜绝政绩工程、形象工程。

三是坚持居民自愿，调动各方参与。广泛开展"美好环境与幸福生活共同缔造"活动，激发老旧小区居民参与改造的主动性、积极性，充分调动小区关联单位和社会力量支持、参与改造，实现决策共谋、发展共建、建设共管、效果共评、成果共享。

四是坚持保护优先，注重历史传承。兼顾完善功能和传承历史，落实老旧小区历史建筑保护修缮要求，保护历史文化街区，在改善居住条件、提高环境品质的同时，展现城市特色，延续历史文脉。

五是坚持建管并重，加强长效管理。以加强基层党建为引领，将社区治理能力建设融入老旧小区改造过程，促进小区治理模式创新，推动社会治理和服务重心向基层下移，完善老旧小区长效管理机制。

六、有序推进老旧小区改造的对策建议

一是建立高效有序的组织协调机制。老旧小区涉及群众利益多、问题复杂，各地积极建立由省、区、市、街道各级各部门组成的领导小组，出台关于老旧小区改造的指导意见、实施方案或管理办法，摸底评估设立改造项目库，制订改造计划，成立实施工作专班，如湖北省武汉市加强改造方案联合审查，并根据审查意见及时修改，避免出现改造内容不合规、重复施工等问题。加强统筹协调力度，优化审批流程，如北京市创新"并联审批、同步办理"审批流程，提高议事

决策效率。完善督促考核机制，如青岛市、苏州市等通过定期通报、督导约谈、奖优罚劣等方式，加强激励约束，确保改造工作顺利推进。

二是建立协商共治的公众参与机制。协商是实施老旧小区改造的前提，要通过细致的工作，确保居民知晓及参与，既能做到充分尊重群众意愿、遵循大多数原则，也要防止多数人侵害少数人的合法权益，这是社会治理能力提升的重要体现。例如，北京市东城区光明楼 17 号简易楼改建项目，创新群众参与工作机制，按照"居民申请，政府引导，企业实施"原则，采取申请式改建的方式加强改建意愿征询，减少了改造中的阻力和困难；湖北省宜昌市采取"三轮征询"工作法，最终实现 100% 居民同意改造方案；珠海市、成都市要求改造方案需法定比例以上居民投票表决通过方可实施，"改什么"由居民说了算。

三是建立多主体参与的实施机制。在明确了"干什么"之后，重要的问题就是"谁来干"和"怎么干"。关于参与主体，老旧小区改造以公益性和民生性为主要特征，各地政府支持力度较大，地方国企首先发挥重要作用，如上海市将各区房管集团和城市发展集团作为改造项目实施运营主体。在市场化主体参与方面，各地给予政策调动积极性，如广州市出台《引入社会资本参与城镇老旧小区改造试行办法（公众征求意见稿）》，采取政府引导、市场运作、公开择优、长效治理、探索创新的基本原则，鼓励房地产开发企业、施工企业、专业经营单位、物业服务企业以及提供养老、托幼、医疗保健、文化娱乐等专业服务的机构积极参与城镇老旧小区改造及运营管养工作，鼓励整合相关国有企业和私有物业成套成片共同改造提升和经营管理。

四是建立各类资源的优化整合机制。老旧小区改造不同于新开发住房，涉及大量政策、标准和投入产出等问题，离不开各类创新和突破。首先是政策资源的优化完善，针对老旧小区改造难以完全适应新建建筑的标准规范问题，各地编制适合本地区老旧小区改造的技术导则。例如，山东省编制的实施方案和验收导则规定对在小区内及周边新建、改扩建社区服务设施的，在不违反国家有关强制性规范和标准的前提下，可适当放宽建筑密度、容积率等技术指标；对基础类、完善类、提升类工程内容的设计、建设、验收，提出了目标和分项要求，涉及基础设施、公共设施、垃圾分类、消防通道、建筑节能、适老化改造和验收标准等多个方面；创新性规定利用社区用房等建设服务设施的，可不增收土地年租金或土地收益差价，土地使用性质也可暂不变更，解决了改造中的政策瓶颈。其次是存量资源的整合盘活，利用好老旧小区存量建筑资源，既可以弥补改造资金投入的不足，又可以助力完整社区的建立，因此各地积极推进既有用地集约混合利用和各类公有房屋统筹使用，改扩建现有房屋，利用小区内闲置土地建设助餐食堂、老年人照料中心、托幼设施等。例如，广州市对公有房屋、公共低效闲置用地、机动车泊位、公共广告位等存量资源开展活化利用，补齐地区公共服务设施短板，打造片区"一刻钟便民生活圈"。

五是建立合理共担的资金支持机制。对老旧小区改造所需资金，政府财政补贴、管线专营企业出资参与、发行专项债券、银行低息贷款等资金支持方式比较普遍。同时，各地还探索包括居民在内的多方出资模式，实现改建经济效益目标。例如，北京市探索形成"市区政府补贴＋居民出资＋产权单位出资"的成本共担模式，按照老旧小区综合整治补贴标准，由市区财政按照1∶1.2比例分享补贴资金，居民出资购买改建后新建房屋，政府作为产权单位负担该项目剩余部分的资金投入，同时改建后增加的公共服务配套用房由政府持有，若折合为市场价值，基本可实现财政投入部分的收支平衡。

六是建立可持续的长效管理机制。改造后的老旧小区依然会老化，建立改造后的长效管理机制可延缓老化速度。不少地方积极发动群众深入开展"共同缔造"行动，有的建立多主体参与的小区管理联席会议机制，共同协商确定小区管理模式、管理规约及居民议事规则，共同维护老旧小区改造成果；有的建立健全老旧小区房屋专项维修资金归集、使用、续筹机制，提升小区自我更新能力，促进改造后的小区维护进入良性发展轨道。

第三节　科学推进"城市双修"

"城市双修"即生态修复、城市修补，是基于我国城市快速发展阶段针对出现的城市野蛮生长、粗放开发、平庸空间大量出现等城市病问题提出的治疗手段，是实现城市转型发展的必然选择。

一、"城市双修"的内涵

生态修复，是指用再生态的理念，修复城市中被破坏的自然环境和地形地貌，改善生态环境质量。生态修复就是把"创造优良人居环境作为中心目标"，旨在使受损城市生态系统的结构和功能恢复到不受干扰前的自然状况，一方面将城市开发带给生态系统的干扰降到最小；另一方面通过一系列手段恢复城市生态系统的自我调节功能，使其逐步具备克服和消除外来干扰的能力。城市修补，是指用更新织补的理念，拆除违章建筑，修复城市设施空间环境、景观风貌，提升城市特色和活力。城市修补紧紧围绕"让人民群众在城市生活得更方便、更舒心、更美好"的目标，采用科学的城市规划与设计理念方法，以系统的、渐进的、有针对性的方式不断改善城市公共服务质量，改进市政基础设施条件，发掘和保护城市历史文化和社会网络，使城市功能体系及其承载的空间场所得到全面系统的修复、弥补和完善，使城市更加宜居、更富活力。

生态修复、城市修补从表面上看是对城市物质环境系统的改进和完善，但看其本质，"城市双修"不仅是对城市的美化和绿化，而是围绕"以人民为中心"的发展思想，通过保障发展用地、更新存量土地、改造建设空间来修补和修复城市现存问题，推进城市规划建设理念转变和城市管理政策优化，以实现城市转型发展。

二、"城市双修"的提出及部署实施

近年来，随着我国城镇化的快速发展，城市建设取得了举世瞩目的成就。然而，由于对城市发展的长远规划认识和考虑不足，在生态环境、基础设施、公共服务、城市文化、城市品质等方面留下了大量的历史欠账，中国各大城市相继出现"城市病"。例如，北京、上海、广州等人口密集的超大城市，中心城区人口超千万，城市的快速扩张不断侵害生态空间，导致资源枯竭，城市过度扩张导致人口膨胀、交通拥堵、环境污染等大城市病问题。同时，以经济为导向的发展模式，也导致一些城市建设脱离地方文化，出现"千城一面"的局面。基于此，中共中央、国务院提出，要有序实施城市修补和有机更新，解决老城区环境品质下降、空间秩序混乱、历史文化遗产损毁等问题，有计划、有步骤地修复被破坏的山体、河流、湿地、植被。

"城市双修"最早是在海南以试点形式实施的。2015年4月，住房城乡建设部相关领导在海南调研时，针对三亚城市转型的特点和城市发展建设中存在的问题提出了在海南实施"生态修复、城市修补"（"双修"）试点工作。同年12月，中央城市工作会议提出，"要加强城市设计，提倡城市修补，加强控制性详细规划的公开性和强制性"。由此，中央层面正式提出城市修补这一说法。2016年2月，中共中央、国务院印发《关于进一步加强城市规划建设管理工作的若干意见》，提出有序实施城市修补和有机更新，解决老城区环境品质下降、空间秩序混乱、历史文化遗产损毁等问题，促进建筑物、街道立面、天际线、色彩和环境更加协调、优美。2017年3月，住房城乡建设部印发《关于加强生态修复城市修补工作的指导意见》，明确了生态修复、城市修补工作的指导思想、基本原则、主要任务目标，提出了具体工作要求；要求 2017 年，各城市制定"城市双修"实施计划，完成一批有成效、有影响的"双修"示范项目；2020 年，"城市双修"工作初见成效，"城市病"得到有效治理。

三、"城市双修"典范城市的实践探索

（一）三亚："摸着石头过河"后的华丽蝶变

三亚是国内首个"城市双修"试点城市，没有任何成熟的经验和模式可以借鉴，因此，三亚的"城市双修"是一场"摸着石头过河"的革命性实验。三亚的"城市双修"理念先行，先从普及中央关于生态文明和美丽中国建设的伟大理念开始。三亚市先后邀请了多位行业专家，对三亚市各级领导干部进行授课，并进行深入研讨，通过电视和大众媒体，广泛传播城市建设的正确价值观和方法论，让每个三亚人，尤其是城市建设者理解城市修补和生态修复的重要意义。最终，上至书记市长、下到每个乡镇和街道的干部，都能理解"美丽三亚"的内涵，"城市双修"的合力和势能就此形成。三亚的"城市双修"系统规划，深谋远虑，三亚市委、市政府一开始就意识到，"城市双修"是一个系统工程，需要谋大局、计长远，必须通过一个系统的规划来持续地实现。为此，三亚市委托权威机构，制定了覆盖全市域的城市水系统规划和海绵城市建设规划，并作了《三亚市城市色彩专题研究》《三亚市广告牌匾整治专题研究》《三亚市山体修复专题研究》《三亚市主城区城乡结合部污水设施专题研究》等多个专题研究。三亚的"城市双修"从关键入手，树立样板和标杆，以城市形态、城市色彩、广告牌匾、绿化景观、夜景亮化、违章建筑拆除"六大战役"为抓手，解决了长期困扰居民和广大游客的生态与环境问题、宜居性和全域旅游体验等需求。通过截污和海绵型绿地建设来净化水体、解决内涝、涵养水源；通过去硬化、拆违章、还绿于民，还自然与山水；通过步行优先的绿道和公园建设，提升城市的生活品质和旅游体验；通过去除过分的雕琢、装饰园林之"小美"，还公共绿地以本地乡土，修复其生态健康和丰产之美。最终，三亚以"望得见山、看得见水、记得住乡愁"的大美三亚形象呈现给世人，实现了华丽蝶变。三亚作为首个"城市双修"试点的经验弥足珍贵，为国内探索治理"城市病"提供了一个可以学习借鉴的范例。

（二）景德镇：由"草鞋码头"到国际瓷都

景德镇是千年瓷都，也是首批国家历史文化名城之一。在实施"城市双修"前，景德镇市虽然知名度很高，但是美誉度不足，存在基础设施欠账多、城市

功能不完善等系列问题，城市形象与城市地位不匹配，一度被外界称为"草鞋码头"。2017 年，景德镇市被列入全国第二批"城市双修"试点城市，景德镇市政府把"城市双修"作为城市转型发展的难得机遇，组建了高规格的工作领导小组和指挥机构，抽调 100 多名精兵强将专职负责，迅速形成上下联动、部门协作、多方参与的工作格局，为强力高效推动"城市双修"提供了坚强的组织保证。景德镇市坚持以人民为中心，牢牢把握"城市让人民生活更美好"这一主基调。"城市双修"工作启动之初，就聘请中国城市规划设计研究院和清华同衡城市规划设计院高起点、高标准、高质量编制"城市双修"专项规划，同时通过开展网上调查等方式，广泛征求市民意见，梳理出生态环境受损、基础设施建设滞后、环境卫生差等突出问题。以问题为导向，结合城市近期、中期、远期的发展定位，景德镇市编制完成了城市生态修复、城市功能修补、城市设计及风貌管控等专项规划和多个详细规划，最终形成精细化、特色化和人性化鲜明的四级规划体系，为"城市双修"工作的全面开展，擘画了一张美丽的宏伟蓝图。景德镇市以规划为引领，围绕人民群众关心的医疗、教育、住房、出行等焦点问题，景德镇市首先谋划建设了公共设施配套项目 248 个。改造完善了一批便民利民配套服务设施，重点打造了 30 个便民服务圈，新增城市绿地 100 多万平方米，着力将景德镇市的枫树山国家森林公园打造成全国少有的位于城市中心的千亩森林公园，让市民得到了实实在在的生态红利。景德镇市始终坚持把历史街区保护作为"城市双修"的重要内容，以景德镇"申遗"为龙头，以御窑厂为核心，以"三陶一区"为重点，对老街区、老厂区、老里弄和老窑址等实施立体控制和保护，开工建设和修复了一批老街区保护利用工程，原汁原味地保护老城的风貌风格、文化肌理，生动地再现了景德镇的千年陶瓷文脉。这些惠民、利民的"城市双修"项目的实施，让人民群众的获得感、幸福感不断提升，最终凝聚起全民支持参与"城市双修"的磅礴力量，这是景德镇"城市双修"工作获得成功的又一关键。景德镇城市面貌发生了翻天覆地的变化，其"城市双修"成效也获得国务院通报表扬。

（三）徐州：修复山水生态，推动城市转型发展

徐州是全国老工业基地和江苏重要的资源型城市，从宋、元时期就开始了煤、铁的开采。徐州在肩负起中华人民共和国工业化基石的同时，"偏重型"工业结构也造成了城市环境污染、山体破碎、土地塌陷等问题，"一城煤灰半城土"曾成为徐州的真实写照。2018 年，徐州被列为全国第三批"城市双修"试点城市，徐州抓住试点城市建设机遇，进一步加大生态修复的力度，系统谋划生态修

复的方式方法，先后对市区潘安湖、九里湖、南湖等采煤塌陷地实施生态环境修复、湿地景观开发，使各类塌陷区成为涵养生态功能区、环境优美景观区，成功走出了一条具有徐州特色的采煤塌陷地治理模式。除了采煤塌陷地，工矿废弃地也是徐州的城市伤疤。徐州的金龙湖宕口公园由于历史上采石业的无序开采，公园的植被和生态遭到了严重破坏，徐州对金龙湖宕口公园进行了山体治理和景观提升，将一座满目疮痍的山体变为一个风景优美的宕口公园。另外，通过生态绿化、岩壁造景、历史遗存保护等手法，徐州又先后修复了龟山、九里山等采石宕口。徐州将山体修复与断崖治理、林相改造、"海绵"技术应用相结合，探索形成具有徐州特色的山体修复模式。水体修复也是徐州市生态修复的一个重要方面。徐州通过大力实施"河湖相连、河河互通"的清水廊道工程和黑臭水体的综合整治，对市区建成区内的黑臭河道采用分区域、分水系的方案进行治理。与此同时，持续推进退渔还湖、退港还湖工程，建设云龙湖、九龙湖、劳武港、两河口等大型公园景区，形成"九河绕城、七湖润彭"的水系新格局。徐州市通过持续推进"城市双修"，实现了由"一城煤灰半城土"到"一城青山半城湖"的华丽转身。徐州成功获评国家生态园林城市和中国人居环境奖，并作为全球唯一的城市获奖者被授予 2018 年"联合国人居奖"。

四、"城市双修"存在的不足与问题

自 2015 年"城市双修"被提出以来，国内许多城市纷纷进行实践探索并取得了一定成效。但由于一些地方对"城市双修"理论认识不足，实际工作中在模式、做法等方面也还存在一些问题，极大限制了"城市双修"工作开展的高度、深度和广度。

一是"城市双修"公众参与度低。当前"城市双修"多是采取自上而下的决策和推进模式，未能考虑城市空间环境直接使用者的需求，导致"城市双修"项目实施不顺畅，缺乏公众的关注和支持。因此，在实施中需要循序渐进、科学引导，使其由一项自上而下、政府主导的行为转变为自下而上、公众参与的全民行动；将"城市双修"理念融入城市规划、建设和管理的各个环节，提高决策和实践水平及公众参与度，使其真正成为惠民工程，成为实现城市美好生活的助推剂。

二是"城市双修"空间范围急需扩展。对于已完成或正在进行的多数的"城市双修"，其范围多为城市，小城镇、乡村以及农田林地、山川水系等一些对生态系统稳定性起关键作用的区域，没有被纳入"双修"的规划视野里。目前，在新型城镇化和乡村振兴背景下，小城镇、乡村将成为城乡建设的主战场。随着高

铁时代到来，城市群、都市圈等抱团式发展模式成为未来中国城镇化的主要方向。因此，"城市双修"亟须以时空动态视角来打破空间界限甚至时间局限，由"城市双修"拓展为"全域双修""全时双修"，才能推动城乡融合发展。

三是"城市双修"重建设轻管理。在"城市双修"实践中，人们往往重视城市形象的树立，过于关注城市的表象，却对"城市双修"建设成果疏于维护，由此大大地削弱了"城市双修"工作的成效。例如，对"城市双修"方案的轻易更改，致使原规划设计的美好蓝图无法落地；城市公共空间被侵占、压缩，影响城市秩序；对城市天际线、城市家具等缺乏精细化管理和维护，降低了城市空间的品质等。可见，"城市双修"的成果维护与实施过程同等重要，否则将导致"城市双修"的美好愿景无法实现，实效也难以巩固和长久。

五、持续推进"城市双修"的对策建议

一是以全域化的视角推进城市生态修复。"城市双修"要从全域的角度统筹谋划，以全域山水环境为背景，突破城乡界线，放眼全域空间，以生态系统保护和修复为重点，推进全域山水林田湖草沙重大工程建设，推行森林、河流、湖泊、草地休养生息，加强农林绿网、山形水系、道路城郭等要素的关联，打通生态堵点，连接绿网断点，形成多层次的全域化绿色网络。统筹推进全域内河湖、湿地、岸线和受损山体、废弃工矿用地的治理和修复工作，恢复提升生态系统服务功能，构建牢固的全域生态安全格局。

二是以更精细的方式推进城市修补。在加强城市修补的过程中，突出科学规划、精心设计，统筹考虑公共服务、道路交通、休闲娱乐等功能，进一步优化设计方案，确保满足群众实际需求。精心打造城市小微休闲娱乐空间，利用街角、小区空地等公共空间，建设口袋公园，设置健身器材、休息座椅、亭子、园林小品等设施，打造集运动休闲、文化娱乐、互动交流等多功能于一体的休闲游憩公共空间。加快填补城市设施欠账，推进老旧社区微更新，避免大规模的拆除重建，尽量顺应社区原有的肌理，采用适当的规模、合理的尺度，在原有社区基础上保护修缮历史文脉与生活文化，社区改造更新尽可能地保留或汲取建筑自身历史积淀与文化色彩。加强城市文脉传承保护，全面推进历史建筑保护利用，保护城市历史风貌，塑造城市时代风貌。

三是强化项目支撑。在推进"城市双修"进程中，要强化资金保障，通过政府投资、专项资金、市企融资、社会投资等多种渠道积极筹措资金，确保"城市双修"各项工程有力有序实施。要细化项目工程实施方案，通过制订实施方案，建立项目清单，将"城市双修"细化为可量化、可操作和可考核的工程。要细化

项目进度，明确建设时序和完成时间，落实实施主体，分项、分期、分片推动实施"城市双修"工程。

四是注重引导公众参与。"城市双修"涉及社会公众的切身利益，因此，"城市双修"工作推进的顺利与否在很大程度上取决于政府和民众之间的共识程度和合作能力。在"城市双修"规划之前，就要站在民众的角度考虑他们的实际需求，通过手机、网络等多种互动交流平台进行广泛宣传，提高广大民众对"城市双修"的认识。另外，通过召开座谈会、征求意见会、听证会等形式，广泛听取社会各界人士意见，鼓励社会各界人士积极参与"城市双修"规划及项目的谋划，使"城市双修"工作真正体现民众需求。

第九章　增进人民城市的民生福祉

习近平总书记指出："让老百姓过上好日子是我们一切工作的出发点和落脚点。"民生是人民幸福、社会和谐的基础。新时代，要坚持"以人民为中心"，践行人民城市重要理念，始终把改善民生作为党和政府工作的主要方向，着力提升城市公共服务水平，增强公共服务的均衡性和可及性。坚持人民城市为人民，"尽力而为"努力实现城市基本公共服务均等化，兜牢民生保障底线，"量力而行"扩大普惠性非基本公共服务供给，提高公共服务质量，以实现人的全面充分发展为目标，满足多层次、多样化的公共服务需求。

第一节　推进城市基本公共服务均等化

围绕城市空间讨论基本公共服务均等化时，要从以人为核心的新型城镇化战略宏观层面出发，除了把握好公共服务资源配置非竞争性和非排他性特点，以期提高基本公共服务资源配置效率，保障服务供给朝均等化发展，同时要锚定人口城镇化目标，侧重基本公共服务常住人口全覆盖，实现农村人口市民化。因此，在推进城市基本公共服务均等化过程中，政府要鉴往知来，掌握好"重点学"和"全面学"，在全面提高各类基本公共服务均等化水平的过程中，重点保障城市中非户籍常住人口在流入地享有的基本公共服务权益；顺应城市发展新趋势，促进区域间城市间基本公共服务水平协调发展，增强城市可持续发展能力。

一、城市基本公共服务供给体系的影响效应和政策演变

（一）基本公共服务均等化对城市发展的影响效应

城市基本公共服务是城市社会性功能的核心载体，基本公共服务均等化可以有效促进新型城镇化高质量发展。通常在研究协调发展问题时，会讨论"效率与公平"的关系，同样地，在探究基本公共服务均等化对城市发展水平的影响时，也可以从效率和公平视角着手，暂将基本公共服务分为经济类和社会类，进而明晰基本公共服务均等化和城市发展之间的耦合现象。

从效率角度出发：随着城市间的经济联系越来越紧密，城市的发展成为当前经济工作的重点之一。有分析指出，"十四五"以及未来更长一段时期，中国经济的增长动能将大部分来源于都市圈和城市群。经济类基本公共服务是指服务中的设施技术和人力资源。驱动经济类基本公共服务均等化意味着，一方面，有关基本公共服务的设施水平趋于均衡，信息交流逐渐通畅，降低服务过程中的交易成本，减少信息不对称情况，提高城市基本公共服务供给过程中的交易效率；另一方面，人力资源是经济增长的核心要素之一，城市基本公共服务均等化，有利于吸引更多优质劳动力进入城市，城市整体劳动力素质水平提升，进一步促进城市基本公共服务优化，形成良性循环，提高城市可持续发展能力。

从公平角度出发：根据公共财政理论，公共服务资源配置是收入再分配环节的具体体现，服务均等化可以有效抑制分配不公平。社会类基本公共服务包括基础教育、基本医疗卫生、社会保险、公共文化体育服务等。城市社会类基本公共服务均等化，一是体现在缩小收入差距上，基本公共服务的基础性、保障性、民生性特征可以有效调节经济社会发展过程中带来的收入差距拉大等问题，通过在再分配环节增加城市基本公共服务支出，降低居民私人社会性支出，间接增加居民的可支配收入，进而缩小收入差距。二是体现在降低城市治理难度上，城市基本公共服务均等化水平改善，可以直接提高城市居民对于经济发展成果的获得感，进而促进居民积极参与城市公共服务建设过程，扩充城市治理的参与主体，有效践行"共享共建"理念，降低城市治理难度。

（二）城市公共服务供给制度的政策演变

中华人民共和国成立以来，我国城市公共服务制度经历了从建制型向民主型的有序转变，改变了传统体制下"政府包办"的单一供给管理格局，向"政府＋社会"的多元供给服务模式转型。

改革开放以来，市场经济不断焕发生机，居民生活质量显著提升，对于公共

服务的需求层次逐渐提高，房地产改革后，城市居民收入多寡开始直接影响其对城市空间资源的占有使用量，可消费的公共服务数量在空间结构上出现社会性差异。同时，随着城镇化进程不断加快，城市流入人口规模增加，对城市原有的公共服务造成挤压效应，又由于户籍制度限制，大量从农村迁入城市的劳动力难以取得城镇户口，他们难以从城镇的医疗、住房、教育、养老和失业保险等基本公共服务中获益，进而衍生各种社会问题。

为适应社会主义市场经济改革，城市公共服务供给制度改变了原来以"单位制福利"为主的一元供给结构，取消"千人指标"等公共设施配套体系，开始探索市场化供给方式。20世纪90年代初，城市商业和社区服务发展加快，居民开始有机会免费消费纯公共物品，也能够支付较低费用享受准公共物品。1994年分税制改革后，由于中央与地方财政事权和支出责任存在不清晰、不合理现象，以基本公共服务均等化为目标的转移支付制度迟迟得不到完善，城市的公共服务供给情境愈加复杂，不断要求政府加快加深公共服务供给侧结构性改革。

2005年，党的十六届五中全会上首次提出"公共服务均等化"这一新概念，我国全面开启对基本公共服务均等化理论和实践的探索。进入新时代，社会主要矛盾发生变化，人民对美好生活的向往更加强烈，对于高质量公共服务的需求不断增加，公共服务体系亟待加强精准化供给能力。党的十八大报告首次提出"新型城镇化"的概念，强调"新型城镇化"的核心是以"人的城镇化"取代"地的城市化"。2012年5月，国务院颁布首部以基本公共服务为主题的规划——《国家基本公共服务体系"十二五"规划》，侧重建立健全基本公共服务体系，把基本公共服务均等化从基本理念进一步具化为可操作的政策措施。2015年底，国务院出台《居住证暂行条例》，规定居住证持有人将享有六大基本公共服务和七项便利。此后，25个省级政府先后颁布了地方政策，大多都在此基础上进一步扩大了公共服务的受益范围。

2017年，国务院印发《"十三五"推进基本公共服务均等化规划》，将"服务对象"作为公共服务项目分类标准，提出学有所教、劳有所得、老有所养、病有所医、困有所帮、住有所居、文体有获、残有所助的新目标，分类依据从关注"供给主体"转向"满足群众需求"。2021年《国家基本公共服务标准（2021年版）》出台，从幼有所育、学有所教、劳有所得、病有所医、老有所养、住有所居、弱有所挟，以及优军服务保障、文化服务保障九个方面明确了国家基本公共服务具体保障范围和质量要求，并明确了具体项目的服务对象、服务内容、服务标准、支出责任和牵头负责单位，推动公共服务体系制度精细化建设。在服务单元内，为建设人民满意的"服务型"政府，"十四五"期间出台了一系列针对性公共服务政策文件，通过顶层设计和实践创新双向推动我国各项城市公共服务水平不断提高，为建设人民城市提供了强大动能。

二、提高城市各类基本公共服务均等化水平

始终坚持以促进机会均等为核心，顺应人口流动趋势，保障人人享有大致相同的城市基本公共服务。

完善城市公共就业服务体系。随着外来人口的不断流入，城市就业环境越发复杂。要力求不同群体能够享受大体相同的就业服务，破除阻碍劳动力流动的僵化体制和政策障碍，打通人才、劳动力流动渠道，聚焦城市困难群体就业求职困境，通过就业援助、失业保障和社会救助等多层次手段加大帮扶力度；推动青年大学生毕业就业信息服务平台建设，深入推进职业辅导和培训体系建设，深化职业教育产教融合、校企合作，增强高校毕业生等青年技能素质。增加农民工职业技能培训项目，推动就业服务信息化建设，全力保障劳动者权益。规范服务办理流程和制度，建设公共就业创业服务平台，扩大劳动者反馈发声渠道，消除影响平等就业的违法违规限制和就业歧视。

推进城镇基本公共教育优质均衡。基本公共教育服务是指在教育领域提供基础性公共服务，主要包括普惠性学前教育、九年义务教育和高中阶段教育。随着城镇化快速推进，进城务工人员随迁子女比例增加，但随迁子女进入公办学校就读仍然存在"门槛"，在推动基本公共教育服务体系建设时，应加强保障随迁子女在流入地的受教育权利，针对人口流入较大的城市增加义务教育阶段学位供给，动态调整城市间的教师编制额度，活化教育资源。此外，教育的发展不是数量扩张，必须结合时代发展提高教育质量，要始终将人的全面发展作为衡量教育质量的标准，必须破除固化思维，主动追求改革创新。针对小城镇地区，根据当地教育环境，放宽一定的高中学校自主发展权，关注青春期适龄学生"三观"塑造和必备品格培养。改善城市义务教育配套设施条件，从"打造温馨校园"角度出发提高学生食宿水平，配足各类教育装备。

提升城市基本医疗卫生服务能力。基本医疗卫生服务主要包括基本公共卫生服务和基本医疗服务。前者由国家免费提供，后者采取"政府＋社会力量"模式，以政府举办的医疗卫生机构为主，同时鼓励社会力量举办的医疗卫生机构提供基本医疗服务。当前，我国公共卫生和医疗服务供给处于相对割裂状态，前者多由各级疾病预防控制中心构成，具有疾病监测、预防控制职能，后者则由各类医疗机构组成，主要负责人民群众的疾病治疗。习近平总书记指出，"人民健康是民族昌盛和国家强盛的重要标志"，因此应促进公共卫生与医疗服务体系融合，完善中国卫生健康体系，提高人民群众的健康水平。整合防治资源，加强疾病的诊疗与防治协同发展，有效发挥公共卫生体系"早发现、早治疗"作用。发挥城市社区便民功能，搭建基层心理健康服务平台，做好社区的疾病预防和重大疾病

联防工作，针对慢性病开展定期宣传讲座，提升全民健康素养。

促进社会保险服务标准化建设。国家提出"老有所养"民生保障目标，是针对社会保险服务中的养老保险服务进行重点完善，而社会保险服务还包括基本医疗保险、失业保险、工伤保险和生育保险。作为公共服务中重要的一环，社会保险服务体系为社会成员提供了一个共担风险、共同获得社会保障待遇的机会与平台。近年来，我国城乡基本保险制度普遍建立，社会保障水平显著提高，保险覆盖面逐步扩大，政府经办业务量也有所增加，但同时也应注意到保险服务快速发展中的问题，如地方机构设置混乱，职能分配不清晰，服务水平参差不齐，信息化水平偏低。对此，政府应标准化推进社会保险服务水平提高，推动城市"五险合一"标准化管理，提升智慧化和人性化服务水平，加大对城市特殊群体和困难群体"点对点"帮扶力度，从区县向省级层层完善数据资源整合，破除城市间信息政策交流壁垒，促进群众业务办理便捷化发展。

完善基本社会服务体系建设。目前我国进入大发展的时间窗口期，"基本社会服务"的内涵和概念边界逐渐清晰，为适应中国社会服务需求变化，在新一轮国务院机构改革后，民政部成为基本社会服务的主要职能部门。从相关规定中看出，民政部负责的基本社会服务可分为两个方面：弱势群体救助和全民基本社会服务，前者一般包括社会救济、老幼妇服务和残疾人保障，后者则是面向全体社会成员提供养老、婚姻、殡葬服务等。在构建服务型政府的背景下，群众满意度成为优化基本社会服务的主要抓手，多数研究显示，随着经济不断发展，我国在养老、儿童保护和社会救助等方面的公共服务质量均有所提高，然而随着社会主要矛盾的变化，基本社会服务仍然存在供给量总体偏低、地区发展不均衡以及服务体系不完善等问题，因此要以供需均衡为出发点，对服务供给量、服务体系进行动态调整，确保基本社会服务供给高效。扩大财政投入，提高转移支付比例，采取减税贴息等优惠政策引导社会企业和个人投入。建立社会服务清单，维护城市居民对于社会事务的知情权。针对城市中老年、幼儿、妇女、困难群体等服务对象构建具体服务清单，高效落实服务项目。

完善保障性租赁住房建设。住房安全事关人民群众生命财产安全和满足基本生活需要，是重要民生环节。"住房保障体系"主要包括公租房、保障性租赁住房和共有产权住房三个主要方面。"十四五"规划进一步把"保障性租赁住房"放在实现"住有所居"的重要位置。城镇化的快速发展推动了城市人口结构改变，多样化住房需求与已有住房供应政策逐渐发生错配，保障性住房的核心是"居者有其屋"，突出的是"有"而非"买"，因此保障对象的重心应放在中低收入家庭、新市民和青年群体上，这类"夹心层"人群在城镇化发展过程中数量庞大且重要程度高，但面临相对尴尬的住房境遇，既无法享受最低收入家庭的廉租房政策，同时自身能力也不够进行市场商品房购买与承租。在设计"公共租赁房"供给机制时，要灵活调整资源分配，科学完善准入和退出机制，保障此类房源循环利用。具体实施上，第一，拓宽公共租赁住房和廉价房房源供给渠道。鼓励部分优质民营企业进入低租金房源租赁市场，承担部分社会责任，政府给予该类型房屋租赁公司减税等优惠政策，同时常态化监管把关该类公司发展，确保企业规范运作；尝试"代理经租"等创新租赁机制。向市场上个人租赁房主开放公租房出租渠道，通过审核把关等方式，计算适度出租价格，面向中低收入家庭出租。第二，创新筹资方式。建立专项住房保障基金，作为保障中低收入家庭住房的长期稳定资金补充来源；拓宽其他资金来源渠道，针对政府所有的非居住用房按市场价格出售，保留部分经营性用房作为公有资产，接受社会捐赠，利用免税等信用担保方式充分调动社会资金。第三，建立严格管理运行制度。申请环节上，建立严格申报、审查、登记与公示流程，防止出现认定偏差，对住房保障申请人建立专项档案并进行跟踪管理，公示后接受公众监督。完善廉租房保障体系，此类型住房保障的对象主要是零支付能力的特殊阶层和最低收入阶层，政府应着力保障该类型人群的居所安置，可以通过免费提供住房和全额住房补贴，抑或设置廉租房体系，通过租金补贴和实物配租减轻困难群体的住房压力，筑牢民生兜底保障网。

保障残疾人基本权益。近年来，"共建共治共享"成为城市治理新思路，作为弱势群体，保障残疾人基本权益有助于打造"底线公平"根基，同时也符合"以人民为中心"的发展价值理念。残疾人面临的不利局面有内部条件和外部条件双重制约。内部条件上，其自理能力、生产交往能力等基本生活条件缺乏，导致受教育水平、社会参与度等社会化程度相对较低，在社会活动中对公共服务的合理诉求难以达到有效表达与权益维护。外部条件上，无障碍环境仍存在重数量轻质量情况，缺乏对残疾人群体需求的深入分析，设施多以"完成任务"为主，使用效率低；残疾人可参与的市场经济活动规模低，如残疾人集中就业服务多由民间企业机构自发组织，呈现松散无序特征；社会心态层面的价值观融合"无障碍"发展任重道远，歧视性对待还广泛存在。提升现有残疾人公共服务效能，从"以人民为中心"的价值理念出发，解决专业化难题，重视"精准化""专业化"残疾人服务供给的政策判断，提升基层助残社会组织自我造血能力。提高城市温度，从基本生活、就业创业、社会保障、社会服务、康复护理、教育文化及无障碍建设等领域对残障人士进行帮扶支持，在城市范围内增强对残障人士的"同理心"服务能力。

提升公共文化体育服务水平。"十四五"将公共文化体育服务体系从"四梁八柱"的基本格局推向更广空间和更深层次发展格局，目前，公共文化体育服务发展蓝图逐渐明晰，但解决现阶段社会矛盾的效能仍然较低，总量增长但结构性矛盾突出，制度保障逐渐完善但精细管理能力仍需提升，这在一定程度上阻碍了基本公共文化体育事业"公平性、均等性、便利性和可及性原则"的发展原则。因此，今后应进一步提升公共文化体育服务水平，提高城市图书馆、文化馆、博物馆、体育中心等基础设施开放容纳能力，及时更新开放信息线上线下平台，完善监督评价与绩效管理机制。活化文体资源存量，推动智慧化公共文化体育服务事业发展。创新城市公共文化空间发展。以常住地为原点，扩容非户籍社会流动人口基本面，推动社区文化"嵌入式"服务，在老旧小区、城中村和旧厂区等专项改造中打造新型公共文化空间和体育健身场所，提升社群活跃度。扩充城市公共文化体育智慧应用场景，推动图书馆、全民健身中心、文化馆（站）等公共场所实现智慧化运营，运用人机交互、全息影像等信息技术推动智慧服务、智慧分析、智慧评估和辅助决策等功能建设，强化城市公共文化体育"沉浸式""互动式"服务体验。

三、缩小城市间基本公共服务供给差距

近年来我国在基本公共服务均等化方面作出优秀的成绩，但是服务水平在城乡、区域与人群间依旧存在不平衡现象，尤其在区域差异上，城市间因为经济实力、财政实力、人口规模、国家和地方政策等因素影响了不同区域的基本公共服务发展水平，"大城市病"反映了基本公共服务过度集中在发达城区，中小城市和小城镇基本公共服务资源偏低的现象。同时，长期以来，我国地方公共服务供给机制多是行政区划导向的属地政府责任制，行政区划成为基本公共服务的"决策边界"，公共服务要素资源无法自由流动，阻碍了区域间基本公共服务均等化进程。在现代化发展道路上，应充分重视城市基本公共服务水平的区域差异特征，遵循城市发展规律，提升基本公共服务均等化在优化城镇空间格局过程中的效能，标准化建设区域间基本公共服务共享制度。这既是践行人民城市理念的具体表现，也是扎实推动共同富裕的应有之路。

（一）提升基本公共服务均等化在优化城镇空间格局过程中的效能

"十四五"规划提出，要"壮大城市群和都市圈，分类引导大中小城市发展方向和建设重点"，对新型城镇化的空间布局作出安排部署。推动基本公共服务均等化，有助于促进城市群一体化、都市圈同城化、大中小城市和小城镇协调发展。

推动特大城市基本公共服务"瘦身健体"。城市发展的最优解应该同时考虑集聚经济和拥堵成本，"大城市病"不仅会导致公共资源配置无效，同时户籍制度也

会对流动人口的基本公共服务权益形成排挤效应。对此，要首先"瘦身"，有序疏解中心城区过度集中的教育、医疗、养老等公共服务资源，可以借鉴城市发展成熟的发达国家经验，通过上级政府承担基本公共服务建设经费主要比重，推动公共服务资源跨区域流动，比如针对义务教育的资源不均衡困境，可以提供教师轮岗制度，规定在同一所学校连续工作的最高年限等，保障各区域师资力量趋于平衡。其次"健体"，发挥中心城市的"领头羊"作用，利用自身拥有的优质人财物要素提高基本公共服务资源配置，强化与外围城区公共服务的无缝对接，带头推动基本公共服务体系创新发展，为周边城市群提供优质基本公共服务参考标准。

优化中小城市基本公共服务供给。中小城市相对于特大、中心城市来说，综合成本相对较低，因此应主动承揽中心城市的功能疏解，运用好中心城市经济发展过程中的溢出效应和辐射效应，积极提高城市基本公共服务整体提高水平，在医疗卫生、基础教育、公共文化体育等基本民生领域提供政策优惠，增加资源供给，推动基本公共服务工作成效和质量提高。此外，小城市具有自身特有的资源禀赋和区位条件，应该在积极吸收优质公共服务资源时，顺应城市的兴衰规律，推动部分基本公共服务领域向纵深发展，如自然环境资源优质的小城市，面对青年人口流失等情况，可以重点加强基本公共养老服务体系建设，打造特色康养城市名片。

扩大小城镇基本公共服务覆盖面。城镇化要解决的是几亿进城农民的公共服务均等化问题。在放开落户限制时，实施路径是"有序放开"小城镇的落户限制，"合理确定"大城市落户条件，"严格控制"特大城市人口规模，意味着小城镇是吸纳农村人口的首位落脚点。此外，小城镇的就近区位和相似生活习惯可以有效降低农村劳动力流入城市的心理成本，因此推动小城镇的基本公共服务不断完善，可以更好地推进新型城镇化进程。对此，政府更要在优化小城镇基本公共服务体系上下功夫，尤其是支持远离城区的小城镇完善基本公共服务基础设施建设。

（二）推动跨域基本公共服务体系建设

跨域公共服务是指横跨两个及以上行政毗邻地区的公共服务设施或体系的协作建设、供给和运行，多数时候毗邻城市的总体水平大体相当，但在具体经济、政策发展上存在异质性，因此跨域基本公共服务体系建设将不可避免地产生一些内生问题。在推动基础设施建设、服务硬件落地等跨域有形基本公共服务项目落地时，既需要双方人财物等要素资源匹配，也要在过程中保障双方明晰权责分工，共担成本风险。相比之下，推进跨域无形基本公共服务建设则相对"见效快"，特点是以信息整合和网络构建为核心，如构建一体化虚拟政府和数字政务、跨域公共服务信息管理平台等。因此，要先从顶层设计层面突破跨域协作的"囚徒困境"，进而适度开放多元资金投入、构建多方参与体系，确保建设过程中的冲突消解和利益整合。

制度建设要完善。国家层面要发挥自上而下的引领作用，将跨域公共服务基准进一步完善，强化长三角、京津冀等区域一体化国家发展战略抓手，突破行政壁垒，构建科学有效的联动机制，并建立先行示范区。地方层面要进一步根据自身发展情况细化配套标准，完善目标考核体系，从"单人"考核转向"双方"共同考核，统筹实现地方政府间的互补性战略目标。推进跨域基本公共服务的投入要素标准规范统一，有效衔接行业间标准化公共服务资源，为后续持续性合作联结降低沟通协调成本。

资金渠道要多元。政府"唱独角戏"必然会面临财政资金短缺的局面，要注意上级政府对毗邻城市跨域发展基本公共服务的财政扶持力度，既要重视战略引导，也要考虑实际中双方资源不平衡问题，通过专项补贴、定向税收优惠等转移支付手段，提升参与城市之间的资金筹措能力。同时，转变"单一"政府供给模式，以开放态度吸纳优质地方企业、社会主体参与建设跨区域基本公共服务项目，减轻政府财政负担，同时提升服务项目建设的市场化运行效率。

执行过程要公开。地方政府间跨域协作可能存在"搭便车"行为，此外跨域协作中难免会存在信息沟通障碍，进而造成多方冲突。因此，要重视政策设计的专业性，加入相关培训与内部沟通机制，形成一套具有长效性的政策沟通咨询机制。此外，数字化的发展能够为地方政府沟通协作赋能，通过城市大脑、虚拟政府等信息平台建设，引入公众、社会组织和企业话语体系，保证跨域基本公共服务以"惠及全民"为目标，避免产生某些政府只为政绩的本位主义。

（三）标准化推进城市群基本公共服务一体化建设

《"十四五"新型城镇实施方案》中提到要"深入实施京津冀协同发展、长三角一体化发展、粤港澳大湾区建设等区域重大战略，加快打造世界一流城市群"。基础公共服务具有正外部效应，能够为生产部门发展提供强大支撑，此外基础保障性特征也意味着可以有效降低社群居民的预防性储存，扩大内需，因此推动城市群基本公共服务水平均等化有利于城市群良性发展。应抓住目前国家城市群示范区先行先试契机，针对医疗、教育、人社等重点领域，提高区域性公共服务衔接水平。例如，长三角一体化发展中按照"一个中心、遍地开花"模式，以示范区为中心，推进各地在教育资源模式和创新协同方面的对接、融合。

此外，目前根据多数有关城市群公共服务建设的研究显示，我国城市群综合发展整体呈现沿海优于内陆、东部优于西部的势态，该格局同样反映在基本公共服务均等化指标上。实际上，推进基本公共服务均等化过程是一个"分蛋糕"问题，做大"蛋糕"的区域会更好地考虑"蛋糕分匀"的问题。发展较为落后的城市群，如中原城市群、长江中游城市群、川渝城市群应首先关注经济发展问题，扩容公共服务资源池，提高政府全面履行职能的能力，剥离冗余的行政流程，集中精力抓住重点；经济相对发达的长三角、京津冀、珠三角等城市群则应该进一步补齐基本公共服务短板，建立多元参与机制，增强对周边欠发达地区的辐射带动，推动区域间公共服务平等化发展。

第二节　扩大城市普惠性非基本公共服务供给

进入新时代，我国社会主要矛盾已转化，老龄化程度不断加深，在生活得到基本保障后，非基本公共服务成为满足人民群众日益增长的多层次多样化需求的历史必然。《"十四五"公共服务规划》首次将"普惠性非基本公共服务"纳入规划，将其定义为"为满足公民更高层次需求、保障社会整体福利水平所必需但市场自发供给不足的公共服务"，供给原则是"付费可享有、价格可承受、质量有保障、安全有监管"。目前，针对非基本公共服务的研究还相对较少，同时受语境差异影响，在不同的国家有着不同的表述。实际上，由回归政策的定义可以得知，非基本公共服务的重点是面向市场，但不完全市场化，是公共服务领域"两手合力"论的结果，即政府"助推"与市场自身"吸引力"共同作用。城市作为市场化发展最为成熟的社会空间，与非基本公共服务发展的要义相呼应。基于俱乐部理论，在当前市场经济水平下，非基本公共服务要着眼于供需矛盾突出领域，通过"政府＋社会"模式增加托幼、养老、文体、健康、助残等重点方面供给，让非基本公共服务体系朝多样化、多层次、人性化、融合化、智慧化发展，不断推动我国公共服务事业从"有"到"优"。

服务内容要丰富化。随着城镇化的不断发展，基本公共服务均等化逐渐完善，城市中复杂丰富的社会活动推动了群众居民对非基本公共服务的需求数量增加，质量要求更高。同时，一些非户籍常住人口的人均可支配收入不断提高，对于流入地的高水平非基本公共服务同样有丰富的需求。教育领域，扩大优质高等教育服务供给，引导规范民办教育发展，满足群众多层次多样化教育需求，支持鼓励和规范青少年校外活动。文体领域，推动优质公共文化内容融入城市商圈，定期组织开展大型公共文化产品采购会，建设数字图书馆、数字文化馆、数字博物馆等云文化平台，升级精品化智慧广电数字生活服务；满足人民群众体育健身需求，增设普惠性健身运动经营场所。社会福利领域，提供普惠托育、普惠养老专项服务，搭建集中管理式社区养老服务网络，推进"15分钟养老生活圈"积极应对人口老龄化；优化老旧小区、社区公共服务，推进老旧小区改造，增加社区生活性设施供给。

收费项目要标准化。同种类型的普惠性服务存在不同价格会加大地区间公共服务资源配置的不平衡性，随着公共服务社会化发展的拓展和深化，一些经济发达城市相继出台了普惠性非基本公共服务项目收费管理办法，率先突破了服务瓶颈。政府在普惠性非基本公共服务供给中应多以辅助性角色出现，要清晰明确普惠性非基本公共服务的收费范围，针对民生领域延伸出来的具有一定竞争性的公共服务制定服务实施标准和价格约束，指导并推进公共服务供给连续高效。例如，科学制定普惠性托育服务行业机构准入、管理和监管标准，进一步完善普惠性民办幼儿园认定标准，通过购买服务、综合奖补、教师跨园交流等方式扶持优质民办园发展；在博物馆等基本公共文化场所提供餐饮、文创等服务项目，要制定相应的服务标准，以期配合基本公共文化服务内容，更好地服务广大群众。着力构建养老服务产业全国统一的质量标准和评价体系；加快推进体育健身、休闲运动和表演业服务管理办法，明确城市准公共服务场所项目收费标准、服务程序和各环节责任部门，推动大型文娱演出、赛事活动多部门联动服务。

供给方式要多样化。在供给方式的选择上，既然非基本公共服务是具有一定"营利行为"性质，那么服务到底是通过"政府出钱从市场上购买"的方式提供给居民，还是通过"群众自行购买被标准化规范后的服务"？这种不同的思考模式，将产生不同的施策方向。"政府出钱，市场出力"意味着城市非基本公共服务的供给机制是一个社会政策，政府既要考虑购买环节的筹资问题，也要把握项目的评估体系与支付透明度，好处是可以有效降低后续服务的运维成本。而"政府定规矩，买方来选择"就要更多地当成产业政策进行思考，在具体的非基本公共服务领域，结合当地城市发展状况，考虑如何规范市场、壮大市场的问题。此外，志愿服务、合同承包等方式在城市准公共服务供给中也越发常见。这些方式并不是非此即彼，可以针对具体的情况分类采用，以养老为例说明，高龄、行动不便的老年群体的非基本公共服务，可以由政府集中统一向市场购买；而寻求康养的健康老年则可能更希望从市场上选择适合自己的养老型公共服务，此时可以通过制定养老准公共服务标准，促进第三方民营机构间提供老年人日间照料中心和老年活动中心等，设置社区志愿服务点，满足老年群体的多样化需求。

服务体系要智慧化。首先，实施公共服务数字化改革，利用数字技术完善惠民体系，老龄人群、残障人士等群体对于数字化变革的适应能力弱，围绕出行、看病预约、移动支付等高频数字化应用场景，充分关注相关群体的诉求。其次，推动公共服务数据共享，政府公共服务平台应适时改造并提升信息共享水平，促进医疗、教育、人力等优质资源信息共享，提高惠民服务效率。最后，支持社会力量参与数字化惠民体系建设，鼓励信息科技类企业利用自身企业优势和能力在民生方面开展业态创新，引导政企数据融合，推动公共服务在交通、教育、养老、保健等场景中差异化、个性化优质发展。例如，在医疗方面，扩大优质资源供给，鼓励医疗资源通过远程协作、专科联盟、"互联网+"等方式带动中西部地区医疗服务水平提升；在养老方面，鼓励支持社会主体开发设计适老化智能产品和健康管理设备，提供专业化一体化康复、安康、疗护养老服务。

供给主体要多元化。早在20世纪70年代，西方有关公共服务供给的研究就提出分散化的供给主体能够为中心大城市提供更加高效的公共服务。这种有私人机构参与的公共服务体系强调了城市居民"用脚投票"的特点，有利于解决政府"单一包办"所耗费的无效人力成本，以及机构日渐冗杂的问题，有效为城市政府机构"瘦身"，也能够防止政府陷入"诺斯悖论"。当然，"多中心治理"的供给模式也会带来一些显而易见的忧虑，如腐败与垄断、"寻租"行为等，这些危机一旦发生，受害最大的将是社会中的弱势群体。因此，促进主体多元化，就一定要明确各方权责，政府要加强监管职能，规定相关标准，严格监督市场化的执行过程。而作为另一大主要关注主体——私营机构和非营利组织，则要积极发挥自身的功能，遵循市场供求趋势，开展良性竞争，使城市中的非基本公共服务能够产生显著的社会效益。

第三节 系统提升城市公共服务效能

为进一步建设人民满意的服务型政府，应将系统性思维应用于全链条提升公共服务水平中。公共服务包含两个主体：供给方和受益方，政府和非营利组织、慈善机构等社会主体是公共服务供给方，提供教育、医疗、卫生、文化、环境等公共服务，居民是公共服务的需求受益方，满足社会群众的各项需求有助于进一步提高社会福利水平。系统化思维保证了在分析和解决问题时着眼于整体，而非

"碎片化"地分析各个组成部分。政府在提升公共服务水平时应同样遵循系统化思维，综合考虑多个因素和变量之间的联系，找出推进公共服务均等化、普惠化的根本和潜在影响因素。

一、多元供给：政府与市场的结合

实现公共服务供给可及性和均衡性，政府一般有三种公共服务供给的方式：一是制度，即通过制定相关制度规则来提供公共服务；二是付费，即出钱从市场买服务提供给居民，或者付费给居民让其自主购买；三是自建，即以所有制的方式来提供公共服务。因此，提供公共服务的方式并非固定，要考虑公共服务供给效率，既要保证政府的兜底保障建构职责，形成一套系统完整、自上而下的目标管理和指标治理体系；也要充分调动市场和社会机构的自发性力量，充分调动群众参与的积极性，推动公共服务供给方式创新。

政府治理层面，首先，增强政府的宏观调控能力，进一步规范市场和社会机构入市退市机制，保障市场主体有序竞争，从制度层面推动公共服务供给方聚集；完善弹性土地供给方式，转变市场主体和社会机构用地租赁经营这种单一模式，优化土地资源配置，降低市场参与方服务供给成本，加强质量监管，完善价格普惠透明机制，探索长期租赁、先租后让等土地供给方式。其次，高质量推进事业单位分类改革。统筹盘活事业单位编制资源，剪断事业单位依靠政府的"脐带"，顺应市场变化，推动行政职能事业单位改革，激发自身发展潜能，推动从事经营活动的事业单位按照"事企分开"原则自主经营，自负盈亏，平等竞争。最后，激活基层政府公共服务供给原动力。贯彻"服务型政府"理念，从顶层设计上推动基层政府领导班子"守土有责、守土负责、守土尽责"，落实"面子问责"，通过公众舆论监督消除管理层不作为、乱作为现象；细化规范公共服务内容指标，将公众满意度、指标治理情况与官员职称和绩效考核挂钩。

市场供给层面，首先，支持"百姓企业"发展，鼓励支持"义利兼顾"的营利与非营利机构长期扎根社会，持续关注社会型企业发展，推动企业自发实现"质量有保障、价格可承受、付费可享有、安全有监管"的社会价值创造。其次，促进"优质企业"扎根，密切关注大中小微型优质企业经营"体检表"，不断优化营商环境，加强生活服务类品牌化标准化建设，鼓励当地优质特色化服务品牌做大做强，赋能"老字号""新字号"创新发展。最后，鼓励"连锁企业"合作，政府积极与优质生活服务供给市场主体合作，设置服务网点，同时政府应大力消除"画饼"招商、"烘托氛围会"招商恶习，提升政府公信力，推动政企连锁经营聚势共赢。

二、要素保障：资源与制度的结合

保障城市公共服务水平依托三种基础资源：财力、人才和土地，如何推动公共服务要素合理高效运用，需要将现阶段的财政资金状况和科学可行的制度相结合。一般而言，在市场经济制度下，社会保障水平容易受到整个国民经济基础的制约，当政府提供公共保障时应当在考虑经济发展水平下"尽力而为""量力而行"，实现公共服务的可及性和均衡性。

首先，完善财力保障制度。通常政府为社会提供"一视同仁"的服务是通过公共收入、公共支出和转移支付制度来实现的，在扩大公共服务供给时，中央与地方应明确财权、事权与支出责任划分要求，在资金环节提升中央、省级财政对基层政府提供公共服务的财政支持，尤其是针对欠发达地区县乡要进一步加大财政资金转移支付力度。同时，提高资金使用效率，用好每一笔支出，完善各类资金管理制度，加强公共服务项目资金管理。

其次，优化人才队伍建设。"人才是第一资源"，加大力度优化公共服务事业人才队伍，实施可落地可持续的人才引进政策，探索公共领域专业化服务人才培养新模式，专项重要领域实施人才引进政策倾斜，了解公共服务人员切实需求，推动县级区域改善人员工资、医疗保险及养老保障等待遇激励政策，让本地人才进一步"留在"家乡发展。此外，完善开放统一、公平竞争的公共服务人员招聘流程，促进公共服务人才合理配置，给予人才发展发挥专业技能通道和包容度，推动"第一资源"转变为"第一动力"。

最后，优化土地利用机制。保障设施用地多层次、多样化需求，加强公共服务用地科学布局规划，将公共服务机构办公用地和设施型用地纳入省级城市发展中的国土空间规划和用地计划，建设用地应与促进人口流动、城镇化建设相协调。

三、优质管理：发展与创新的结合

提高公共服务供给效能是发展的过程，也是创新的过程。经济发展是民生改善的物质基础，离开经济发展谈改善民生是无本之源、无本之木，要坚持不懈抓高质量发展，让改革发展成果更公平惠及广大人民群众；同时，改善民生需要创新，创新是发展的第一动力，有助于推动公共服务转型升级，满足人民群众的多样化服务需求。

发展与创新需要有效协同，一方面是横向协同，以往在推动公共服务普惠化时，一般是以部门为单位呈"条形"推进，部门间缺乏协同配合，在推进方式、标准和速度上存在差异，导致同一件事在全社会范围内呈现"各干各的"碎片化状态，应打通各民生领域责任机构间信息渠道，促进政府间合力提升公共服务供给效率。另一方面是纵向协同，当前的公共服务供给模式多为"自上而下"，下级部门疲于完成各项供给指标，基层干部对全局性认识不深刻，对于群众的真正需求不敏感，同时缺少内部反映沟通渠道，上级无法直接了解民众的实际需要，从而产生"以己养养鸟"思维，应转变过度强调工具理性用途为主的运动式治理，加入公众与政策决策层的互动机制，完善志愿者服务体系，吸纳志愿者参与公共服务过程，提升公众感知度、参与度和满意度。

参考文献

［1］夏志强，付亚南．公共服务的"基本问题"论争［J］.高等学校文科学术文摘，2022（1）：52-53.

［2］周春山，高军波．转型期中国城市公共服务设施供给模式及其形成机制研究［J］.地理科学，2011，31（3）：272-279.

［3］杨开忠，董亚宁．中国城镇地域治理体系现代化转型研究［J］.经济纵横，2022（10）：27-34.

［4］李国平，孙瑀．以人为核心的新型城镇化建设探究［J］.改革，2022（12）：36-43.

［5］周心怡，李南，龚锋．新型城镇化、公共服务受益均等与城乡收入差距［J］.经济评论，2021（2）：61-82.

［6］马君，李全文．我国城市公共产品及公共服务地区性差异实证研究［J］.经济研究参考，2013（57）：46-54.

［7］吕式鑫，刘万波，吴彤彤．超大特大城市的发展与基本公共服务关系研究［J］.当代经济，2022，39（6）：9-17.

［8］何怡．城市公共资源均等化建设实践［J］.信息技术与标准化，2023（8）：8-14.

［9］杨胜利，姚健．城市群公共服务资源均等化再测度与思考——以京津冀为例［J］.公共管理与政策评论，2021，10（3）：123-133.

［10］鄢圣文，李迪．非基本公共服务市场化供给研究述评［J］.中国市场，2013（39）：72-77.

［11］李磊，马韶君，代亚轩．从数据融合走向智慧协同：城市群公共服务治理困境与回应［J］.上海行政学院学报，2020，21（4）：47-54.

［12］朱民．大力推进区域基本公共服务衔接共享［J］.群众，2021（10）：9-10.

［13］李晶.完善保障性租赁住房政策的必要性研究［J］.城市规划，2008（5）：45-50.

［14］麻宝斌，董晓倩.中国公共就业服务均等化问题研究［J］.东北师大学报（哲学社会科学版），2009（6）：82-87.

［15］胡祖才.努力推进基本公共教育服务均等化［J］.教育研究，2010，31（9）：8-11.

［16］杨宜勇，刘永涛.我国省际公共卫生和基本医疗服务均等化问题研究［J］.经济与管理研究，2008（5）：11-17.

［17］冷晨昕，祝仲坤.中国流动人口基本公共卫生服务：现状及因素分析［J］.经济体制改革，2020（6）：36-42.

［18］贾洪波.劳资博弈视角下流动人口社会保障高质量发展研究［J］.暨南学报（哲学社会科学版），2020，42（2）：86-98.

［19］周沛.基于"共建共治共享"的残疾人基本公共服务探析［J］.江淮论坛，2019（2）：129-136.

［20］方堃，冷向明.包容性视角下公共文化服务均等化研究［J］.江西社会科学，2013，33（1）：177-181.

［21］关于印发《"十四五"公共服务规划》的通知［EB/OL］.［2022-01-10］.https://www.gov.cn/zhengce/zhengceku/2022-01/10/content_5667482.htm.

［22］国家发展改革委关于印发"十四五"新型城镇化实施方案的通知［EB/OL］.［2022-07-12］.https://www.gov.cn/zhengce/zhengceku/2022-07/12/content_5700632.htm.

［23］住房城乡建设部关于印发"十四五"城镇化与城市发展科技创新专项规划的通知［EB/OL］.［2022-03-12］.https://www.gov.cn/zhengce/zhengceku/2022-03/12/content_5678693.htm.

［24］中共中央办公厅 国务院办公厅印发《关于构建优质均衡的基本公共教育服务体系的意见》［EB/OL］.［2023-06-13］.https://www.gov.cn/zhengce/202306/content_6886110.htm.

［25］关于印发"十四五"残疾人康复服务实施方案的通知［EB/OL］.［2021-08-20］.https://www.gov.cn/zhuanti/2021-08/20/content_5650192.htm.

［26］文化和旅游部关于印发《"十四五"公共文化服务体系建设规划》的通知［EB/OL］.［2021-06-23］.https://www.gov.cn/zhengce/zhengceku/2021-06/23/content_5620456.htm.

第十章　涵养人民城市的精神品格

习近平总书记指出："一个民族需要有民族精神，一个城市同样需要有城市精神。城市精神彰显着一个城市的特色风貌。要结合自己的历史传承、区域文化、时代要求，打造自己的城市精神，对外树立形象，对内凝聚人心。"城市精神是衡量一座城市的内在文化基因，也是城市生生不息的动力源泉。践行人民城市理念，需要传承和弘扬城市自身的精神品质。要在全面建设社会主义现代化国家新征程上，进一步坚定文化自信，传承精神谱系，涵养文化底蕴，丰富城市内涵，提高城市品质，凝聚起建设人民城市的强大精神和品格力量。

第一节　强化城市风貌设计

一、城市风貌设计的发展脉络

改革开放以来，特别是进入 21 世纪，我国城镇化进入加速发展阶段，城市建设速度也随之加快，城市的规模、面貌、功能等发生巨变。特别是党的十八大以来，经济进入新常态、城镇化步入后半程，城市增量建设放缓，城市品质提升成为新时期城市建设和发展的现实需求，这对城市设计和城市风貌塑造提出了更高的要求。

党的十八大以来，以习近平同志为核心的党中央高度重视城市规划建设管理工作。2015 年 12 月召开的中央城市工作会议指出："要加强城市设计，提倡城市修补，加强控制性详细规划的公开性和强制性。要加强对城市的空间立体性、平面协调性、风貌整体性、文脉延续性等方面的规划和管控，留住城市特有的地域环境、文化特色、建筑风格等'基因'。"随后，中央和地方政府开始推进城市设计与城市风貌塑造，并逐步探讨新时代城市设计转型和制度建设。国务院、住房城乡建设部提出一系列针对城市风貌管理的总体要求和行动部署。

2016 年 2 月，《中共中央 国务院关于进一步加强城市规划建设管理工作的若干意见》出台，提出"着力塑造城市特色风貌""城市设计是落实城市规划、指导建筑设计、塑造城市特色风貌的有效手段"，要从提高城市设计水平、加强建筑设计管理、保护历史文化风貌等方面塑造城市特色风貌。这为我国城市风貌设计作出部署，基本形成了城市风貌设计与城市功能布局并举的建设思路，进入了城市特色化建设发展的阶段。

2017 年 3 月，《城市设计管理办法》发布，这标志着我国城市设计法定化工作取得历史性进展。该管理办法明确规定"总体城市设计应当确定城市风貌特色""重点地区城市设计应当塑造城市风貌特色"。这是我国城市设计领域的起步性纲领文件，在城市设计的制度建立、技术管理、审查监管等方面进行了初步探索。建立城市设计制度，完善城市规划与建设管理，是全面开展城市设计工作的重要政策保障，也是城市规划改革的重要突破口之一。

2019 年 5 月，《中共中央 国务院关于建立国土空间规划体系并监督实施的若干意见》出台，这是党中央、国务院对建立国土空间规划体系作出的重大部署，将主体功能区规划、土地利用规划、城乡规划等空间规划融合为统一的国土空间规划，实现"多规合一"，其中在编制要求中明确提出"延续历史文脉，加强风貌管控，突出地域特色"。国土空间规划体系是体现国家意志和国家发展规划的战略性规划，规划时要充分考虑城市风貌，意味着城市风貌已经进入国土空间规划的"软约束"行列。

2020 年 4 月，《住房和城乡建设部 国家发展改革委关于进一步加强城市与建筑风貌管理的通知》出台，这是针对治理"贪大、媚洋、求怪"等建筑乱象，落实"适用、经济、绿色、美观"新时期建筑方针出台的指导意见，明确了超大体量公共建筑、超高层地标建筑和重点地段建筑是管理的重点，并提出了分层次、分对象引导和管理城市与建筑风貌依据，体现了城市风貌管理在当前城市建设发展中的重要性与迫切性。

二、城市风貌设计要彰显个性特色

城市与建筑风貌是一个城市软实力的体现，不仅反映城市特有的空间形态、景观特征和精神面貌，更显示出城市精神品格和独特气质，还表现出城市的经济实力、文化积淀，更是改善人民生活环境、建设人民城市的重要任务和内在要求。但是在快速城镇化过程中，随着城市快速扩张和蔓延，粗放式、外延式的建设是城市发展的主要方式，普遍采用大拆大建的发展思路，这种方式在当时满足了城市建筑数量的需求，却是以高楼、大道等作为现代城市建筑的特色，城市逐渐成为钢筋水泥森林，城市面貌千篇一律，缺少城市特有的地域环境、文化特色、建筑风格等"基因"。千城一面的现象，是我国加速城镇化过程中为满足社会需求城市大规模建设的必然结果，也是建筑新材料、新技术同质化运用的结果，反映出在城市快速扩张阶段对城市风貌设计的认识和重视不足，城市设计与风貌管控的制度化建设滞后。因此，在新的发展阶段，城市建设由高速、大规模、粗放式发展阶段转向品质提升、特色化、集约式发展阶段，城市风貌设计更要注重塑造地域特色。

城市风貌设计要体现鲜明的地域特征。世界上没有抽象的城市和建筑，它们总是扎根于特定地域的具体环境中，受当地经济、社会、人文等因素的影响，受所在地域的地理气候条件、地形地貌和已有环境的制约。一方面要求城市发展适应所在地域自然环境的特殊性，另一方面要求城市体现出特定地域文化的延续性。只有从所在地域提取特定城市特色元素，挖掘有益的"基因"，并使之与现代科技、文化相结合，才能充分体现城市的地域风貌特色。

城市风貌设计要体现独特的历史文化。文化是一座城市的灵魂，更是城市赖以延续和发展的根基。城市在满足人们日常生活功能需求的同时，还应体现人类的科学思维、价值取向和审美情趣。城市建筑也常常是城市一定历史阶段的缩影，城市建筑的风格和品位体现了一座城市的特性、素质、追求和发展。当今，社会生活方式、文化观念、价值观念都发生很大的变化，城市及建筑发展必须与这些变化相适应、相协调。提高城市的文化品位，要求我们既继承优秀地方传统文化，提炼地域独有的文化特征，又着眼现代先进文化，创造性地研究和发展本土文化，还要注意吸收世界文化的优秀遗产，在共性中突出地方个性。

城市风貌设计要体现强烈的时代风貌。科学技术发展日新月异，新材料、新技术、新工艺得到广泛应用，新思想、新理念正在不断改变人们的生活观念和工作方式，这些都为城市发展提供了全新的视野。同时，随着生态文明建设的推进，节能环保、绿色低碳的理念成为当前社会发展的必然要求。城市建设要适应当今时代的特点和要求，用城市和建筑语言来表现当今时代的设计观念、思维方式和科技成果；努力寻求传统文化与现代生活的结合点，设计更多展现时代特色的现代建筑和城市空间。

三、城市风貌设计要坚持循序渐进

"罗马不是一天建成的。"城市风貌的形成不是一个短期的过程，不能一蹴而就。城市风貌是长期历史沉淀而形成的，随着时间的流逝，沉淀下的文化底蕴越发浓厚。而且城市风貌是动态变化的，不同时期、不同历史事件对城市建设也有较深的影响。因此，城市特色风貌的塑造不能操之过急，不能要求立竿见影的效果。城市风貌设计要循序渐进，对于增量建设，可以通过政策引导和技术指引，加强对城市整体风貌和建筑风貌的设计与底线管控；对于存量改造，避免大拆大建，要小规模、交叠组团式改造更新。

加强城市设计。2023 年，全国住房城乡建设工作会议指出，"尊重城市发展规律，研究建立城市设计管理制度，明确从房子到小区、到社区、到城市不同尺度的设计要求，提高城市的宜居性和韧性"。我国的城市建设已经解决了"有没有"的问题，当前城市建设进入"好不好"阶段，需要城市设计先行。各个城市要依据自身经济条件、自然环境、历史文化等因地制宜地开展城市设计，制定符合其发展阶段的城市设计，防止急于求成和盲目照搬的做法。同时，强化城市设计对建筑设计的指导约束，加强对重点地段、重要类型建筑的风貌管控。坚持一张蓝图绘到底，对于审批通过的城市设计要严格贯彻落实。经过长周期的积累，城市风貌将会逐步改善。

推动城市有机更新。近年来，大拆大建的建设模式已经得到改善，城市更新推动风貌重塑成为行之有效的方法。保护风貌、塑造风貌、传承风貌要求对动态变化的城市进行可持续的管理。而城市更新在保护传承城市传统风貌、自然生态环境和地域文化特征的同时，通过促进功能改变、局部加建生态修复和历史文化保护等具体工程，进行一系列的综合整治，从而系统解决困扰城市可持续发展的矛盾和痛点，达到塑造城市风貌、拓展生产生活空间、提升城市品质的效果。一是以城市更新优化城市功能布局。协调山、水、城的关系，优化调整城市空间结构，改变"摊大饼"式的发展模式，推动城市组团式发展。改变过去大规模出让土地的开发建设方式，以小规模、组团式的更新方式，为不同区块赋予多元丰富的城市功能。这既能增加个性化的景观空间、推动空间风貌的重塑，也能在保持空间肌理和风貌延续性的同时，避免景观同质化。二是以城市更新提升城市品质。对城市的规模、密度、特色风貌、安全韧性等划定底线，具体包括加强新建高层建筑管控、防止大拆大建、加强历史文化保护、加强建筑设计管理等。注重提升人居环境品质，从单纯的物质空间改造，向保护提升公共利益的城市空间管理和空间治理方向转变，满足人民高品质生活需要，提升居民的文化认同感。三是以城市更新加强城市管理。通过吸引社会上的专业企业参与运营，以长期运营收入平衡改造投入，并鼓励居民参与微改造。一方面，支持项目规划设计、建设、运营一体化推进，避免片区的整体景观和功能碎片化；另一方面，多元化参与又避免了景观过于呆板、功能过于单一，让片区更具活力和吸引力。同时，应加快智能市政、智慧社区、智能建造、智慧城管等建设，提升城市运行管理效能和服务。

四、城市风貌设计要加强制度建设

我国在快速城镇化阶段的城市与建筑风貌塑造，多数是建筑形态设计和形象表现，在城市整体风貌设计和管控方面重视不够，常态化的管控制度还不完善。城市风貌设计和管控应该制度化。

建立分区分级城市风貌设计制度。《国土空间规划城市设计指南》要求，城市设计的工作边界突破原有城镇建设区域范围，覆盖空间全域并统筹城镇乡村与山水林田湖草沙全要素。部分省市对城市风貌管控进行分区分级管控探索，如北京市首都功能核心区划定古都风貌保护区、古都风貌协调区和现代风貌控制区三类分区，对建筑风貌与公共空间进行差异化管控与引导，彰显首都风范、展现古都风韵。安徽省出台了《建筑风貌设计导则编制指南》地方标准，提出城市片区建筑风貌可分为重点风貌片区、特色片区和一般片区，应识别不同建筑风貌片区，明确不同等级的建筑风貌管控要点。杭州《滨江城市设计》融合滨江产业特色及历史文化分布情况，划定北部滨江风貌区、中部产业风貌区、南部山水风貌区、智慧新天地风貌区、历史文化街区风貌区等，对区域风貌区进行引导管控。城市的城市风貌审计与管控要结合各地实际，因地制宜和刚弹相济实施分级、分类管控，既要有刚性约束，也要有弹性管控。

完善城市风貌设计审批监管制度。城市特色风貌规划须建立严格的审批制度，以从制度层面确保城市特色风貌规划在城市发展中的战略引领和刚性控制作用。在现有城市总体规划审批制度的基础上，借鉴国内外特色城市发展模式与经验，扩充政府职能，建立和完善城市特色风貌规划审批、评价制度。优化城市建筑风貌审查流程。在设计方案审查前增加对城市设计、城市建筑风貌内容的前置审查环节。对于重点片区、标志性重大项目的城市建筑风貌设计，由建设单位邀请技术专家对城市设计和城市建筑风貌进行咨询和审查把关。其他片区和项目的城市风貌、城市设计及建筑方案按专业分类由相应专家进行技术层面的审查把关。完善风貌执行监管机制，制定城市建筑风貌管理制度和办法，实行建筑方案分级审查制度，加强重点地区、重要项目方案把关。明确城市建筑风貌管控的部门职责、审查流程、审查内容，建立健全城市建筑风貌的执行、监管、后评估体系。

建立城市风貌设计公众参与机制。城市与建筑风貌形态和内涵多种多样，需要不同的主体参与传承和塑造，更需要不同主体的通力协作。关于风貌管控的实施模式，不能只推崇硬性的管控，还应当增加一些自由裁量的要素，而自由裁量需要更高的管制成本，需要相关管理部门、建筑师、规划师、专业学者、利益相关者进行协同。城市与建筑风貌的管控过程需要公众参与，公众参与机制除了进行信息公开、意见征集、决策参与反馈机制等方法外，还必须强调主管单位与建筑师、规划师作为传播城市与建筑风貌内涵和价值的重要角色。要探索建立城市总建筑师或总设计师负责制度，总建筑师或总设计师对不同尺度的城市与建筑特色风貌演化进行全面、详细的动态跟踪。

第二节　保护延续城市历史文脉

一、保护延续城市历史文脉的时代背景

城市的历史文化凝结着古人先贤的智慧和汗水，是城市的"根"与"魂"。突出城市文脉中历史性、文化性的一面，守护好城市的"根"与"魂"，有助于更好地维系城市精神、增加城市认同。中华民族有着悠久灿烂的历史文化，城市作为政治、经济、文化、社会生活的核心载体，是历史文化遗产积累最多的地方。经过岁月的沉淀，许多城市化身为历史与文明实体化和符号化的物质载体，不仅通过街道、广场、道路、桥梁等建筑以及整体性的城市景观，还通过民俗、饮食、传说等来呈现历史理念与文化价值。然而，在当今中国的城市化进程中，伴随着现代化城市建设的往往是对古城、古建筑、传统街区一哄而起的大拆大建。大量的拆旧建新、拆真建假也使城市建设陷入"千城一面"的尴尬境地。这一情形正如著名学者吴良镛所担心的："我国当前的现实实在令人担忧，不论东方西方，南方北方，几乎都在完全抛弃传统，都在大建各式各样的高楼和标新立异的标志性建筑，很多著名的历史文化名城和风景名胜区，也日益受到了'格格不入'的高楼的威胁和破坏。"

习近平总书记深刻指出："历史文化是城市的灵魂，要像爱惜自己的生命一样保护好城市历史文化遗产。"城市建设和管理的方方面面都必须注重对历史文化的保护、传承与利用。我国在1984年颁布的《城市规划条例》中就明确提出要切实保护文物古迹，保护和发扬民族风格和地方特色。20世纪90年代中期以来，我国的城市保护观念有了很大的发展，一批发展起来的大城市纷纷制定了相应的近代优秀历史建筑保护条例或办法，不少城市日益注重对建筑文化遗产的保

护及对历史街区和建筑开展适当的改造和更新。有关传承城市历史文脉的演进历程，依次是从以文物保护为中心内容的单一体系的形成阶段，进而到增添历史文化名城保护为重要内容的双层次保护体系的发展阶段，再过渡到将重心转向建设历史文化保护区的多层次保护体系的成熟阶段。时至今日，城市历史文脉传承已经被放在了更加重要的位置，国家"十四五"规划纲要就特别提出，要保护和延续城市文脉，杜绝大拆大建，让城市留下记忆、让居民记住乡愁。毋庸置疑，延续城市文脉和塑造城市文化形象将是未来一段时期推进新型城市建设的一项重要工作。

二、保护好既有城市历史文化遗产

一座城市就像一本书，城市历史文化遗产承载着城市特有的历史情感和记忆，代表着城市的气质与风骨，是历史文化的重要载体，积淀和凝聚着丰富的文化内涵。城市建设和发展不能割断历史文脉，如果在城市建设中破坏历史文化遗产，那些渗入城市肌理的基因就会被破坏，城市文脉将难以延续。当前，城市历史文化遗产保护理念有待进一步明确和深化，遗产保护和城市开发建设的矛盾在一定范围依然存在，遗产保护投入有限、力量不足，影响了城市历史文化遗产保护的系统性、整体性。

加强城市历史文化遗产保护的系统性。城市历史文化遗产表现为外化的物质文化资源（如城市建筑、景观、街区等）和内化的非物质文化资源（社会习俗、生活方式、民间艺术）等，这些都是城市在发展过程中留下的独特记忆痕迹。一方面，应进一步加强世界文化遗产、历史文化镇村、历史街区、历史建筑、不可移动文物、历史文化资源点以及其他自然遗产等资源的普查，全面、系统地梳理和记录全域；历史文化遗产资源，摸清资源的种类、数量、规模、结构、分布及开发利用等情况，构建层级分明、结构合理的文化遗产名录体系。加强城市全域文化遗产动态预警监测，逐级开展文化遗产等级申报、认定以及保护范围、建设控制地带的划定，创新文化遗产保护利用模式，分级分类开展文化遗产保护。另一方面，加快开展非物质文化遗产的整体性保护，加强非遗代表性传承人认定和培养，完善非遗口述史和非遗四级名录，建设非遗代表性项目保护利用设施，打造集传承、体验、教育、培训、旅游等功能于一体的传承体验设施体系，提高非遗影响力、可见度和知名度。

保护城市文脉与提升城市功能相结合。城市历史文化遗产类型多样，不同时期和不同形态的历史文化遗产资源叠加交错，碎片化、抢救性保护现象比较突出，遗产保护和开发建设的矛盾在一定范围依然存在。城市文脉既依存于城市历史文化物质遗产中，也融于百姓的生活当中，是有烟火气的文化，而不是冰冷的建筑或者文物。因此，在保护城市文脉时，不仅要保护历史街区、历史建筑、不可移动文物等物质实体，更要保存生活气息。在对历史文化遗产进行保护的同时，要把保护历史文化遗产和提升城市功能相结合，完善历史街区、历史建筑的基础设施配套，改善人居环境，提高生活品质，将历史文化遗产和居民生活融为一体。

三、传承利用好城市历史文脉

城市文脉是城市发展重要的推动力，在传承和利用城市历史文化的同时，让历史文化和现代生活相通相融，更好地涵养城市历史文化底蕴，让城市成为记得住历史、留得住乡愁的百姓安居乐业的美好家园。

以城市文脉赋能城市发展。历史街区、历史建筑等要素，同人们的生产生活方式、风土人情、文化习俗等非物质文化叠加，构成独特的城市记忆，形成一个城市独特的文化风格和精神内涵，是长期积累而成的宝贵财富，具有独特性、不可复制和不可再生性。在城市建设中，一是依据具体情况制定科学有效的保护开发利用方案，充分尊重和保护凝结在物态中的历史文化元素，统筹兼顾遗址遗迹的本体与周边环境、文化生态的保护，推进文化修复和城市有机更新，对历史文化街区、历史建筑开展区域性整体保护利用，用"微改造""绣花功夫"让古城古韵、物态遗产焕发新的活力，营造"记住历史、留住乡愁"的文化氛围。二是鼓励城市依托自然标识、水利工程、重要文化遗址遗迹等具有开发价值的文化资源建设核心文化街区，打造历史文化主地标城市，同时推动文化地标和旅游、文化创意、网络技术等融合发展，让地标"活起来""亮起来""火起来"。三是探索城市文化场馆与企业合作等市场化合作模式，在文化产品开发、运营管理和营销宣传等方面开展深入合作，利用餐饮、酒店、民宿等形式进行活化改造，通过"传统新造"推动历史文化融入城市社会生活的方方面面。

以文化标识塑造城市形象。城市形象是城市历史文脉外在表现，不仅是历史、文物、风景、建筑、文化等各种要素的结合和城市"体形、面孔和气质"等个性特征方面的综合表现，还是人们对这座城市的深刻印象和整体感知，是推动城市发展的无形资产。塑造城市良好形象，要甄选城市特有的文化标识，在推动历史与现实融合、传统与现代交汇的基础上，强化物质文明与精神文明的结合，将其贯穿于城市总体风貌之中、体现在市井生活之处，充分尊重城市历史文化传统，"择其善者而固执之"，让城市形象拥有更深厚文化底蕴和独特韵味；重视时尚潮流，引领时代风尚，让城市文化标识紧跟社会变迁节奏，打造更具辨识度、更有生命力的城市新文化，向世人展现城市的独特魅力，让城市历史文脉成为城市发展的亮丽名片和最持久的推动力。

以数字化推动城市历史文脉智慧转型。借助大数据、5G、云计算等现代化信息技术，加快推进文化遗产资源的数字化、可视化进程，通过多维立体展示、实景虚拟展示、交互体验展示等，有序推动智慧博物馆建设和文物数字化展示，生动演绎城市历史文化。依托城市公共文化场所，通过"互联网＋科技＋非遗"手段和各类赛事、展览、节庆平台，开展各类非物质文化遗产展示活动，推动非物质文化遗产的传承展示，提高非物质文化遗产的可见度、辨识度和非物质文化遗产的品牌影响力。加强叙事作品的创作与开发，将城市历史文化基因通过好的叙事作品凝练并外化为城市文化IP，着力打造出识别性高、引爆性强、综合带动力大、市场潜力好的城市文化IP产品矩阵。

四、保护延续城市历史文脉的案例分析——苏州传承历史文脉的实践

苏州是我国首批国家历史文化名城之一，党的十八大以来，苏州将名城保护工作全面融入经济社会发展和城乡建设大局，持续推进历史文化保护传承创新实践，历史文化保护体系更加完善，古城保护和新城发展相得益彰，江南文化传承利用和内涵挖掘更加丰富，人民群众文化获得感日益增强，文化自信更加坚定。2014年苏州荣获"李光耀世界城市奖"，2018年被授予全球首个"世界遗产典范城市"称号。

加强顶层设计规划，建立历史文脉保护传承体系。苏州坚持整体、系统的保护观，对历史文化遗产由单体保护转变为包含单体与周围环境的文化景观整体性保护，构建了覆盖市域、市区、历史城区三个空间层次，包含自然生态环境及景观、文化生态带（廊）、文化景观区、世界遗产、江南水乡历史文化聚落体系、历史文化街区和历史地段、文物保护单位和历史建筑、非物质文化遗产和优秀传统文化8个类型的历史文化名城保护体系，实现了时期全承载、空间全覆盖、要素全囊括。

坚守"四角山水"格局，打造水韵江南特色城市风貌。20世纪90年代，吴良镛先生识别出苏州古城"四角山水"的独特格局，高度概括了古城与山水环境的关系。苏州在城市增长过程中坚持守护"四角山水"格局，为了防止城市建设侵占自然山水，苏州在全市划定了山体水体保护线，明确每一座山、每一片水、每一条河的保护范围，严格禁止挖山填水等破坏行为，并制定"一山一策""一水一策"的保护方案，因地制宜开展保护修复工作，让苏州"山水相伴、人水相依"的空间特色得以延续。

统筹新老城区建设，形成古今辉映的城市特色格局。1986年，国务院批复同意《苏州市城市总体规划》确立了"全面保护古城风貌，积极建设现代化新区"的总方针，此后数次城市总体规划均继承和延续这一方针，全面、整体保护了古城格局和风貌，推动了新城新区建设，形成古今辉映"双面绣"的城市特色。在古城保护过程中，苏州坚持古城保护与现代生活两相宜，做好"整体保护与有机更新、特色塑造与品质提升、环境治理与设施配套、民生改善与社会和谐、业态转型与文化兴盛"，通过微更新等方式，让历史建筑、传统街巷成为容纳现代生活、居民满意的宜居空间。

活化利用文化资源，提升城市文化世界影响力。坚持江南文化的创造性转化、创新性发展，以更高视野、更大格局塑造江南文化。苏州将园林作为传承、展示江南文化的舞台，对江南文化进行"积极融合、创造发展、创新转化"，把具有当代价值的文化精髓提炼到园林旅游中，为游客提供场景式文化体验。沧浪亭中听《浮生六记》、网师园夜赏《游园惊梦》、耦园中看"江南小书场"、艺圃品茗、可园听书，都已经成为苏州古典园林更时尚的"打开方式"。推动盆景、苏绣等非物质文化遗产现代化转化，推出"新手工艺运动"。苏州博物馆扎根吴文化，推出系列文创产品频频"出圈"，让博物馆"活"起来、"火"起来。

第三节 塑造现代城市精神

一、城市精神的特征

哲学家斯宾格勒说："将一座城市和一座乡村区别开来的不是它的范围和尺度，而是它与生俱来的城市精神。"城市精神是一座城市独有的精神品格，是一座城市的历史传统、文化底蕴、发展特征、时代风貌和价值追求的总概括，是在城市发展中逐步形成的，是城市人民共同的精神风貌和价值体现，是展示城市形象、增强城市向心力和凝聚力、提高城市文明程度的重要抓手。

城市精神具有历史性和传承性特征。城市精神是随着城市发展而逐步形成的，不是一成不变的，不同时期可能会有不同的城市精神，但城市贯穿于一个城市过去、现在和未来的核心价值观可能是始终如一的，这就是城市精神基因，无论是嫁接还是杂交，这一精神基因的内在是不变的，这是其区别于其他城市的独特品格和文化气质。城市通过自身集中的物质和文化力量加速了人类交往活动的形成，并通过城市的各种有形的物质形态和非物质的意识形态载体一代一代传承下来，不断传承的城市灵魂就是城市精神。

城市精神具有时代性和未来性特征。城市精神是历史文化传承与时代特色的统一，是植根于城市的历史、体现于城市的现实、昭示着城市未来的精神，必然是当今时代文化的现实反映、市民意志的集中体现。城市精神是时代展现和倡导的精神，反映时代特征、体现时代要求，只有这样才能深入人心、促进社会发展进步。城市精神可以引领城市未来发展方向，对城市未来发展具有某种牵引、推动作用。以其共同的价值取向规范人们的行为，在潜移默化中形成统一的意志和信念，在全社会形成共同理想和精神支柱，是城市的全面发展的精神力量。

城市精神具有多样性和异质性特征。城市精神是体现了城市特色，一座城市由于历史和地理的因素，具有自己鲜明的传统风貌与地域特征，这种风貌与特征一般都表现在这座城市的一切物质与非物质的文化形态上。世界上没有两片完全相同的树叶，每一个城市都因地理、历史、物产、文化的不同而形成自己的特点。独特的城市精神，体现城市风貌，显示城市底蕴、表现城市追求，折射城市价值，体现着一座城市卓尔不群的风格与魅力。

城市精神具有动力性和凝聚性特征。城市精神一经形成，就会产生强大的精神动力，其原因在于，城市精神是一种心理能源，它把归属感、责任感、自豪感融为一体，产生出一股强劲的进取精神，这种进取精神是物质或经济因素所难以取得的。城市精神是一个城市的"精""气""神"，它对于凝聚人心和凝聚人气，提升城市的核心竞争力有着非常重要的作用。塑造城市精神可以进一步增强全体市民的认同感、归属感和责任感，最大限度地凝聚起市民的共同意志，形成共同的精神追求，为实现经济社会又好又快发展提供坚实的思想基础和不竭的动力源泉。

二、凝练现代城市精神

城市精神对一个城市的发展非常重要，它是一种人文资源形态，是一种软环境，也是一种地缘优势。一个城市有没有城市精神和是怎样的城市精神，关系着这个城市的进步和发展。要凝练现代城市精神，彰显城市市民所认同的理想、价值观和基本信念，为城市可持续发展提供精神动力。

城市精神要展示城市文化底蕴。文化是城市的基因，精神是城市的灵魂。城市精神的提炼与涵养，只有根植于深厚的历史文化土壤，增强历史厚重感，才能提升滋润心灵、激发斗志的感染力。城市精神要绵延城市的记忆，传承历史文脉，让这些源远流长并富有特色的历史文化重放光芒并注入新的生机与活力，保护城市文明特征，丰富城市文化内涵，展示城市文化魅力，发掘城市精神的历史人文根基。要从城市本土历史文化资源中挖掘特色。一个城市发展过程中的物质成果变迁迅速，但城市精神是长期建设中缓慢形成的独有精神风貌，更具有持久性和稳定性，要将长期形成的"地方感情""地方认同"上升为城市精神。要从地缘文化中充分挖掘特色，不同的地理条件造就了城市规模、职能和定位的特殊性。

城市精神要符合自身实际需求。城市精神以城市特色为依托，地理位置、发展定位、历史文化、社会传统等要素的不同，决定了城市精神的塑造要结合城市自身实际情况，要因城而异，不能盲目照搬，不能脱离该城市的历史遗存和地域特色，更不能脱离目前的城市现状，只有植根于本土文化的城市精神，才能形成独具特色、不可复制的优势，才能在激烈的城市竞争中彰显强大的生命力。城市精神的塑造要定位准确，统筹考虑城市文化传统、经济实力、生态环境等要素，与城市的客观环境相适应，与城市的形象相协调，体现全体市民的信仰追求、价值观等。

城市精神要契合时代主题要求。城市精神要反映时代特征，增强时代新鲜感，提高创造力。历史文化特色的滋养使城市精神代代传承，时代变化和历史方位又需要城市精神静中求变，与时代特征和时代要求相契合。城市精神要汲取先进文化、融入时代精神，在尊重历史和传承历史的前提下不断创新、与时俱进，体现时代特色。在已有的优质精神气质基础上，探索更具时代性、有效性的文化资源。统筹把握中华民族伟大复兴战略全局和世界百年未有之大变局，广泛挖掘优秀文化资源用于城市精神的构建。深刻把握社会主要矛盾变化中人民的美好生活需要，以满足人民需求为出发点，建设符合人民需求的精神家园。

三、培育现代城市精神

城市精神的形成与发展也是一个历史的过程。城市精神不是一经提出就可以发挥其应有的作用和效能。它从提出、形成到成熟或被广大干部和群众理解、接受、认可和遵从，充分发挥其应有的凝聚力、导向力、激励力和规范力，需要一个长期的培育、塑造和熔炼过程。

践行社会主义核心价值观。大力弘扬城市精神和城市品格必须有鲜明的政治导向，体现社会主义的意识形态属性。大力弘扬城市精神和城市品格必须把彰显城市发展的社会主义特质放在突出的位置，通过积极的舆论引导、正面形象的塑造、先进典型的示范，在社会层面形成培育和践行社会主义核心价值观的强大主旋律和正能量。

提高市民的精神文明素养。广大市民是城市精神品格的实践主体,只有不断提高市民的现代文明素质,城市精神和城市品格才能得到实实在在的呈现,城市精神和城市品格才能不断与时俱进,迈向新的境界。要加强新时代公民道德建设,培育文明风尚行动,努力实现社会主义核心价值观的落细、落小、落实,把城市精神内化于心、外化于行。此外,塑造现代城市精神的过程,也是带动市民整体素质提高的过程,要开展城市精神文明的学习教育,广泛宣传和弘扬城市精神,增强全体市民的文化认同感、归属感和凝聚力,帮助市民树立终身学习的思想,让城市精神成为市民的人生价值和理想追求。

加强现代公共文化服务体系。现代公共文化服务体系建设是弘扬城市精神和城市品格的基础工程,有助于市民享有更加充实、更为丰富、更高质量的精神文化生活,帮助市民在参与和共享各类公共文化服务中陶冶文化情操,提升精神品质。精准对接人民群众文化需求,推动公共文化服务向高品质和多样化升级。加强文化场馆建设,加快建设特色鲜明博物馆、图书馆、文化馆、纪念馆等公共文化设施。丰富文化供给,广泛开展群众性文化惠民演出活动,组织展览、培训、比赛等群众性文化活动,开展图书、非遗、展览"云服务",努力满足人民群众线上文化消费需求。构建多元化公共文化服务主体,打造新型公共文化空间,支持社会力量参与公共文化设施管理运营。

第四节　推进城市文旅融合发展

一、整合多种资源,打造城文旅融合发展新模式

文化和旅游融合发展,不只是文化和旅游的简单相加,而是要充分发挥文化和旅游的各自优势,促成化学反应、形成发展动能,实现文化和旅游相互促进、相辅相成,提高发展质量和效益。

产品融合。融合开发多种旅游资源。加快整合城市内部和城市之间的文化旅游资源,发挥地理空间相互衔接、资源优势融合互补的优势,以优秀传统文化为纽带,以重大水利工程、风景名胜区、山水生态、遗址考古公园、精品博物馆、重点文物保护单位等各类自然遗产和文化遗产为依托,以文旅小镇、主题公园、大型演艺为主要载体,围绕特定文化主题进行情感设计、氛围设计、活动设计和场景设计,创新性推动特色文化资源的开发和转化,打造城市文化旅游系列板

块。加强对工业遗址、老旧厂房、老宅老屋的创意化设计和改造，推动文化和旅游消费业态及公共服务功能融入各类商业设施、产业园区、街区、社区、乡村，做优历史文化风貌区，做精人文艺术主题街区，打造城市文化生活街区和高品质文旅产业功能区，营建体验式、沉浸式、互动式文旅融合消费新产品。

业态融合。培育"文化旅游+"新业态。充分发挥市场机制作用，以活化利用城市历史文化 IP 为重点，实施"文化旅游+"产业融合提升战略，推动文化旅游与农业、工业、生态、科技、会展、养老等融合创新。提高产业关联度和附加值，如在"文化旅游+工业"方面，可以鼓励重点企业建设企业展示馆、工厂车间观光廊道等旅游功能设施，同时充分改造利用工业园区、工业历史文化遗产保护区、老厂房、废弃矿山，开展工业遗产旅游，建设主题突出、产业丰富、产品众多的文化创意产业园区。

跨界融合。延伸文化旅游产业链条。发挥文旅融合的拉动、渗透、催化功能，深化文旅与三次产业跨界融合发展。促进文化旅游在"城乡融合""区域融合""产业融合""景城融合""要素融合"上集成联动，推动网红经济、夜间经济、创意经济、体验经济等新模式落地发展，实现更大范围和更广领域的文旅产业链整合、价值链提升。

区域融合。拓展文化旅游产业新空间。各城市乃至城市内部各区域在文旅产业上的各自为营，是束缚文旅资源实现价值最大化的主要原因之一，推动城市与地区之间的互动与联合，通过城市间的跨区联动、线上联动，最大限度地对文化资源进行开发利用，统筹设计精品旅游线路，提升推进区域联合营销、区域联合宣传、区域整体品牌形象塑造，实现"1+1>2"的效果。

二、聚焦特色优势，打造城市文旅融合品牌

凸显文化内涵。推动文旅深度融合发展，必须为广大人民群众提供更多的优秀文化产品和优质旅游产品，丰富人民精神世界，增强人民精神力量，满足人民精神需求，提升人民获得感、幸福感。要以优秀人文资源为主干，用文化提升旅游品位，把历史文化与现代文明融入旅游经济发展，大力弘扬优秀民族文化和民族精神，精心打造更多体现文化内涵、人文精神的旅游精品，让自然景观更富神韵、文化体验尽显魅力。要推动更多的文化资源、文化要素转化为旅游产品，以文化提升旅游的思想文化内涵，借助旅游的产业化和市场化手段，丰富文化旅游产品和服务的供给类型和供给方式，使更多文化遗产、文化资源、文化要素成为深受当代人喜爱的旅游产品。要推动文化和旅游相互支撑、优势互补、协同共进，拓展新的发展空间、形成新的发展优势，努力开创文化创造活力持续迸发、

旅游发展质量持续提升的新局面，让人们在享受高品质文化、旅游产品和服务的过程中，实现精神文化需求极大满足、美好生活指数全面提升。

打造特色文旅项目。要加快建设一批标志性、引领性、枢纽性重大文旅项目，推出一批体验性、互动性强的文旅特色项目，把文旅产业做大做强。要高水平建设文化旅游重大项目，推动文旅及相关产业融合发展项目建设，鼓励引导打造一批以文化创意、休闲度假、农业观光、康体养生等为主题的文化旅游综合体，重点扶持具有地域特色的文旅项目。要高标准打造文化旅游骨干企业，支持大中型文化和旅游企业发展，鼓励通过资源整合、技术创新、品牌输出、跨界经营、兼并重组等方式做大做强，推动打造一批国内外知名的现代化文化和旅游龙头企业集团。要高起点建设文旅融合发展示范区，立足资源禀赋、区位条件、发展基础等，在文化特色鲜明、旅游资源丰富、文旅融合要素和市场主体集聚、文旅品牌知名度高、相关链条深度融合、产业配套体系完善、产业发展优势明显、社会效益和经济效益显著的区域，通过实施重大项目、建设重大平台、深化改革创新、完善推进机制等举措，打造文旅高质量供给引领创造新需求的示范，不断增强文化旅游的影响力和吸引力。

三、加强数字赋能，拓展文旅融合消费空间

数字赋能文旅融合发展。以大数据、互联网、物联网、人工智能等为代表的新一轮信息技术不断突破，深刻地改变着文旅深度融合的发展格局。推进文旅深度融合发展，必须以科技创新和数字化变革催生新的发展动能，加快推进文旅发展理念创新、业态创新、服务创新、模式创新、管理方式创新，努力实现更高质量、更有效率、更可持续的发展。要积极顺应时代发展趋势，用好科技创新成果，优化传统业态，创新产品和服务方式，推动文化和旅游业转型升级。要大力发展文化创意、数字文化和智慧旅游等业态，推出云娱乐、云展览、云旅游、沉浸式体验等文旅新场景，加快建设智慧旅游城市、智慧旅游景区，推动文旅业向数字化、网络化、智能化发展。要积极利用新材料、新工艺、新装备提高文化产品、旅游产品技术含量，谋划实施一批文化和旅游领域重大科技攻关项目，打造"科技＋文化＋旅游"深度融合的智慧文旅新模式。

推进消费者深度参与。与传统文旅消费模式相比，数字文旅开发不再受到现实物理世界中文旅资源的束缚，而是更重视消费端的需求。应积极响应这种变化，一方面，超大规模收集和加工文旅消费者行为数据，总结规律，切实了解消费者需求，在此基础上打造智能化、定制化、即时化、多样化、互动化、场景化文旅产品；另一方面，给予消费者更多的话语权和表达权，参与数字文旅产品创

新，使消费者同时具有传播者乃至生产者等多重身份，重塑文旅消费供应链及价值链。

打造文旅数据多主体共建共享生态。文化和旅游数据已经成为文旅产业发展的重要资源和生产要素，一方面，完善跨区域、跨层级、跨部门的文旅数据协同治理，探索不同主体、不同平台间文旅数据分享动力机制，将文旅数据共享开放工作纳入相关政府部门及国有文旅企事业单位目标绩效考核；另一方面，明确文旅数据的所有权、运营权、使用权和收益权归属，制定基于文旅数据权属内容和程度的分级授权制度，构建符合文旅数据市场化配置要求的交易体系，明晰文旅数据市场化过程中各环节、各主体的权责边界。

第十一章　推进人民城市治理现代化

我国城市历经 70 多年的发展，变化巨大，成效显著。在城市管理方面，呈现由传统管理到现代城市治理转变，并逐步深化的特征。新时期，城市治理现代化作为国家治理体系和治理能力现代化的重要组成部分，面临新形势新要求，呈现出新变化、新趋势，主要体现为坚持城市治理的人民主体地位，以及推进城市治理精细化、智能化、法治化。

第一节　坚持城市治理的人民主体地位

城市治理现代化要求不断提高参与主体的广泛性。习近平总书记在浦东开发开放 30 周年庆祝大会上的讲话中明确提出，"要坚持广大人民群众在城市建设和发展中的主体地位"，为不断提高城市治理主体的人民性提供了根本遵循，因而，要不断提高人民群众在城市治理过程中参与的广度与深度。

一、坚持城市治理人民主体地位的内在逻辑

马克思主义历史唯物观和国家学说，是坚持城市治理人民主体地位的理论依据。历史唯物主义从社会存在决定社会意识的立场出发，强调人民群众是社会生产发展的主体，历史是广大人民群众创造的，而不是少数英雄豪杰创造的。人民群众理所当然是城市历史的创造者，也应该成为城市规划、建设、治理的主体，拥有城市治理的一切权利，共享城市经济社会发展的一切现代化成果。我国是人民民主专政的社会主义国家，国家的一切权力属于人民，工人、农民、知识分

子，以及改革开放过程中出现的新社会阶层，都有权参加中国式现代化的建设和管理，也有权享受中国式现代化发展的一切成果。在城市的规划、建设和治理过程中，人民群众只有处于主体地位，才能充分体现"人民城市人民建，人民城市为人民"的人民城市理念。尤其是在城市治理过程中，只有坚持以人民为中心，坚持人民主体地位，着力提高城市民众参与的深度与广度，激发城市民众参与城市治理的积极性和主动性，才能最终提高城市治理的现代化水平。

我国历史上积累的城市治理经验，是坚持城市治理人民主体地位的历史依据。早在中华人民共和国成立初期，我国就把城市恢复生产与提高人民生活福祉结合起来，使城市建设管理得以快速恢复。但是，从1953年起，我国城市过分强调工业发展，城市缺乏有效管理，城市人口增长过快，就学就业压力增大。1958~1966年，面对"市政建设落后于生产发展和人民生活的需要"的压力，主要通过政策直接干预，强行压缩城市发展，城市发展出现大起大落。1966~978年，我国城市发展出现了逆城市化阶段，部分城市进入萧条期。改革开放后，我国以市场化推进城市建设管理，城市管理进入由传统城市管理到现代城市治理转变的阶段，人民群众参与城市治理的制度、渠道、方式逐步建立完善起来。

新时期，我们城市治理现代化取得的重大成就，是坚持城市治理人民主体地位的实践依据。改革开放特别是党的十八大以来，我国高度重视城市治理工作，坚持理念创新、重心下移、科技赋能，不断提升城市治理科学化、精细化、智能化水平，努力提高人民群众参与城市治理的程度，城市治理现代化水平逐步提升。在治理理念方面，提出"人民城市人民建，人民城市为人民"，为我国城市治理体系和治理能力现代化坚持人民主体地位提供了根本遵循。在治理精细化方面，紧紧围绕人民群众的需求，改变过去粗放管理模式，推动重心下沉、力量下沉和资源下沉，调动广大人民群众参与的积极性，对城市治理精益求精，为提高人民群众的多元化个性化需求创造了条件。在治理智能化方面，通过信息城市、智慧城市、智能城市不断推进，我国城市治理的数字化水平逐步提高，为人民群众参与城市治理创造了技术条件。在治理法治化方面，通过推进城市治理法治化、规范化、制度化，我国城市治理的法治化水平逐步提高，为人民群众参与城市治理和共享治理成果提供了制度保障。

二、影响城市治理人民主体作用发挥的主要因素

近年来，为发挥人民群众在城市治理中的主体地位作用，多地通过多方举措，民众参与城市治理取得积极成效，但是由于制度保障、参与渠道、参与组织等因素影响，与实现共享共治的现代化城市治理现代化仍有很大差距。

（一）制度因素：城市治理人民主体作用发挥的制度保障不够

制度对城市治理人民主体作用发挥影响较大，没有完备的民众参与和监督约束制度，难以实现真正的多元共治。当前，我国城市治理体制规范化、法治化存在不足，制约城市治理人民主体作用发挥，可以从政府和民众两个方面来分析。

第一，制度监督约束不够，政府推动城市治理人民主体作用发挥的动力不足。一方面，尽管我国针对城市多主体共治颁布了一系列法律、法规和条例，但这些法规仍难以适应城市治理发展需要，缺乏针对性和有效性，特别是对政府有效实施缺乏约束监督；另一方面，在我国城市建设发展过程中，政府长期居于城市治理的主导地位，一些城市政府在城市治理过程中对于如何发挥民众主体作用缺乏正确认识，推动民众发挥主体作用动力不足，仍习惯于事无巨细、大包大揽的治理方式，容易造成人民群众的利益失衡，严重影响城市治理的成效。

第二，具体制度保障不足，民众参与城市治理的积极性不高。我国宪法及相关法律对民众参与的权利与义务划定了界限，但针对民众参与城市治理的参与方式、渠道等细节问题，并未作出具体的可操作性规定。这导致我国民众在参与城市治理中缺少更多的法律制度保障，民众也在无法具体可依的状态下，对于参与城市治理多抱着"事不关己高高挂起"心态，选择成为"沉默的大多数"，这些都会影响民众在城市治理中主体作用的有效发挥。

（二）机制因素：城市治理人民主体作用发挥的机制缺失

有效发挥城市治理人民主体作用，离不开一整套机制畅通运行推动。然而，城市治理人民主体作用发挥的一整套机制尚未形成，无法满足城市治理人民主体作用发挥的需要，往往会形成"政府干着、群众看着，政府很努力、群众不认同"的尴尬局面。

第一，政府信息公开不充分。民众对政府城市治理过程拥有知情权，是参与城市治理的前提。这需要政府主动、及时、真实地推动政府政务信息公开。但是，政府公布什么、如何公开、何时公开，往往在政府部门内部进行研讨，而不是由人民群众决定。这就使民众知情权受限，直接影响城市治理民众主体作用的有效发挥。第二，民众参与深度有限。为提高民众在城市治理中的参与度，民众参与城市治理的渠道也应运而生，政府城市治理相关部门通过发放调查问卷、听证、公示、电子政务、民意调查、开放领导接待日、召开座谈会、热线电话、网上互动等渠道，推动政府和民众相互交流，但这些参与渠道作用有限，民众往往还是作为被管理者参与其中。第三，民众参与城市治理后产生的合理诉求没有得到高度重视。当民众与政府在治理意见上不一致时，由于缺乏一套有效的协商决策和监督约束机制，最终的决策也是由政府全权决定，民众的需求往往会被忽视。这种走过场式的参与模式必然会降低民众的参与积极性，民众难以形成城市治理的主人翁意识。

（三）组织因素：基层组织的桥梁纽带作用不实

城市治理体系和治理能力的现代化水平如何更多地体现在基层，进一步提高其能力和水平的关键也须落脚在基层。社区既是我国城市治理实践中最为重要的基层群众性自治组织，也是实现城市治理体系和治理能力现代化的最基本平台。其中，社区居民委员会是组织居民参与城市管理的重要平台，能够通过居民的自我教育、自我管理、自我服务，有效衔接政府管理需要与人民群众的具体需求，发挥政府与居民之间的桥梁纽带作用。但是，当前居民委员会过于强化与街道办事处的行政关系，弱化了与街道办事处之间的指导与被指导的关系，逐渐演化为政府的神经末梢，社区治理的行政化趋势越来越明显，多属于半官方性质，更多地向街道办事处履行职责，其人员主要由街道办事处指派，缺少民主选举过程，社区居民和驻区单位参与不足，居民自治功能远未发挥出来。这种传统的以政府为主导的社区治理模式必然限制人民群众主体作用的发挥，也导致人民群众对社区治理的归属感和认同感偏低，参与社区自治的主动性与自觉性也就理所当然不高。同时，我国社区治理模式多数仅局限于居住社区，与城市发展的日益复杂化、多样性不相匹配。除了居住社区以外，工业社区、商业社区、政治社区抑或是其他社会组织等还未能参与到城市治理中来。

（四）成本因素：民众参与城市治理成本较高

按照"经济人假设"，人们的参与行为只有在边际收益超过边际成本的情况下，才会出现参与的意愿。现代城市社会，工作节奏快，生活压力大，民众自由支配的时间越来越少，参与没有明显"收益"城市治理成本将会越来越高，参与意愿也会越来越低。根据 2022~2023 年度《中国美好生活大调查》，2022 年中国人工作日平均休闲时间为 2.76 小时，较上年减少 7.2 分钟。民众的休闲时间、精力主要用于处理家庭与工作事务，往往无暇他顾。政府举行面对面听证会，就会增加民众参与的经济成本和时间成本；民众参与城市治理时，为给出合理化建议，需花费一定的时间精力去调查研究。另外，从政府方面来看，政府所使用的传统民意收集方式和开展的民众参与方式，准备时间长，效果不明显，政府推进城市治理积极性不高。

三、推进城市治理中人民主体作用充分发挥

（一）强化民众参与的制度保障

充分发挥人民代表大会制度和政治协商制度优势，在城市治理各项决策及其实施过程中，保障人民群众的知情权、参与权和监督权，以人民群众的无穷智慧助力解决好城市治理中产生的各类问题，把制度优势转化为城市治理的效能。同时，还要建立一套人民群众参与城市治理的具体运行法律、法规，这就要在畅通民意表达的渠道上下功夫。

政府应遵循公开平等的参与原则，在法律中明确规定公民参与的权利、利益分配形式以及参与城市治理的素质要求和基本标准。第一，要向人民群众放权赋能，坚持广纳群言、广集众智，搭建更多民意"直通车"、公众"议事厅"和基层立法联系点，形成人民群众意愿自主表达随时畅通的机制。第二，要善于利用现代互联网技术，采用微博、微信、网络论坛等方式，构建人民群众意愿随时随地畅通表达的技术平台。第三，要充分接受人民监督，一些涉及民生的公共政策，不仅要在制定之时通过社会公示与听证等制度，广泛听取和吸纳社会民意，还要在实施过程中为人民群众提供监督的渠道，避免政策实施产生偏差。

（二）建立健全民众参与的完备机制

第一，除利用好传统的报刊、告示栏、展板等公布政府工作信息的平台外，政府可发展"互联网＋电子政务"模式，推广电子政务基础应用平台，为民众提供易操作且安全的数据查询系统，政府各部门把工作信息以通俗易懂的形式公布到网上，民众按照系统指导即可查询了解政府各部门的工作近况。加快政府部门公文无纸化传递、提高"一站式"服务质量，整合互联网便民入口，拓展网上政民互动渠道。第二，随着大数据时代的发展，政务新媒体衍生出"两微一端"（政务微博、微信、政务客户端）的新形式，政府部门可依托新媒体，不断提升其政务公开信息的丰富性，加强不同政务媒体，如市政、教育、公安、医疗、交通等之间的联动性，发挥官方媒体集群合力之势，吸纳新媒体运营专业人员和高质量宣传人才，数管齐下，不断提升政府信息公开的力度与能力。

精细化治理就是要在城市建设发展中为人民群众提供精准化、精细化的服务，在空间上将治理与服务渗透到每一个场所，在对象上将治理与服务覆盖到每一类市民，在程度上将治理与服务细化到每一件小事。推进城市精细化治理要帮助人民群众有针对性地解决其所面临的各类治理难题，善于利用现代技术及时捕捉人民群众动态变化的向往和期望，以微小细节作为切入点解决或改善交通拥

堵、教育公平、看病难看病贵、房价高涨、环境污染等影响城市安全、制约社会发展、群众反映强烈的突出问题，再通过健全制度、完善政策等方式有效治理"城市病"。

（三）强化基层组织的纽带作用

发挥人民群众在城市治理中的主体作用，不仅要提高人民群众的主动性，还要以党建为引领，强化社区的组织引导功能与上下衔接的纽带作用，将政府基层治理和人民群众积极参与紧密联系在一起。第一，要健全、完善和优化社区基层党组织体系。以提升组织力为导向解决社区党委作用发挥弱化的问题，不断健全并理顺社区下辖党支部设置，推动基层党组织向两新领域延伸，必要时还可设立临时党支部。第二，要发挥基层党组织在推动城市治理中的引领带动作用，通过带动社会组织、社会资源和社会力量，凝聚社区治理的最大合力，破解社区治理中面临的风险挑战与难点痛点问题，充分利用各类资源实现社区治理的专业化、社会化、智能化，营造共建共治共享的全新格局，提升社区治理的服务水平。第三，以最大限度满足群众需求为导向，强化社区党委的政治功能，要使党员干部活跃在社区治理中的每一个关键岗位、关键环节和关键时刻，转变社区治理工作方式，加强基层党组织和党员在服务群众中的作用，探索打造更加适应群众需要、更加符合基层实际的党建服务机制和基层党建品牌，使党的建设与社区治理相得益彰、齐头并进。

（四）降低人民群众参与的成本影响

第一，借助数字技术工具作用。大数据、网络平台、移动互联网等现代数字技术，具有互动性、渗透力强和传播速度快的优势，无疑是实现人民群众低成本参与城市治理的重要手段，也是政府提升城市治理现代化水平的高效助手。目前我国城市数字基础设施建设与智能产品的普及率达到前所未有的高度，大众皆可通过网络媒体实时获取动态信息、发表意见、监督问政。第二，合理发挥市场的协同治理作用。为提高人民群众参与的积极性，政府可以利用市场手段，给参与者适当奖励。比如，上海市政府积极与中国银行、百联集团、PPTV等企事业单位合作，开展"垃圾分类赢积分""绿色变水电煤"等活动，市民可使用积分换取奖品，大大提升了市民的垃圾分类意识。政府在收集民众意见时，也可由政府牵头，发挥市场中各社会组织、企业单位的社会服务功能、社会协调功能，鼓励民众在城市治理中建言献策，一旦民众所提合理建议被采纳，即可得到一定积分、奖品等，使民众在参与城市治理时感到真正的得益、受惠。

第二节　推进城市治理精细化

习近平总书记指出，"城市管理应该像绣花一样精细"。越是超大城市，管理越要精细，越要在精治、共治、法治上下功夫。精细化是城市治理现代化的重要目标，是提高城市治理现代化水平的着力点。作为一种城市现代治理模式，精细化治理是对传统粗放式、经验化治理模式的反思、批判和超越。

一、城市精细化治理的多元解读

城市精细化治理涉及城市管理的方方面面，是一项复杂的社会系统工程，需要进行多层次、多维度的综合性解读，才能全面立体地体现精细化治理在我国城市治理现代化进程中的历史方位和生成逻辑。

从精细化治理理念来看，体现以人民为中心的精准服务思想。首先，现代治理的终极价值是"服务"而非"管控"。城市精细化治理必须转变传统的管控思维，立足于"以人为本"的服务取向。其次，当今人们需求具有多元化、个性化、动态化的特点，城市治理既要体现服务化，更体现为精细化。城市精细治理应当以市民的实际需求和生活体验作为出发点，利用现代技术及时精准捕捉基层群众动态变化的需求和期望，及时解决人民群众急难愁盼问题。

从精细化治理主体来看，体现多元化和协同化。城市精细化治理涉及面广、要求高、任务重，需要充分发挥城市党组织的核心领导和统筹协调功能，在发挥政府、基层自治组织、社会组织、市场组织、公众等主体作用的基础上，推动多元主体跨界合作，取长补短，优势互补，构建多主体合作共治的治理体系。城市精细治理还需要政府内部各部门之间功能协同，以及政府与政府以外组织之间有机协同，有效弥补政府职能的不足。

从精细化治理手段来看，体现数字化和智能化。数字技术具有实时精准、快速响应、高效便捷的功能优势，是提升政府精细化治理能力的必要条件，以人工智能、GIS 技术、GPS 技术、互联网和物联网为代表的数字技术为城市精细化治理提供强大的技术支撑，已成为城市治理精细化的重要标志。

从精细化治理保障来看，体现为规范化标准化。城市治理的标准化、制度化和规范化是城市治理精细化的有效保障。应当建立健全精细化治理的绩效考核指标、制度体系和运作机制。城市精细化治理方式需要向重视科学和定量分析转变，城市精细治理体制需要向主动化、常态化和法治化转变。

二、城市治理精细化面临的双重困境

随着我国城市规模不断扩大，面对城市社会日益多样化、动态化和复杂化，为实现城市经济社会可持续发展，推进城市治理精细化成为必然。但是，城市政府在推进城市治理精细化的具体过程中，却面临先天发育不足和后天营养不良的双重困境。

第一，城市精细化治理先天发育不足。无论是从国家治理传统来看，还是从城市治理的传统来看，长期粗放式治理传统使我国城市精细化治理先天发育不足，缺乏坚实的发展基础和成功有效的经验。

从城市治理的历史传统来看，长期延续粗放式治理传统。中国历史上封建社会持续时间长，长期依靠儒家思想进行治国理政，在思想道德、意识形态、国家体制、社会结构等方面形成了大一统，国家上层治理手段以德治人治为主，粗放低效，基层社会实行家族或宗族自治，缺乏有效的治理技术手段，严重制约了当时的经济社会发展。在此大背景下，中国封建社会的城市数量少、规模小，对于治理精细化的需求较低，也是长期延续粗放式治理传统。

从中华人民共和国成立后城市治理的历程来看，城市治理模式仍然粗放有余，精细不足。中华人民共和国成立以来，总体上看，国家掌握了绝大部分社会资源，具有极强的组织动员能力，通过对民众的总体控制与"单位制"进行城市治理。国家依靠组织和社会动员就可以有效治理，无须精细化治理。改革开放后，市场化尤其是城市治理体制改革、数字技术发展和运用，虽然为城市治理精细化带来了需求并创造了技术条件，城市治理主体结构科层化与功能科层化的分离，城市政府主体很难承担精细化治理的重任。

第二，城市精细化治理后天营养不良。从我国现实的社会生态环境分析，城市精细化治理面临资金技术、专业人才、社会组织等要素支撑不足的困境，发展成效不明显。

从数字化技术支撑来看，高昂数字技术投入成本制约了城市治理精细化发展。城市精细化治理需要先进的数字技术支撑，而各种数据库、数字平台的建设和维护需要投入巨大的财政资金。在巨大的治理成本面前，城市精细化治理的发展必然存在地域之间、不同层级的城市政府之间的巨大不平衡，有的地方成为典型，但绝大部分地区仅有一个空壳和框架，存在明显的制度"空转"现象。

从社会主体支撑来看，目前城市基层社会"强政府、弱社会"的格局，制约和影响了精细化治理所能达到的境界和水平。长期以来，市场、社会和公民力量的孱弱一直是制约我国城市治理体系现代化进程的关键变量。多年来，市场、社会和公民力量虽然取得了较大的发展，但由于政府依然掌握绝大多数治理资源，社会组织规模及能力有限，基层群众性自治组织行政化，严重制约了社会组织力量参与城市精细化治理的能力。

从专业人才支撑来看，城市精细化治理缺乏足够的人力资本支撑。由于缺乏必要的财政资金和人力资本的有效支撑，社会治理的专业化、职业化水平不高，对于绝大部分层级较低、经济发展水平相对落后的城市政府而言，城市精细化治理依然只能延续"人治"和"强化行政管理"的老路，城市精细化治理难以实现。

三、提升城市治理精细化的建议

推进治理精细化涉及城市社会的方方面面，是一项任务巨大复杂的系统工程。在分析城市治理精细化面临诸多困境的基础上，结合新时期城市治理提出的新要求、新情况，提出以下进一步提升精细化管理的建议：

（一）强化城市治理精细化的体制保障

进一步深化城市治理领域的体制机制改革，一是建立全面规范的法制保障，尽快弥补综合法规缺项，立足本地城市治理精细化实际，编制出台适合本地城市的综合治理法规。对城市治理相关领域的法规规章进行及时清理，做好立改废的工作，力争做到法规体系完备配套，保障有力。二是按照权责统一原则，继续整合城市管理相关部门职责，实现城市管理与综合执法综合设置，形成"大城管"体制，形成城市治理精细化的全链条。积极推进执法重心下移，强化属地责任，完善相应机构，配齐工作人员，基层执法工作逐步由"区城市管理执法主管部门统一管理"调整为"以街道办事处为主的双重管理"。三是健全标准体系，推进城市治理精细化的标准化建设。根据各个城市的区域特征确定本地区域分类，按照城市环境要素所对应的专业领域制定标准体系，形成规划、建设、治理、监管一体化的城市治理精细化标准体系。

（二）提高城市治理精细化的社会支撑能力

持续创新与内生能力是城市繁荣的源泉。为构建良性的城市创新生态，需要推动治理体制与治理技术的持续革新，需要从政府主导转变到因势利导，激活社会的内生能力。从行政主导城市治理转向因势利导激发社会的活力，是精细化治理迈向城市治理现代化的关键步骤。缺乏社会内生能力支撑的精细化治理，注定要沦为过度治理。未来的城市治理中，政府应该因势利导构建包容性制度，促进社会机理的生长，推动微观社会机制和社会功能的自我修复，增强社会的韧性，让社会回归自我，担当其应有的责任与功能，增强社会应对风险的能力。未来的城市治理中，政府应该在尊重城市的多样性和差异性基础上，因势利导促成和推动跨界合作。城市治理短板的确认与解决，经由民主参与的方式，而不是政府简单的城市规划。城市治理是精密的、复杂的、动态的，需要政府、社会与市场等主体合作互补，而不是替代和对抗。

（三）以智能化手段推动精细化管理

提高城市治理的智能化水平，能够更进一步使城市治理更为精细化，可以从以下三个方面入手：一是管理对象精细化。基于城市管理的大数据库，对于垃圾压缩站、污水井盖、燃气设施等城市基础部件和城市管理基本对象，形成具体到单个城市管理要素的管理系统，进行统一的监控和管理。二是管理人员精细化。随着智能化水平的进步和提升，管理主体和对应的管理责任能够更加精细、明确地落实到个人，为城市管理做精、做细、做实提供巨大推力。三是管理制度精细化。智能化水平的进步也推动了治理制度的精细化，包括对原有制度进行细化、量化等调整或者增加新的配套制度，创新划分管理边界与责任边界，明确主体责任，强化跨部门合作，推动整个城市治理精细化制度更加完善。

第三节　推进城市治理智能化

随着互联网、物联网、大数据、云计算、人工智能等数字技术的迅猛发展，我国城市纷纷抢抓数字技术发展机遇，在深入推进新型智慧城市建设的过程中，不断推动数字化技术与城市治理的深度融合，持续推进城市治理智能化发展。

一、城市治理智能化的内涵分析

推进城市治理智能化，需要正确把握城市治理智能化内涵。城市治理智能化，内涵丰富多元，关系错综复杂，涵盖城市治理和城市数字信息技术两大系统。简而言之，城市治理智能化是一种积极、开放、现代的治理模式演进，是将现代城市治理需求与数字技术功能优势进行优化匹配、衔接融合，推动城市治理效率大幅提高，进而实现人民城市治理的价值最大化。

从总体框架来看，城市治理智能化是一个多层多元复杂架构。在治理主体层面，主要包括政府、市场主体、社会组织、公众、媒体等，政府在治理中依然发挥主导作用，非政府主体的作用越来越强；在数字技术基础设施层面，主要包括宽带网络、物联网、云计算中心、智能设施等；在平台资源层面，主要包括数据库、城市云平台和综合管理服务平台等；在治理内容层面，主要是运用智能化的治理手段，从城市运行、经济发展、社会保障、生态保护等方面，进行综合治理行为；在外围支撑层面，包括制度建设、标准建立、人才配备、资金保障等支撑体系。

从基本特征来看，城市治理智能化呈现出突出的自身优势。一是感知智能化。通过各类数字终端，实现人与人、人与物、物与物之间的互联互通与全面感知，实时掌握城市各方面运行的状态。二是管理一体化、精准化。通过匹配数字技术，倒逼打破部门与区域间的界限，促进信息共享与城市组织协同，实现城市治理的一体化与精准化。三是服务便捷化。通过"互联网＋"模式方法及平台化的共享策略，全面整合服务资源与服务渠道，全面提高民生服务便捷化水平。四是参与主体多元化。充分利用数字技术畅通治理参与渠道，为市民、企业、社会组织多主体参与城市治理提供了技术支撑。

从治理价值来看，城市治理智能化体现出突出的人民性。与传统治理模式相比，城市治理智能化的一个重要特点和优势，就是创新治理模式与服务方式，促进城市组织架构优化与城市治理资源的优化配置，推动个体意愿和政府意愿的交流互动，为多主体参与城市治理提供了有力的技术支撑，能够实现人民群众参与城市治理的多元共治，体现出人民城市人民治、人民城市为人民的人民性。

二、城市治理智能化面临的困境

近年来，我国城市治理智能化虽然取得较大进展，但也存在一些发展短板和制约瓶颈，成为城市治理智能化水平提升的制约因素。这些制约因素集中体现在"四个有余，四个不足"。

（一）技术发展有余，体制变革不足

在具体的智慧城市建设项目中，单纯依靠数字技术创新是无法解决复杂的城市问题，还需要推进一系列非技术的社会变革，特别是政府治理体制机制的变革来匹配和部署技术应用。从城市治理智能化的理想状态来分析，运用数字技术，配套相应的政府治理体制机制，城市能够全方位地归集、传递、存储来自治理主

体和治理对象的治理信息，并能够及时计算、处理海量的治理信息，进而大幅提高城市的治理效率，产生巨大的智能化治理红利。

然而，从现实的发展实际来看，随着数字技术的快速发展，虽然我国城市历经了数字城市、智慧城市、新型智慧城市、智能城市不同发展阶段，城市治理智能化得到不断发展，逐步形成了以数据、计算为核心的城市治理新范式，但是这种智能化治理范式，与传统科层治理体系、垂直化管理模式产生了巨大碰撞，发展受到了严重制约。在这种情况下，数字技术难以与城市治理进行深度融合，数字技术与治理需求出现"两张皮"，导致城市智能化治理收效甚微。

（二）顶层设计有余，基层治理不足

近年来，各级政府高度重视智慧城市发展，对智慧城市建设发展进行全方位的顶层设计，并对城市治理智能化建设也进行规划，不少大城市正在推进"城市大脑"等整体治理平台建设。但相比之下，基层治理智能化发展不足，基层智能治理效能和效益较弱，与基层所面临的复杂多样治理任务极不匹配。

从理论上来看，数字技术进入到基层治理领域，能够降低治理成本和提升基层治理的运转效率，加强治理的精细化水平，更为有效地满足居民需要。但是，基层治理的实践中，往往只有数字技术下沉，而与数字技术相配套的资源、制度、规则、观念等关键要素并未有效下沉。这样数字技术不仅在基层的治理效能难以发挥，而且异化成为基层治理的"数字负担"。

（三）政企主导有余，社会参与不足

数字化公众参与和政府治理效能之间具有显著的正相关关系。从城市智能化治理发展实际来看，出现了政府主导引领、科技企业积极投入，而公众、企业、社会组织等参与度低的现象。政府机构、科技企业和技术专家始终牢牢把持智慧城市的定义权、建设权和使用权，公众参与的热情、机会和渠道较少，参与程度较低，无法实质进入到城市治理的讨论中去。从"智慧公民"的视角来看，城市治理智能化离不开"智慧公民"的支持，部分民众的数字化意识淡薄，尤其是老龄群体，对新兴技术缺乏足够了解和知识储备，存在"数字鸿沟"，难以适应城市治理智能化发展。

（四）城市竞争有余，在地适应不足

近年来，为提高城市现代化发展水平，加快创建智慧城市、推进城市治理智能化，成为各地城市竞相发展的一种趋势。通常情况下，城市治理智能化所需的技术和资本，往往掌握在科技企业尤其是大型科技公司手中。为了降低实施成本和获得丰厚利润，这些大型科技寡头会向各类城市兜售同一套城市智能治理方案。但是，高度同质化的城市治理方案，往往因为水土不服，面临着极高的失败风险，带来巨大的资源浪费。

三、提高城市治理智能化水平的路径

（一）重构城市治理的体制机制

智慧城市建设与城市治理智能化项目成功实施的关键，并不在于采用多么先进的数字技术，而在于如何推进相应的非技术变革来匹配和部署数字技术创新，尤其是要推动政府治理的体制机制改革。现阶段，政府依然是我国城市治理的主导力量，一方面要主动开展城市治理工作，并对内部进行调整与协调，理顺治理体制与机制；另一方面还要充分发挥引导作用，与社会组织、企业、民众等保持互动协商。

首先，优化组织管理机构。城市政府应成立统一的数据管理机构，以打通信息壁垒。通过对政府内部职能重复或相近的部门进行整合，形成网络化高效管理机构，以便更好地引导并参与城市智能治理。其次，完善沟通合作机制。通过提供更广泛的信息服务、更便捷的合作平台、更明确的权责划分，降低协作互动的门槛，打破沟通合作的壁垒。最后，加强统筹监管机制。建立由参与治理部门人员、相关专家及第三方监管人员组成的监督团队，并实行动态调整，可提供专业的决策建议，也可对合作起到监督作用。

（二）推动城市治理的要素下沉

推动城市的治理和服务重心向基层下移，把更多资源下沉到基层，更好地提供智能化、精细化服务。一方面，要持续深入推动城市基层治理数字化转型。要全面树立基层智能治理的思维观念，完善城市基层智慧治理的软硬件基础设施，推动智慧家居、智慧楼栋、智慧社区的智慧化工程，以更智能的服务和治理方式提升城市居民的幸福感、获得感和安全感。另一方面，强化基层治理数字化转型的配套要素供给。通过顶层设计，配套并强化、人员、资金与制度供给，构建长效发展机制，为基层治理数字化转型提供支持和保障。

（三）突出智能治理价值的人民性

在城市治理领域，"人民城市人民治，人民城市为人民"集中体现出"人民

城市"的重要理念，成为我国城市治理的最终价值。这就需要改变城市智能治理的主体结构，实现由政府和科技企业完全主导，向由人民群众、企业、社会组织等多元主体共同参与转变。一是拓宽人民群众参与渠道。设置协商、听证、反馈、互动、监督等多种参与机制，激发人民群众的积极性、主动性和创造性。二是主动听取和吸收弱势群体治理意见。增强智慧城市服务的便利性和包容性。三是提高公民的数字素养。采取差异化、多元化的方式手段，帮助城市弱势群体跨越数字鸿沟。

（四）强化城市智能治理的地方适应性

城市具有多样性，没有放之四海而皆准的治理准则，也没有统一的智能治理模式，需要融入地方特色，从突出的实际问题出发寻找在地化的解决方案，推动城市进行本地化的适应性治理，建设多样化智能城市。城市智能治理需要不断地与当地的文化历史、地方经济、社会环境进行磨合，完成对经济社会和文化的全方位融入。一方面，要将当地主要经济社会发展问题与城市治理贯通起来，有所侧重地打造问题驱动的城市智能治理方案，如资源枯竭型城市更应该考虑智慧城市在进行能源转型、环境污染、可持续发展等方面的应用；另一方面，应紧密结合当地的要素条件和比较优势与比较劣势，进行城市治理智能化开发，避免盲目跟风和无谓的技术迭代，减少治理和智慧资源的浪费。

第四节　推进城市治理法治化

城市治理法治化是在治理方法上，要求从行政手段和行政命令的管理模式，转向运用法治思维和法律方法，更加注重运用法规、制度、标准管理城市，维持城市正常运行，化解社会矛盾，是城市治理现代化的重要方面。

一、城市治理法治化的重要意义

（一）法治化是实现城市治理现代化的现实需要

现代城市追求包容协调的增长方式，建设智能便捷的信息社会，培育开放共享的多元文化，构筑亲睦友善的宜居社区，促进均衡协调的城乡关系目标，决定了城市治理需要在法治化的前提下，综合运用技术、行政、经济、教育、法律等多种手段，才能推进现代城市的发展。现阶段，随着我国城市现代化水平不断提高，对城市治理法治化需求持续增强。从城市经济投资主体来看，经过多年的市场化发展，我国城市经济存在国企、民企、外企、合资等多元化投资主体，需要打造公平竞争的市场秩序和良好的营商环境，建立城市法治化环境势在必行。从城市市民组成来看，我国城市市民组成呈现多样化，有户籍人口、非户籍常住人口和流动人口，有当地居民和外来务工经商人员，社区居民有原住居民和租住居民，导致人们思想行为方式呈现多样化、差异化，这需要用法治化的治理方式加以协调和规范。从城市国际化来看，我国城市特别是区域中心城市，作为区域经济、政治和文化枢纽，是改革开放的前沿，需要建立良好的法治化环境，有助于更好地参与国际合作与竞争。

（二）法治化是实现城市善治的现实需要

善治（Good Governance），即良好的治理，是政府与市场、社会的一种新型关系，其本质特征是政府与公民对公共事务的合作管理，能够实现公共利益最大化。善治已成为现代城市治理追求的重要目标。而法治化对城市善治将产生积极的作用，是实现城市善治的内在需要。积极推进法治化可以使城市治理更加向"以人为本"方向发展，才能保障人民城市理念得以实现。从立法、执法、司法、守法各个环节着手，对城市中企业、社会组织、公众等政府以外主体，参与教育、医疗、住房保障、科学、文化、交通等公共事务的管理和监督，真正依法保障解决各项民生问题，最终实现城市善治。

（三）法治化是推动法治政府建设的现实需要

政府治理法治化是城市治理现代化的关键所在，而政府治理法治化的集中体现就是法治政府建设。我国高度重视法治政府建设，把法治政府建设放在党和国家事业发展全局中统筹谋划，2021年8月，中共中央、国务院印发了《法治政府建设实施纲要（2021—2025年）》，为法治政府建设作出了规划部署。在法治政府的建设进程中，通过城市治理法治化建设推动法治政府建设，可以事半功倍。摒弃"人治"，依据完善的法治体系管理城市，用法治理念、法治思维和法治方式去治理城市，实现从"统治"向"治理"、从"人治"向"法治"、从"管制"向"服务"的转变，是城市治理现代化发展的必然趋势，也是法治政府建设的目标取向和重要路径。

二、城市治理法治化存在的问题

（一）法律制度体系存在缺陷

近年来，我国积极推进城市治理法律制度体系建设，相关法律法规虽然得到了不断完善，但从整体而言，城市治理法律制度体系依然存在着立法内容缺失、过于笼统、不合时宜等缺陷，亟须进一步探索和完善。例如，一些法律仅是指导性的条文，缺乏具体的程序性、操作性规定；一些法律法规仅列出行为标准的条目，对于违反条例应当承担怎样的法律责任，缺乏详细规定；一些法律法规相关内容没有随着时代和外部环境的变化及时更新，对法律应有作用的发挥产生了严重影响。

（二）基层治理法治化水平有待提高

我国高度重视城市基层治理工作，近年来城市基层治理水平虽然不断提高，但是在实际基层治理过程中还存在一些普遍性问题，尤其在城市基层治理过程中存在过程不合法、不合规的问题，法治化水平亟待提高。基层治理法治化过程中存在的问题，主要体现在以下三个方面：一是社区立法的法域定位不明。社区属于自治空间，带有明显的私域性，社区立法应秉持私法为主还是公法为主，存在争议。二是基层治理主体参与面临法治难题。例如，基层党建嵌入法治理论及实践的难题、社区自治组织依法自治不足、社会服务机构的社区服务项目招投标缺乏公共性支撑等。三是基层法治意识不强。部分基层干部法治意识较淡薄，在处理一些事情的过程中，无视或者漠视相关法律法规，没有做到依法依规办事。

（三）公众法治观念不强

多年来，我国法治建设取得明显进步，政府依法行政水平快速提高，但是总体而言，城市治理法治化依然有待进一步增强。要提高城市治理的整体法治化水平，一定程度上，依赖于不断增强民众的法治意识和法治观念。当前依然存在民众法治意识淡薄、法治观念不强的问题。一些群众虽然明显提高了对自身权利的认识，但是却未能增强自身权利维护的法治意识，仅仅把法律作为维护自身利益的一种工具，没有充分认识到自己应当承担怎样的义务。一些群众受传统观念的影响，利用不规范的方式来维护自身利益，从而给城市治理带来极大的压力。

（四）城市治理法治监督不力

任何权力都有界限，权力行使必然要进行约束和监督，否则会出现权力越界、滋生腐败。法律的基本功能之一就是对私人权力、政府权力，进行约束和限制。然而，在我国城市治理法治实践中，却存在法治监督不力的情形。从立法监督上来看，现行地方人大及其常委会对政府公共服务职能的监督乏力。从行政监督上来看，我国目前关于行政诉讼的规定，是否适用于政府为城市居民提供公共服务仍然值得商榷，因为政府公共服务行为相比传统的政府行政管理行为，两者之间存在较大的差异。从社会监督上来看，由于监督意识不强、监督平台欠缺、监督渠道不畅，人民群众无论是对政府公共服务职能的监督上，还是对社区自治组织自治职责的监督上，监督作用发挥十分有限。

三、提升城市治理法治化水平的对策建议

为提升城市治理法治化水平，应充分响应治理实践中存在的诸多实际问题，分别从立法、执法、司法、法治思维等方面，进行深入探讨、综合施治。

（一）完善现代城市治理的法律规则基础

紧密结合城市治理中的现实需要与突出问题，积极主动地开展地方性立法工作，为城市治理的法治化提供规范、务实、良好的地方性法规保障。一是要按照科学、民主、透明的原则，从城市最大多数人民群众的根本利益出发，依据《中华人民共和国立法法》有序开展城市治理立法工作。二是在立法活动中要突出三个本位，即坚持公民权利本位、公共利益本位、宪法法律本位，为实现良法善治夯实坚实的法治基础。三是要针对城市治理活动中遇到的突出和紧迫问题进行立法，如民生保障、公共安全与治理、城乡融合发展、政府公信力建设、优化营商环境等领域。四是地方性法规也要重视程序正义的引入。良好的程序规范可以保证治理主体严格按照实体法的规定来实施治理活动，优化或消除实体法规范可能存在的疏漏或缺陷，限制治理主体不当的自由裁量空间，最大限度地消除人治的不良影响，更好实现地方性法规的立法目的。

（二）提升城市文明执法的规范化水平

《中共中央关于坚持和完善中国特色社会主义制度、推进国家治理体系和治理能力现代化若干重大问题的决定》提出"坚持有法必依、执法必严、违法必究，严格规范公正文明执法，规范执法自由裁量权，加大关系人民群众切身利益的重点领域执法力度"，为提升城市文明执法的规范化水平，指明了方向，明确了目标。一是进一步深化综合行政执法体制改革。加强综合执法、联合执法、协

作执法，确保执法主体明确、事项清晰、处理高效、结果合法。二是要回应城市和社会关切，开展集中专项整治。针对关系城市公共安全和顺畅运行具有重大影响的事项，以及民众反映强烈的领域，执法机关应当加大执法力度，提高执法效率。三是要同步创新和加强执法监督机制。实行"专业化法律监督+恢复性司法实践+社会化综合治理"的监督模式，扩大公众的参与权和知情权，让城市治理的执法工作更加高效、规范。

（三）提高处理城市治理的公正司法水平

司法公正是全球城市发展的必然要求，现代城市治理法治化离不开公正的司法环境。以法治方式解决城市治理中的争议，要把公正司法放在重要位置。一是尊重个体权利。在社会运行过程中，司法机关为个体权利的实现提供基本规则，为市场活动提供公正透明的竞争环境，确保国家机关、社会组织和个人等社会主体在法治规则的框架下有序运行。二是司法机关要坚守程序正义。司法机关要从当事人及社会民众的立场出发，严格执行程序正义的标准，充分认识和把握影响民众感受程序正义的诸项因素，最大限度提升人民群众对法律程序的"信任感""尊严感"。三是处理好公正与效率的关系。与行政执法更为专注于效率不同，由于司法公正是社会公平正义的最后一道防线，司法应将公正放在更为优先的位置。随着经济社会的发展，人民群众对公正司法的需求大幅提高，就要求司法机关顺从民意，强化公正司法。

（四）树立以人民为中心的法治思维

法治思维是指执政者牢固树立法治意识，运用法律规范对需要处理事务或问题，进行分析、判断并形成处置办法。这就要求掌握权力的机关或个人首先要崇尚法治精神，在具体城市治理工作中依法行政。城市治理现代化，既体现为政府作为行政主体要依法行政、执政为民，现代城市治理的法治化，又体现在企业、社会组织、民众也应当树立法治思维，依照法律逻辑参与城市公共事务的治理，并接受法律监督。只有这样，才能在城市治理活动中真正形成遇事找法、办事依法、解决争议靠法、监督权力用法、维护权益尚法的法治文化氛围。

第十二章 擦亮人民城市的生态底色

习近平总书记指出："无论是城市规划还是城市建设，无论是新城区建设还是老城区改造都要坚持以人民为中心，聚焦人民群众的需求，合理安排生产、生活、生态空间，走内涵式、集约型、绿色化的高质量发展路子，努力创造宜业、宜居、宜乐、宜游的良好环境，让人民有更多获得感，为人民创造更加幸福的美好生活。"习近平总书记的讲话深刻揭示了新时代人民城市建设的宗旨和目标，指明了人民城市建设的方向。当前我国生态文明建设正处于压力叠加、负重前行的关键期，要牢固树立绿水青山就是金山银山的理念，把保护城市生态环境摆在更加突出的位置，以系统思维谋划布局绿色城市建设，坚持以生态优先、绿色发展为导向，坚决摒弃损害甚至破坏生态环境的增长模式，减少城市发展对资源开发的传统路径依赖，推动产业绿色转型，持续深化城市污染防治，加快形成节约资源和保护环境的空间格局、产业结构、生活方式，加快实现城市规划、建设和治理的绿色转型，为人民生产生活提供高品质生态空间。

第一节 优化城市生态空间

城市生态空间是维持生态环境功能和生态产品供给的重要空间载体，优质的城市生态空间能够维护城市生态安全格局、筑牢生态安全底线、限定城市增长边界、提供开放休闲游憩空间。因此，城市生态空间的建设关系着民生福祉与城市健康发展，需要在人民城市理念指导下找准城市生态空间品质提升方向与路径，因地制宜优化城市生态空间分布，维持城市生态空间的稳定性，促进城市生态空间的服务供给与居民需求分布的空间匹配性，为建设人民向往的生态之城提供良好的空间载体。

一、优化城市生态空间分布可及性

识别保护城市生态斑块。城市生态空间的布局主要以分布均衡的大尺度生态斑块为功能源地，按地貌特征可分为园地、林地、草地、河流湖泊、湿地等生态斑块，各斑块内的结构特征并非一定具有单一类型，大多呈混合交融的状态。因此，要在城市自然生态斑块的基础上合理规划布局。打造城市公园体系建设城市公园、社区公园、郊野公园、口袋公园等，提升城市宜居品质；打造城市森林体系，在明确城市森林覆盖率水平的同时，以环廊森林片区为结构空间载体，以城区森林群落为链接载体，支撑城市的韧性生态基地，促进城市低碳可持续发展；打造城市湿地体系，建立湿地保护区、湿地公园、小微湿地、水源地保护区等，促进人与自然和谐共生。

畅通城市生态廊道循环。生态廊道起到对各生态斑块进行联系或区别的功能。通过分别对各斑块与廊道进行综合评价与优化，使分散的、破碎的斑块有机地联系在一起，促进物种迁移和生态互联互通，减少生态系统分割。在中心城区以大型绿地建设为主导方向，融合城市周边功能；在城市外环，促进成环成网，提升森林质量，实现外环绿道全域贯通，服务于中心城区形成由防护林带向城市公园的转变；在城市近郊绿环、主要道路和河道两侧按照一定标准建设防护绿带，保障连续贯通，促进生态修复。

完善城市生态节点体系。从城市内部来看，较为成熟的中心城区，人口密度大，但生态空间规模小，生态空间使用负荷重；而人口密度较小的郊区，则多建有超大型的森林公园、湿地公园，加上距离中心城区较远，生态空间的利用效率相对较低，生态服务功能还没有得到最大限度的发挥。一方面，增加城市生态节点的规模，形成多节点的城市生态空间布局。尤其是在城市较为成熟的中心城区，人口密度大，但生态空间规模小，生态空间使用负荷重，城市居民对生态空间的需求就大。因此，要扩大城市生态空间的规模，有条件的城市在中心城区扩大生态空间规模，在保护自然生态资源的基础上，完善城市生态节点体系，提升生态节点的生态服务水平。另一方面，优化城市生态节点的结构，增加城市中面向公众的、以游憩为主要功能的绿地空间，以及居住用地、工业用地、交通用地、市政设施用地等用地类型中的附属绿化空间，提高城市公园绿地和附属绿地的占比。

二、增强城市生态空间的系统稳定性

加强城市生态空间的生物多样性保护。增强城市生态空间对当地生物多样性的承载能力，通过引入当地特色树种、恢复原有的森林景观、开发自然湿地等措施，将植物、昆虫、动物、微生物以及其他生态要素有机结合，形成一个总体规模合理、分布均衡、相互连接的城市生态系统。加大城市生态空间的生物多样性保护力度，把生物多样性指标纳入城市生态质量监测、质量评价与成效考核体系。在城区尺度上，针对中心城区生态空间及功能有限等问题，在尊重生态规律的基础上，实现环境优化和生物友善的目标与功能兼容。此外，城市生物安全方面，必须加强防控制度建设，建立联防联控机制，完善风险调查、评估、监测预警、应急管理和技术咨询体系，营造良好的生物安全防控氛围。在市域内全面开展外来入侵物种普查，严格防控城市外来入侵物种，包括对转基因生物技术加强安全监管，建立完善的监测网络。

保障城市生态空间的弹性调节性。城市生态空间的建设要坚持以近自然森林、湿地、草地为主，特别是在人口密集、生态空间破碎的城市建成区和近郊区，要保留和引入一些自然状态的生态空间。① 加强城市山体河湖等自然风貌保护，实施城市河湖生态修复工程，系统开展城市河湖、湿地、岸线等治理和修复，高标准推进城市水网、廊道和河湖岸线生态缓冲带建设，恢复河湖水系连通性和流动性，从而增强城市生态空间的稳定性。拓展城市生态空间，通过污染土壤生态修复、废弃工矿用地修复，拆迁腾退土地留白增绿等措施，保持城市土壤的生产、生活、生态功能互换的弹性，为日后城市发展、工业生产、居民福祉等提供充足的土地储备和调整空间。

实行刚性与弹性兼容的分类管控。城市生态空间的刚性管控在于保育有独特生态价值的生态资源，以保障和维护生态核心功能为主线，加强生态保护红线刚性管控，在城区规划中必须严格落实，不得调整，开发建设项目必须避让，不得侵占，不符合保护导向的用地方式和人类活动必须调整退出。城市生态空间的弹性管控主要是为生态要素布局的优化和生态效益的提升提供可能，兼顾空间和功能的双重弹性，对城市开发边界内的限制建设区，予以管控，在不减少城市生态空间规模且不破坏系统布局的前提下，城区规划可以进行局部优化调整，精确落地并深化保护和建设要求。禁止对主导生态功能产生影响的开发建设活动，综合考虑项目类型、用地规模、建筑高度、环保要求等要素，在制定空间准入清单时，实行分区准入的管制方式。

三、促进城市生态空间福祉公平性

保障城市生态空间的普惠性。根据城市生态资源禀赋，因地制宜，巧妙利用

---

① 王成.中国城市生态空间：范围、规模、成分与布局［J］.中国城市林业，2022，20（2）：1-7.

有限的资源和条件，以城市居民的需求为出发点和落脚点，建设城市公园、郊野公园、森林公园、湿地公园、风景名胜区等多种休闲游憩场所，增加这些场所的数量，丰富生态空间的类型，并且尽可能地让市民免费使用，打造宜业、宜居、宜乐、宜游的良好城市环境，为市民提供更加便捷、普惠的生态福祉。

保障城市生态空间的公平性。城市生态空间的建设要在市域范围内分布均衡，能够覆盖到整个城市区域的全部人口。充分考虑市民的获得感、体验感，通过人均公园绿地指标、3000 平方米以上公园绿地 500 米半径覆盖率等指标保障生态资源与生态产品配置的社会公平性，推动城市实现"300 米见绿、500 米建园"，特别是人口密集用地紧张的老城区，拆墙透绿、见缝插绿，着力建设微公园、小游园、小型公园，改建老旧社区，提高建成区的绿化水平形成开门见绿，推窗见景的绿地景观系统，把公园、绿带、绿道和周边环境衔接融合，使公园景观成为街景的一部分，提高市民的健康指数和幸福指数。

第二节　推进产业绿色转型

作为经济社会发展的重要空间载体，城市在高质量发展的要求下必将朝着绿色低碳的方向发展，必须摆脱"因资源而兴，因资源枯竭而衰"的怪圈，打造生态为底，产业逐绿。综合考虑城市区位优势、资源禀赋，坚持目标导向、问题导向，找准发展着力点和落脚点，以绿色为底色，将生态文明理念植根于产业发展各个领域各个环节，积极探索符合当地实际、各具特色的产业转型升级路径和发展模式，推动产业发展向资源节约、环境友好的集约发展方式转变。

一、优化产业布局

立足资源禀赋，找准城市转型定位。综合分析城市资源、要素等各个方面比较优势，确定城市新的主导产业和替代产业，推动城市转型定位。尤其是资源型城市，在转型前有明确的定位，如石油城、煤城、钢城等，然而，正是这种狭窄的定位限制了城市以后的发展，也为资源枯竭城市的衰落埋下了伏笔。因此，要找准资源型城市的转型定位，结合市场经济条件下的现实需求，依据自身的资源禀赋选择适宜的产业转型模式，确定原先的资源型城市转型发展成以什么为主导的新城市，是加工制造业城市、旅游城市，还是交通贸易城市等。

立足区位条件，确定城市转型方向。城市应依据自身的区位条件选择适宜的产业转型模式，优化园区布局和项目建设，使区位因素在产业结构转型中发挥积极作用。① 区位条件较好、腹地较大的资源型城市，转型方向是建设区域性中心城市，通过改善营商环境，发展接续产业，推动产业多元化发展，并不断完善城市功能，与周边城市和农村建立合作关系，辐射带动周边地区共同发展。距离都市较近的资源型城市，应和都市错位发展，作为都市的一个功能区，和都市形成一定分工，不再追求城市规模扩大和功能健全。例如，靠近港口的资源型城市可以加强对外经贸和科技合作，借鉴国外先进的技术和管理经验，在延长资源产业链的同时大力发展生物制药、现代农业等新兴产业，从而选择资源产业与新兴产业融合的发展模式。

调整单一结构，构建多元化产业结构。被国家列为资源枯竭型城市的共有69 个，这些城市存在一个共同点，即城市因资源开发而生、因资源产业而兴、因资源枯竭而衰，城市产业结构单一，并且以上游产业为主。多数资源型城市以矿业开采和冶炼为主，只有少部分城市对矿产品进行深加工，但也属于上下游产业链，一旦资源枯竭，产业链也随之断裂。因此，城市经济发展必须调整"一业独大"不合理的产业结构，形成"多业共兴"的产业结构，减少对资源开发的传统路径依赖。注重传统产业改造和新兴产业发展的结合与协调，不能简单抛弃传统产业。要加快改造提升传统产业，培育打造新的产业优势。传统产业是转型升级的主战场，积极推动传统产业向高端化、智能化、绿色化迈进，实现产业发展质量和效益双提升。从战略接替产业培育发展来看，要稳步壮大非资源类新兴产业，保持良好的发展势头。加速培育新动能，促进新兴产业发展壮大。构建多元发展、多极支撑的现代产业新体系，推动产业结构优化升级，关键在于扩大优质增量，加速培育新动能、创造新供给、发展战略性新兴产业，打造新的产业增长极。前瞻布局未来产业，着重关注氢能和储能、前沿材料、人工智能和生命科学等领域，探索开展未来产业的重点示范项目，打造具有领先能力、高经济效益和核心竞争力的未来产业链。

二、强化企业创新主体地位

借助外力增强自身创新能力。部分资源枯竭型城市通过与国家及省内科研机构、技术创新中心合作，共建各具特色的创新联合体。2009 年被列入全国第二

---

① 张荣佳，付琳，孙晓华.地理区位、经济区位与资源型城市产业转型［J］.宏观经济研究，2022（7）：88–104，119.

批资源枯竭型城市的安徽铜陵，积极与国家级和省级工程技术研究中心、企业技术中心联合以材料为主体的技术创新创业平台，推动城市产业、新业态的发展，截至 2022 年底，铜陵拥有高新技术企业 407 家，省级以上各类研发机构 147 个，居安徽省前列，成功实现了从资源枯竭型城市向国家创新型城市的转变。

依托大企业技术能力推动产业创新发展。资源型地区多为三四线城市，少有大学和科研院所分布，但拥有一批科技实力较为雄厚的企业，在推动城市产业转型发展中发挥着不可或缺的作用。河南焦作多氟多新材料股份有限公司研发能力较强，解决了锂电池核心材料"卡脖子"难题，填补了相关核心技术空缺，推动焦作这座以煤炭工业为主导的资源枯竭型城市产业转型发展。

依托高新技术园区、孵化器、众创空间等创新载体和平台推动产业升级。建设产业园区是产业转型升级和推动产城融合的重要支撑。鼓励以产业转型升级示范园区为主体，整合本地区各类园区，稳步有序开展园区扩区和升级，逐步推动有条件的示范园区由单一生产功能型产业园区向城市综合功能区域和行政区转变。吉林白山依托医药高新产业园区，加大中药产业研发力度，促进各类要素在园区集聚，重点开发功能性食品及中药配方颗粒、中药饮品等，其中人参产业进入高质量发展轨道，修正、葵花、施慧达等龙头企业实现扩能升级。

依据自身产业特色和优势，重点培育和扶持一些中小型创新企业。开展科技型中小微企业倍增行动，支持科技型中小微企业成长为推动城市产业升级的重要抓手。辽宁抚顺围绕精细化学品、新材料等产业发展重点，增强对创新创业的支撑力度，大力支持科技型企业实施科技成果转化，成功孵化一批精细化工和材料创新企业。

三、加强政府引导

提高政府创新意识营造城市创新氛围。调整政府职能从依赖计划向营造创新氛围转变，推动企业的技术创新。提高政府创新意识，一方面要解放思想，思想的超前解放是在时间上形成比较竞争优势的关键，知识经济是一种时间经济，哪个城市在时间上掌握了主动，就能在发展上掌握主动权；另一方面要善于把国家或上级精神和城市的实际情况结合起来制定符合市场行情、灵活多变的超前政策。

加大政府对高新技术产业的投资力度和微观参与度。当地政府要高度重视高新技术产业的发展，加大财政对科技的支持力度，增加投资扩大信息技术基础设施建设，构建高新技术企业集聚区，改善城市创业环境，吸引优良企业的技术和资金入驻。此外，政府有关部门要积极参与地区创新活动，才能对技术创新活动进行正确引导和有效监管。

加强政府对新兴产业的宏观政策引导。大力培育发展科技中介服务业，重点引导科技成果的转化，提高面向市场和企业的服务能力，形成适应城市运作、符合地方经济和科技发展需要的特色业务，完善和提升科技服务体系，为健全城市科技创新体系提供有力支撑。发挥政府对市场的引导作用，积极引进高科技型企业，加快与当地现有企业的嫁接，实现优势互补，打造高新技术产业集群，以制度创新助推技术创新，提高城市技术创新能力。

第三节　打好污染防治攻坚战

深入打好污染防治攻坚战，既呼应了广大人民群众对美好生活的新期待，也是推动城市实现高质量发展的必然要求。强化多污染物协同控制和区域协同治理，加强细颗粒物和臭氧协同控制，基本消除重污染天气。统筹水资源、水环境、水生态治理，优先保障居民饮用水安全，坚决治理城市黑臭水体，全面提升城市水污染治理水平。推进土壤污染防治，加强土壤污染源头管控，严格管控城市建设用地土壤污染风险，实施城市地下水污染风险管控。坚持精准治污、科学治污、依法治污，保持力度、延伸深度、拓宽广度，持续打好蓝天、碧水、净土保卫战，稳定改善城市生态环境质量。

一、深入打好蓝天保卫战

深入打好重污染天气消除攻坚战。2022 年全国环境空气质量稳中向好，细颗粒物浓度持续下降。相比 2021 年，细颗粒物（PM2.5）平均浓度达标的城市增加 15 个；全国地级及以上城市 PM2.5 平均浓度同比下降 3.3%，实现近 10 年来连续下降；主要污染物浓度稳定达标，全国重污染天数明显减少。但与此同时，重点区域大气环境治理仍需加强。全国地级及以上城市空气质量优良天数比率相比 2021 年下降 1.0 个百分点；秋冬季大气污染依然较重，区域性重污染天气过程仍时有发生 [①]。因此，各地市要加大力度全面改善城市空气质量，打好重污染天气消除攻坚战。第一，加强空气质量预报能力建设。完善市级空气质量预报体

---

　　① 国务院关于 2022 年度环境状况和环境保护目标完成情况的报告［EB/OL］.［2023-04-26］. https://www.npc.gov.cn/npc/c2/c30834/202304/t20230426_429045.html.

系，加强市级预报中心建设和空气质量预测预报能力建设，提高未来 7~10 天区域污染过程预报准确率，开展重污染天气来源成因研究。第二，健全城市污染天气应对预案体系。完善地市重污染天气应急预案，规范重污染天气预警、启动、响应、解除工作流程，结合当地实际，优化重污染天气预警启动标准，根据预测预报结果和预警启动条件，及时启动和解除预警。第三，加强监管执法。强化重污染天气应急减排措施监督检查，持续推进重点行业企业绩效分级，督促重污染天气应急减排责任落实，加强应急减排清单标准化管理。

深入打好臭氧污染防治攻坚战。城市中的臭氧污染主要是由于工业生产、交通运输和能源消耗释放大量的氮氧化物和挥发性有机物在大气中与太阳辐射和氧气反应造成的。因此，减少城市工业、交通和能源消耗等活动的污染物排放是减少城市臭氧污染的关键。第一，工业生产要积极实施源头替代，持续加强工业园区企业废气排放管控，强化对工业园区及涉挥发性有机物排放企业的监测，精准发现挥发性有机物异常排放源，严控无组织逸散。增强臭氧污染防治的科技支撑，推广新兴技术，采用低挥发性有机物产品替代原有的高挥发性有机物产品，通过工艺优化等方式提高废气处理率和环保设施运行率，加强挥发性有机物综合治理。第二，城市交通方面，提高交通运输的排放标准，增加城市公共交通新能源车辆覆盖率。减少机动车尾气超标排放，在重点时段对城区重点路段开展移动式机动车遥感监测，开展机动车尾气排放路检路查，加大超标车辆管控力度。第三，加强城市面源管控。实施臭氧污染差异化精准管控，臭氧高发期间要禁止露天焚烧、露天喷涂作业，同时有序引导加油站错峰加油，有效降低高温时段臭氧峰值浓度。

深入打好扬尘、恶臭等污染防治攻坚战。强化城市重点区域施工工地扬尘监管，督促严格落实施工工地"六个 100%"抑尘措施。强化裸露地面、物料堆场、露天矿山等综合整治，推动扬尘治理差异化执法监管。加强部门联合执法行动，联合住建、交通等部门，重点围绕施工、交通道路、堆场、裸地、工业企业无组织排放等领域扬尘污染进行现场排查整治。严控城市平均降尘量，实施网格化降尘量监测考核体系。加大城市道路保洁清洗力度，开展城市保洁清洗行动，有效降低扬尘污染。针对沙尘天气偏多的实际情况，在沙尘过后集中对城市建成区进行全面彻底清洗保洁，每季度至少开展一次，巩固和保持清洗效果。城市恶臭主要来源于污水、垃圾、工业废气等。积极开展重点企业和园区恶臭气体监测，建立大气污染物源规范化排放清单，摸清重点排放源。对重点企业和园区进行恶臭气体监测，制定大气污染物的标准化排放清单，摸清重点排放源。加强污水、垃圾等源头治理，采用微生物降解、化学吸附等技术消除异味，加强城市绿化，提高环境容量，缓解恶臭问题。

二、深入打好碧水保卫战

优先保障居民饮用水安全。建立健全城市饮用水安全保障体系,实施"从源头到龙头"全过程安全保障,定期监测、评估、公布县级以上城市集中式饮用水水源、供水单位供水和用户水龙头水质等饮水安全状况。加强城市供水管网设施建设,尤其是老旧小区,改造加压设施,解决老旧小区缺水欠压问题。在城区设置水压监测点,监测供水压力变化,强化城市供水安全保障。加强城市应急备用水源建设,推动实现多水源或区域联网供水,编制完善饮用水突发事件应急预案,常态化开展水源地和供水单位风险隐患排查整治,形成多水源、高保障的供水格局。

加大城市黑臭水体治理力度。充分发挥河湖长制作用,落实水体巡查监督监测机制,实时掌握水质变化,巩固提升城市建成区黑臭水体治理成效。严格落实城市黑臭水体隐患排查、问题发现、追本溯源、整改治理、成果巩固五大机制,建立健全长效管理机制。采取控源截污、生态修复等措施,防止水体反黑反臭。持续推进县级城市建成区黑臭水体排查治理,每年定期对县城建成区河流、沟渠、湖塘等水体进行深入排查,确定新增黑臭水体名单,实施黑臭水体治理"一县一方案""一市一方案"和"一水一方案",重点对破损的城市污水收集管网进行修复,对错接、漏接的污水收集管网进行改造,实施雨污、清污分流,按时序推进城市黑臭水体治理。

全面提升城市水污染治理水平。完善城市污水收集处理设施,城市新区的开发和建设,要严格按照城市排水与污水处理规划确定的建设时序,优先安排排水与污水处理设施建设。推进城镇污水管网全覆盖,全面消除城中村、老旧城区管网空白区,城市建成区黑臭水体实现"长制久清"。提高城市生活污水处理效率,鼓励城市污水处理再生利用,工业生产、城市绿化、道路清扫、车辆冲洗、建筑施工以及生态景观等优先使用再生水。完善排污许可管理制度,加强对工业园区污水治理监督管理,入河排污口管理实现动态监管、实时更新,逐步建立"水体—入河排污口—排污管线—污染源"全链条管理的水污染物排放治理体系,实施单元化、精细化分区管控。污水处理厂必须根据国家的有关规定对污水予以处理,创新污水处理技术,提高污水处理厂运行效率,实现城市污水处理能力的全面提升,确保污水处理厂可以满足多年以后城市污水处理的需求。

三、深入打好净土保卫战

加强土壤污染源头防控。土壤污染严重影响城市生态环境,加强土壤污染源头控制是土壤污染防治的首要措施。城市土壤污染主要来源于两个方面，即工业排放、居民生活产生的垃圾和城市建设过程中造成的污染。工业发展是城市土壤污染的主要原因，工业排放产生的烟尘、污水、重金属等污染物直接污染地表土壤；城市居民日常生活中产生的垃圾容易进入到土壤中，如化学垃圾、有毒有害垃圾等会对土壤造成严重污染。因此，要在工业发展、居民生活、城市建设领域加强环境监管和技术创新，减少或避免污染物的排放对土壤造成的危害。在工业领域，重点是要规范工业废物的处理。加强企业的环境管理，加强工业废物的规范处理和处置，防止废物直接排放或非法倾倒；推动工业企业建立健全废物管理体系，确保废物安全处理；推广清洁生产技术，减少污染物的排放。推动产业结构调整，鼓励和引导污染产业向清洁和绿色产业转型，减少有害物质的排放。在居民生活领域，持续推进垃圾分类工作，引导居民将垃圾分拣投放，创新生活垃圾处理转化技术，提高生活垃圾处置水平，减少居民生活垃圾对城市土壤的污染。

严格管控城市建设用地开发利用风险。建设用地开发利用是城市发展的重要一环，但不合理的开发利用可能导致环境恶化、生态破坏和风险增加。为了保障城市可持续发展，需要严格管控城市建设用地开发利用风险。制定科学合理的土地规划，明确不同区域的功能定位和开发强度。首先要严把准入关，确保城市建设用地安全利用。实行"用地清单制"，着重关注变更用途为"一住两用"的地块，将依法完成土壤污染状况调查作为土地出让的必备条件，把建设用地污染防治工作放在首位，在规划编制、土地收回、土地供应以及改变用途等环节对建设用地开发利用进行监管。其次要严把技术关，建立完善联动监管机制。科学规范组织技术审查，多种方式推进土壤污染状况调查报告评审工作；建立建设用地联动监管机制，强化部门信息共享，常态化开展污染地块联合检查，确保建设用地开发利用程序中无监管漏洞。最后要严把考核关，及时掌握重点建设用地利用现状。完善梳理城市重点建设用地土壤污染状况调查考核清单台账，将建设用地安全利用工作纳入年度党政同责考核，压紧压实各部门职能职责，严格按要求推进建设用地土壤环境联动监管工作开展，确保建设用地土壤环境安全。

实施城市地下水污染风险管控。实施地下水污染风险管控是确保城市土壤生态健康的重要手段。制定全面的地下水保护策略，明确地下水保护的目标、原则和重点区域，各地市根据地下水污染特点，因地制宜制定不同区域的管控措施。完善城市地下水监测网络，监测不同污染物的浓度变化，及时发现地下水污染问题。各地市应当按照国家相关规定，确定并公布城市地下水污染防治重点排污单位名录，地下水污染防治重点排污单位应当依法安装水污染物排放自动监测设备，与生态环境主管部门的监控设备联网，并保证监测设备正常运行。开展地下水风险评估，分析污染源、迁移途径和受体地下水的关系，确定污染物的风险程度，为管控措施的制定提供依据。建立污染源溯源体系，追踪污染物的来源和排放途径。通过溯源，可以迅速找出地下水污染的根本原因，有针对性地进行管控。污染物含量超过土壤污染风险管控标准的建设用地地块，编制土壤污染风险评估报告时，应当包括地下水是否受到污染的内容；列入风险管控和修复名录的建设用地地块，采取的风险管控措施中应当包括地下水污染防治的内容。根据地下水质量和敏感性，划定城市地下水保护区域，在保护区内加强污染物排放管制，限制污染源的活动。

第四节　推动形成绿色生活方式

2018 年 5 月，习近平总书记在全国生态环境保护大会上发表重要讲话，习近平总书记指出："每个人都是生态环境的保护者、建设者、受益者，没有哪个人是旁观者、局外人、批评家，谁也不能只说不做、置身事外。"2023 年 6 月，生态环境部环境与经济政策研究中心发布《公民生态环境行为调查报告（2022 年）》，报告显示，我国公众普遍具备较强环境行为意愿，越来越多的公众向"绿"而行，积极践行简约适度、绿色低碳、文明健康的生活和消费方式，但在不同领域实际行为表现存在差异，公众节约意识、环保意识、生态意识还不够牢固，绿色生活理念尚未真正树立。因此，推动形成绿色生活方式，必须从根本上改变人们的思想观念、消费习惯，完善绿色生活制度保障，促使全社会都能够积极参与到生态环境保护中来，推动居民形成"取之有度，用之有节"的生活方式，凝聚成绿色发展的社会合力，为推动城市高质量发展和提高居民生活福祉提供有力的支撑。

一、牢固树立绿色生活理念

提高公众社会责任意识。第一，强化对生态文明建设重大决策部署的宣传教育。大力推广"人与自然和谐共生""绿水青山就是金山银山""环境就是民生、青山就是美丽、蓝天也是幸福"等价值理念，切实增强全民节约意识、环境意识、生态意识，牢固树立生态文明理念。2023 年 6 月，我国将每年的 8 月 15 日设立为全国生态日①，增强全民生态环境保护的思想自觉和行动自觉，有利于提高全社会生态文明意识。第二，充分认识绿色生活方式的重要性。加大媒体宣传力度，从不同的角度、层面、层次来宣传绿色生活理念，充分利用报纸、电视、电台、网络及新媒体平台，通过开设媒体专栏、网络公开课、微博话题等方式，广泛宣传活动的重要性和主要内容，并及时报道活动的进展情况。采取多种创新的宣传手段，如设计精彩纷呈的文艺作品、精选优秀的案例、深入挖掘社会现象，让公众深刻认识到绿色生活的重要性。第三，调动公众主动参与积极性。将生活方式绿色化纳入文明城市、文明单位、文明社区、文明家庭创建活动中。建立推动生活方式绿色化的志愿者队伍，充分发挥人民群众和社会组织的积极性、主动性和创造性。

普及生态文明法律法规。目前我国已有生态环境保护法律 30 余部、行政法规 100 多件、地方性法规 1000 余件，还有其他大量涉及生态环境保护的法律法规，为形成并完善生态文明制度体系打下了坚实基础。加强环境保护法律法规宣传教育，普及《中华人民共和国环境保护法》关于"一切单位和个人都有保护环境的义务"和"公民应当增强环境保护意识，采取低碳、节俭的生活方式，自觉履行环境保护义务"的规定，引导公众履行环境保护的社会责任和义务，使绿色生活、勤俭节约成为全社会的自觉习惯。曝光奢侈浪费等反面事例，让公众认识到绿色生活方式既是个人选择，也是法律义务，使公众严格执行法律规定的保护环境的权利和义务，形成守法光荣、违法可耻、节约光荣、浪费可耻的社会氛围。

普及绿色生活践行方式。加强机关、学校、企业、社会组织以及家庭的宣传教育，鼓励员工、学生和居民采取更加环保的生活方式，如节约能源、减少污染、改善交通状况、提高消费品质、减少消费者负担。引导居民自觉抵制白色污染，购物自备包袋，少用或不用一次性塑料用品；选择可持续生产和环保认证的产品，避免过度包装和单次使用的物品；开展垃圾分类回收，有效控制环境污染，自觉选购节能低碳家电、节水器具和高效照明产品；关闭不使用的电器和灯具，选择高效节能的家电设备，减少能源消耗；鼓励步行、骑自行车或使用公共交通工具，减少开车的次数，选择共乘出行；节约用水，修复漏水问题，减少水资源浪费；推广使用太阳能、风能等可再生能源，减少对化石燃料的依赖。对于废旧物品，如报纸、瓶罐等，可以进行回收利用，减少对新资源的消耗；积极参与社区环保组织和活动，积极分享绿色生活经验，共同推动可持续发展。通过教育和宣传活动提高城市居民对环境保护的认识，促进绿色生活理念的普及，形成健康、文明、节约、环保的生活方式。

---

① 2023 年 6 月 28 日，十四届全国人大常委会第三次会议通过了《全国人民代表大会常务委员会关于设立全国生态日的决定》，将 8 月 15 日设立为全国生态日。

二、大力引导绿色低碳消费

加快提升食品消费绿色化水平。大力推广有机食品，鼓励消费者选择有机农产品，减少化学农药和化肥的使用，降低对环境的负面影响。加强对食品浪费现象的治理，提倡群众合理规划餐饮，减少食品浪费，降低食品生产所需的资源消耗。加大对餐饮行业的监管力度，制定严格的标准和服务规范，支持"种植基地＋中央厨房"等创新型模式的发展。同时，督促餐饮企业、餐饮外卖平台严格执行反食物浪费的相关法律法规，让餐饮业迈向绿色、健康、安全、规模化、标准化的方向。大力倡导低碳饮食，鼓励公众选择更多的植物性食品，如蔬菜、水果和谷物，减少牲畜养殖对环境的影响。倡导包装减少和可回收性，鼓励食品企业采用环保包装，减少塑料和其他不可降解材料的使用。

鼓励推行绿色衣着消费。推广先进的绿色纤维制备技术、实施高效节能印染和废旧纤维循环利用，大力推动绿色纤维的普及，推动可持续材料的使用，以满足低碳环保的要求，为消费者提供更加健康、环保的服装，同时鼓励公众购买衣物时选择使用有机棉、竹纤维等可持续材料制作的服装，减少对化学纤维和资源的依赖。鼓励居民投资购买高品质、耐用的服装，减少购买频率，降低资源浪费。大力支持二手衣物市场的发展，完善城市二手衣物交易平台，二手衣物既能延长服装寿命，又能减少新服装生产所需的能源和资源。树立正确的时尚观念，不盲目追随短暂的时尚趋势，选择经典款式的服装，不易过时。着重关注品牌的可持续性，选择支持倡导可持续生产和公平工作条件的品牌，以此来推动行业的积极变革。大力倡导服装租赁，对于特殊场合的服装，采用租赁的方式能够减少服装购买频率，降低资源消耗。通过这些方式，有效引导居民在日常生活中践行绿色生活方式，促进绿色衣着消费，减少时尚产业对环境的不良影响。

积极推广绿色居住消费。各地政府出台激励政策，如减税或津贴，鼓励市民购买环保产品或选择绿色能源。促进绿色建筑的发展，大力推广低碳建筑，并将节能环保作为重点考虑因素，提高建筑和能源效率，鼓励建筑业采用可持续建筑标准，提高房屋和建筑物的能源效率。完善资源回收与循环利用体系，鼓励居民回收利用废弃物和资源，降低消费对环境的影响。增加可再生能源的使用占比，积极宣传和推广使用太阳能、风能等可再生能源，降低对传统能源的依赖。推动绿色产品的研发，支持企业关于绿色科技和绿色产品的研发，提高家装绿色用品的可用性和价格竞争力。

大力发展绿色交通消费。在城市公交、出租（含网约车）、环卫、城市物流配送、邮政快递以及民航机场等公共服务领域增加新能源汽车的占比。完善对新能源汽车的激励政策，加大对新能源汽车的购车补贴，落实免征新能源汽车购置税，放宽二手车迁入限制。鼓励各地市结合实际出台新能源汽车停车优惠政策，鼓励免收新能源汽车充电期间机动车停放服务费。加快配套充换电、加氢等基础设施建设，推动充电基础设施向干线公路服务区及县域延伸。完善城市公共交通服务体系，鼓励人们减少驾车出行，提高城市公共汽电车、轨道交通出行占比。建设行人友好型城市，改善步行和骑行设施，规范管理共享单车，逐步实现绿色交通消费的增加，减少环境负担，改善空气质量，促进城市可持续发展。

全面促进绿色用品消费。建立健全绿色认证体系，加强对民营企业和居民采购绿色产品的引导，出台优惠政策，如减税、津贴、积分奖励等方式，鼓励生产和购买绿色用品。对于生产环节，鼓励企业承担社会责任，致力于生产环保产品，降低环境风险。强化绿色技术创新，推动环保科技的发展，从而提供更多的绿色用品选择。加大对生产经营者的监管力度，严格执行有关限制商品过度包装的规定，实施绿色印刷，鼓励使用可再生材料或回收材料制造产品，减少资源消耗和废物产生。开展家电以旧换新活动，完善废弃家电、消费电子等耐用消费品的回收利用机制，大力推行"逆向回收"等可持续发展的经营模式。此外，加强对消费者的购买力引导，消费者的购买力可以影响市场，通过选择环保产品，消费者可以促使制造商改进产品。积极推广绿色低碳产品，在电商平台和商超等渠道开设专门的绿色低碳产品销售区域，在大型促销活动中设置绿色低碳产品专场。多方合力促进社会绿色消费，逐步形成绿色消费的激励链条。

有序引导文化和旅游领域绿色消费。严格控制城市生态资源过度开发，保护自然碳汇，开展资源保护活动，通过资助或合作开展环保项目，如河岸清洁、森林保护等，让游客参与保护行动。鼓励各地市开发可持续的旅游路线和景点，引导游客选择低环境影响的活动和目的地。建立健全文化和旅游场所的绿色认证标准，奖励符合环保标准的机构和企业。推广绿色住宿，鼓励酒店和住宿提供环保设施，如节能灯具、水电一体化系统等，减少使用塑料袋、一次性餐具等一次性用品，鼓励游客自带环保用品。制定发布绿色旅游消费公约或指南，加强公益宣传，并规范景区、旅行社和游客的绿色消费行为。促进政府、企业、非营利组织之间的合作，共同推动绿色旅游的实践和创新。

三、完善绿色生活制度体系

持续推进绿色产品标准、认证、标识体系建设。建立统一的绿色产品标准、认证、标识体系是推动绿色低碳循环发展的必然要求，也是引领绿色消费的有效途径。截至 2022 年底，我国绿色产品认证已覆盖建材、快递包装等近 90 种与消费者密切相关的产品。"十四五"规划中也再次明确了要建立统一的绿色产品标准、认证、标识体系，推动绿色转型发展。建设科学合理的绿色产品标准、认证、标识体系，首先要规范各类产品绿色评价标准的制定，在产品选取方面，优先选取与消费者吃、穿、住、用、行等密切相关的，对人体健康和生态环境影响大、具有一定市场规模、国际贸易需求旺盛的生活生产资料、终端消费品、食品等领域产品，研究制定绿色产品评价标准，发布标准清单和认证目录。此外，积极推进绿色产品认证与标识体系建设，进一步优化完善绿色产品政府采购措施，引导企业积极申请绿色产品认证，并提供相应的激励措施，如减免税收、优先采购和市场准入便利等。鼓励集团采购平台、大型零售商、寄递行业积极履行社会责任，推广和使用绿色产品。加强持续监管，定期监管和评估已经认证的绿色产品，以确保其持续符合标准。同时，对认证机构进行监督，确保其审核和认证过程的透明度和可信度。推进绿色产品标准、认证和标识体系建设，为消费者提供更多的绿色选择，推动社会形成良好的绿色生活方式。

持续推进垃圾分类制度建设。近年来我国垃圾分类工作持续深入推进，截至2023年5月，全国297个地级及以上城市已全面实施生活垃圾分类，居民小区垃圾分类平均覆盖率达到82.5%，人人参与垃圾分类的良好氛围正在逐步形成。福建、河北、山东等20个省、自治区，上海、广州等173个城市，出台了地方性法规、政府规章。垃圾分类是一个渐进的过程，也是一场"持久战"，仍旧要持续深入推进垃圾分类工作提质增效，实现从"有没有"向"好不好"转变，力争到2023年底前，地级及以上城市居民小区垃圾分类覆盖率达到90%以上，2025年底前基本实现垃圾分类全覆盖。① 因此，首先，要补齐设施短板，扎实推进城市垃圾处理设施建设，补齐中西部地区焚烧处理短板，持续提升焚烧处理能力，不断优化生活垃圾处理结构。其次，垃圾分类法律法规要适应新形势，做到与时俱进，抓紧填补空白点、完善薄弱点，进一步细化完善垃圾分类法规制度体系，加快地方立法进程，坚持教育和惩戒相结合，强化公民垃圾分类的责任义务。最后，垃圾分类要充分利用新一代信息技术，逐步构建城市生活垃圾分类管理平台，推动生活垃圾分类"一网统管"，大力推动环卫装备标准化、智能化改造和提升，推动环卫行业向科技智慧型转型升级。

持续推进生态志愿服务制度建设。《公民生态环境行为调查报告（2022年）》显示，在参加生态环境志愿服务等方面，我国公众表现出较高的积极性和参与度，但仍面临一定阻碍因素。其中，最大阻碍是不知道如何参与，其他阻碍包括培训保障不足、活动没有吸引力、缺乏有效的激励反馈和活动组织不规范等。因此，要进一步推动城市生态环境志愿服务工作，建立健全生态环境志愿服务制度，形

---

① 我国将于2025年底前基本实现垃圾分类全覆盖［EB/OL］.［2023-05-25］. https://www.mohurd.gov.cn/xinwen/jsyw/202305/20230525_772376.html.

成覆盖广泛、机制健全、管理规范、服务完善的志愿服务体系，推动生态环境志愿服务延伸到基层生态环境保护工作的方方面面。第一，丰富志愿服务内容形式。加强生态环境宣传教育和科学普及，开展习近平生态文明思想理论宣讲活动；组织志愿者依法有序参与监督、举报和曝光各类破坏生态环境问题、突发环境事件、环境违法行为及影响公众健康的行为等，促进生态环境社会监督；组织志愿者开展人居环境维护、绿化美化、自然保育、节能减排、资源循环利用等方面的活动，组织参与绿色生活创建活动，推动公众绿色低碳生产生活方式转变，倒逼和带动绿色发展。第二，加强志愿服务队伍建设。鼓励和支持具备专业知识、技能的优秀人才和公众人物加入生态环境志愿服务队伍，鼓励企事业单位的管理者和职工主动参与生态环境志愿服务，形成广泛的生态环境志愿服务力量；鼓励各地市组建多种类型的生态环境志愿服务组织，加强对生态环境志愿服务组织的培育扶持，建立健全生态环境志愿服务组织的管理制度，加强业务指导，促进生态环境志愿服务组织规范发展。第三，完善服务管理。建立生态环境志愿服务协同工作机制，加强跨部门的交流沟通，联合制定生态环境志愿服务工作推进方案，共同推动生态环境志愿服务工作规范有序开展；整合现有基层公共服务平台资源，充分发挥各种公共文化设施的作用，为生态环境志愿服务提供场所和便利条件；建立以精神激励为主的志愿服务评价体系和激励机制，通过服务评价、星级认定、典型宣传、荣誉表彰、优先享受相关服务等方式激励志愿者和志愿服务组织。

参考文献

［1］王成.中国城市生态空间：范围、规模、成分与布局［J］.中国城市林业，2022，20（2）：1-7.

［2］张荣佳，付琳，孙晓华.地理区位、经济区位与资源型城市产业转型［J］.宏观经济研究，2022（7）：88-104，119.

［3］国务院关于 2022 年度环境状况和环境保护目标完成情况的报告［EB/OL］.［2023-04-26］. https://www.npc.gov.cn/npc/cz/c30834/202304/t20230426_429045.html.

［4］公民生态环境行为调查报告（2022 年）［EB/OL］.［2023-06-29］. https://www.prcee.org/yjcg/yjbg/202007/t20200715_789385.html.

［5］全国人大常委会决定 8 月 15 日为全国生态日［EB/OL］.［2023-06-28］. https://www.gov.cn/yaowen/liebiao/202306/content_6888896.htm.

［6］我国将于 2025 年底前基本实现垃圾分类全覆盖［EB/OL］.［2023-05-25］. https://www.mohurd.gov.cn/xinwen/jsyw/202305/20230525_772376.html.

第十三章　筑牢人民城市的安全底线

安全是人类生存的基础诉求，也是城市建设和发展的基本条件和重要目标。中国特色社会主义城市是人民的城市，坚持人民至上是人民城市的核心要素和内在要求。建设人民城市，最根本的是站稳人民立场，让人民群众在城市更有幸福感、获得感和安全感。中国特色社会主义进入新时代，我国社会的主要矛盾已经转化为人民日益增长的美好生活需要和不平衡不充分的发展之间的矛盾。新型城镇化建设也更加强调"以人为本"，将保障城市安全作为实现人民美好生活的重要前提。随着城镇化建设的深入推进，城市的人口、功能和规模不断扩大，城市运行系统越加复杂，各类安全风险不断增加，增强风险意识、守牢安全底线越来越成为城市工作的重要方面。2015 年，中央城市工作会议明确提出："要把安全放在第一位，把住安全关、质量关，并把安全工作落实到城市工作和城市发展各个环节各个领域。"2020 年，习近平总书记在中央财经委员会第七次会议上进一步强调，"必须把生态和安全放在更加突出的位置，统筹城市布局的经济需要、生活需要、生态需要、安全需要"。人民城市服务人民，推动人民城市建设高质量发展，必须要把安全贯穿城市发展的各领域和全过程，有效维护人民群众生命财产安全，让城市更有韧性、社会更为安定、群众更加安心。

第一节　完善城市公共安全管理体系

一、健全城市应急管理体系

在长期的应急实践中，我国各类城市逐渐构建形成了政府统一指挥、分部门分类别应对突发事件的管理机制，特别是遇到一些重大突发事件时，往往临时成立由城市主要领导或分管领导任总指挥的应急机构，负责领导处置应急工作。由于城市突发事件的复杂性和多发性日益增强，城市应急管理体系也存在诸多亟待优化提升的空间，特别是在强化应急工作的统一领导和指挥、增强各区域各部门间的协调性和联动性、动员各类社会组织和广大市民等多主体积极参与等方面需要持续努力。

加强应急指挥体系建设。毫不动摇地坚持党对城市应急管理工作的领导，将党的领导切实贯彻到推进城市应急管理体系和能力现代化的全过程、各方面，确保党在防范各类城市风险和做好应急管理工作中始终是广大群众的主心骨。在市、区两级建立拥有全面协调、综合决策功能的常设性应急管理机构，统筹灾害事故救援的全过程管理，统一指挥各类应急救援队伍，对各类突发事件进行高效预防和处置。建立和完善城市分级指挥和队伍专业指挥相结合的指挥体制，健全市、区、街道等层面的分级响应机制，明确和规范各级各类灾害事故的响应程序，进一步完善城市地质灾害、抗震救灾、防汛抗旱、防火灭火、公共卫生等指挥机制。

强化应急协同机制建设。加强不同政府部门之间的沟通协调，明确各相关部门在灾害防治、事故预防、抢险救援、物资保障、维护稳定、恢复重建等方面的职责，加强应急管理会商研判，着力克服职能部门之间权责分散、部门主义、信息沟通不畅等问题，将公安、消防、交通、通信、医疗、环境、能源、军事等多个部门有效整合到城市突发公共事件应急处理全过程。引入网格化管理机制，合理设定网格的结构形式，将应急管理对象划分为若干网格单元，强化网格间的信息交流和资源调配，发挥好应急管理部门的综合优势和各相关部门的专业优势，使应急管理各职能部门能够各司其职、协调配合、形成合力。

强化应急预案管理体系建设。加强城市应急预案管理，根据事件分类和分级明确相关部门的职责任务，促进上下级预案、同级预案之间的有效对接。加快城市应急预案制定与修订，推动相关部门组织编制重大活动、重要基础设施和重要危险源安全保障应急预案。完善各类灾害事故分类，强化预案编制和修订过程中的情况摸底和风险评估，科学规范应急响应分级。积极落实应急演练计划，因地制宜开展形式多样的应急演练活动，组织开展年度综合应急演习，定期进行跨区域跨部门重大灾害事故协同应急演练。围绕演练内容和演练目的，科学设计演练方案，周密组织演练活动，确保参演人员及装备设施安全。演练工作结束后，应及时开展演练评估，修订完善预案相关内容，进一步增强预案的实效性。

二、完善社会治安整体防控体系

完善城市社会治安防控体系是推进平安中国建设的重要举措。随着社会阶层的多元化和利益诉求的多样化，城市各类社会风险的跨界性、传导性、叠加性加大。新形势下，需要进一步健全城市公共安全体系，完善以信息化、大数据为支撑的立体化社会治安防控体系，加强城市各类社会安全事件防范管理，推进社会治安防控体系建设和城市治理现代化建设的深度融合。

提高警务治理现代化水平。持续推进警务制度改革，优化公安机关机构设置和职能配置，加强警务机构人员职能整合、业务融合，着力构建职能科学、事权清晰、指挥顺畅、运行高效的城市公安机关机构职能体系。围绕"人、地、物、事、网、组织"等基本治安要素，促进部门、行业、领域与公安机关数据融合共享，健全城市社会安全全息感知体系，提高社会治安防控的数字化、网络化、智能化水平。进一步拓展社区警务覆盖面，推动力量、手段、资源、保障等向基层一线倾斜，鼓励派出所、司法所与街道综治中心联动融合，推进社会治安防控、矛盾风险化解一体化运行。

健全社会矛盾纠纷综合化解机制。坚持和发展新时代"枫桥经验"，完善正确处理新形势下人民内部矛盾工作体系，积极开展问题联治、平安联创、工作联动，强化矛盾纠纷源头预防和多元化解。将尊重和维护群众利益和科学民主依法决策有机结合起来，在决策制定前、决策执行中和实施完成后各环节广泛开展群众权益评估，有效减少和化解社会矛盾风险点。持续做好信访工作，将信访化解、人民调解、行政调解、司法调解等有效联动起来，完善领导干部包联和接访下访制度，重点开展重复信访治理和积案化解，努力把矛盾化解在基层。畅通人民群众诉求表达、利益协调和权益保障通道，发挥人大、政协、人民团体和社会组织的利益表达功能，引导群众依法、理性、有效地表达利益诉求。健全社会心理服务体系和危机干预机制，搭建心理援助公益服务平台，帮助陷入困境的社会成员摆脱心理障碍、重拾生活信心。

有效防范化解各类社会安全风险。统筹传统安全和非传统安全，做好城市各类社会风险的动态摸排、预警预防、处置善后等工作。深入贯彻总体国家安全观，建立健全国家安全协调机制，严防敌对势力渗透、破坏、颠覆、分裂活动。常态化开展扫黑除恶，以打击非法集资、传销等经济领域犯罪和盗抢骗、黄赌毒、食药环等民生领域犯罪为重点，创新合成作战、多元侦办、动态整治等机制，推动实现快破案、多破案，全面提升打击质效，同步开展追赃挽损工作，不断提升人民群众的安全感、满意度。以创建安全稳定的网络环境为重点目标，全面加强城市网络安全保护，着力构建现实社会与虚拟空间有效衔接的防控网络，推进网络安全措施同步规划、同步建设、同步运营。完善网络安全监测预警，健全经营性上网场所和公共上网场所管控手段，加强对涉网重点对象的监控管理，严厉打击涉网犯罪。

三、加强和创新城市安全基层治理

基层治理是国家治理的重要基石，也是城市治理的基础性工程。城市基层社区是应对重大突发事件的坚强堡垒，城市安全离不开来自广大基层的强有力支撑。事实证明，城市的许多风险萌芽于基层、发生在基层，防范风险和解决问题的最佳时机、最佳地点也在基层。强化城市基层安全治理、提升基层应急治理能力不仅是推进国家治理体系和治理能力现代化的重要内容，也是防范化解城市安全风险、保护人民群众生命财产安全的重要保障。

扎实推进城市安全管理关口前移、重心下移，筑牢城市安全发展防线。按照属地管理科学化的要求，明确部门和属地在应急管理中的职责边界，尽可能多地把资源、服务、管理放到基层，使基层有职、有权、有物，能够更好地应对各类突发事件。推广"街乡吹哨、部门报到"工作机制，由基层发出集结信号，相关部门"报到"联动解决，有效化解基层在应急管理中权力配置不足、属地化管理和部门管理协调不到位等问题。鼓励基层结合本地实际对应急资源优化整合，支持基层将各职能部门应急资源进行统一调度和集中管理，着力解决应急资源利用率低、现场应急资源管理难等问题。

健全城市基层应急治理体系，提升基层治理平战结合水平。遵循安全第一、预防为主的思路，加强基层风险情报信息收集，构建纵向到底、横向到边的应急预警监测体系，及时对风险点、危险源等进行研判分析，推动基层安全治理向事前预防转向。建立城市基层突发事件快速响应机制，健全基层治理由常态化向应急及时转换的指挥体系，完善基层各级各类议事协调机制，强化条块衔接、基层各治理主体衔接，确保基层能够在突发事件来临时反应灵敏、紧急响应、快速统筹。强化基层应急动态治理，根据风险产生和演化的不同阶段提供相应的应急预案，灵活运用好安全培训、隐患整改、预案演练、应急响应、社会动员、应急处置、综合保障等"工具箱"。

加强城市基层组织建设，提高基层应急治理联动化水平。加强城市基层党组织对基层应急治理的领导，不断增强基层党组织整合力量、统一调度的领导能力，充分调动各方积极性，形成统一指挥、齐抓共管的工作格局。完善城市社区安全网格化工作体系，重视"最后一百米"应急服务范围，强化末梢管理。注重发挥好小区楼门院长作用，发挥好人民调解委员会、治安保卫委员会、卫生健康委员会、妇女工作委员会、群众文化委员会、民生保障委员会、物业管理委员会等居委会下属委员会作用。培育孵化公益慈善类、应急类、互助类社区社会组织，充分激活具有专业特长、应急救援经验丰富、整合能力强的公益组织、慈善组织、企业组织的参与活力。加强社区应急志愿者队伍建设，促进邻里互动互助，使应急治理工作能够延伸至基层各个角落，形成应急治理合力。

四、提升城市安全监管效能

诱发事故的原因通常是多方面的，每一个重大事故的发生背后都存在一个复杂的生成过程。城市的一些自然灾害或责任事故等重特大突发事件，大多不同程度地存在主体责任落实不够、安全监管执法不到位、监管制度不健全等问题。强化城市安全保障，必须从最基础的环节、最明显的短板做起，积极推进由表及里、由近及远、由后及前、由物及人的安全监管，全面提高城市安全监管执法实效。

细化落实城市安全责任。坚持和完善"党政同责、一岗双责、齐抓共管、失职追责"的工作机制，明确行业监管和属地监管职责，落实监督检查和执法责任。严格落实城市各级党委和政府对安全生产工作的领导责任，全面落实党政主要负责人作为第一责任人的责任和其他分管负责人的相应领导责任。按照"管行业必须管安全、管业务必须管安全、管生产经营必须管安全"的原则，督促城市各行业主管部门严格落实安全生产监管责任，致力于消除城市灾害防治和安全监管工作的漏洞，确保责任落实无盲区、监督管理无空档。推进数字化改革，制定城市各级党政领导干部安全生产职责清单和年度工作清单，完善城市安全履职清单和职责清单，并将清单信息及时录入政府数据系统。健全应急管理责任考评指标体系，把应急管理体系和能力建设纳入城市各级党政领导干部政绩考核内容。压实企业主体责任，重点落实企业法人和实际控制人作为安全生产第一责任人的职责，加强企业安全生产标准化考评监管，鼓励规模以上企业组建安全生产管理和技术团队，提高企业履行安全生产主体责任的专业能力和水平。

健全城市安全监管体制。根据城市安全的形势和特点，适时调整和完善城市安全监管体制。优化安全生产监管力量配置，充实和壮大基层安全生产监管执法力量，建立健全由行业主管部门牵头、相关部门积极参与配合的联合监管执法工作机制，强化城市安全生产监督管理职责部门之间的工作衔接，推进安全生产领域内联合执法、交叉执法、区域执法，形成监管执法合力。健全相应安全监管机构，加强对城市各类经济开发区、产业园区、港区、风景名胜区等功能区的安全监管。进一步分解和细化城市建设、运营过程中的安全监管职责，推动完善铁路、民航、城市轨道、公路交通、通信、电力、供热、供水、供气管道输送等行业监管体制，理顺新型燃料、新能源发电、电动自行车、共享单车、无人机、汽车充电站、危房违建、餐饮场所、农贸市场、物流站点、仓库等行业领域安全监管职责，落实安全监督检查责任。

严格规范城市安全监管执法。提高安全监管执法机构标准化、规范化、信息化建设水平，充实和改进执法装备，强化执法工作条件保障。根据国家有关规定，科学编制安全生产、应急救援、防灾减灾救灾领域的统一执法目录。合理划分企业安全生产风险等级，按照年度安全生产执法计划实施分类分级监管执法。全面推行行政执法公示、执法全过程记录、重大执法决定法制审核等制度，健全完善城市安全生产政府法律顾问、执法行为审议制度及重大行政执法决策机制，强化执法监督，严格规范执法行为。定期开展专业培训，通过开展入职培训、现场模拟执法、定期轮训等方式，提高城市安全监管人员的行政执法能力。健全安全监管执法人员的资格准入、容错纠错、准军事化管理等制度，完善执法人员岗位责任制和考核机制，着力打造专业化、职业化的安全生产行政执法队伍。建立和健全安全生产行政执法和刑事司法衔接制度，完善违法线索通报与协查机制，畅通案件移送流程，加大对安全生产犯罪的预防和惩治力度。强化执法措施落地落实，对一些拒不执行安全生产行政执法决定的恶劣行为，依法申请司法机关进行强制执行，有效提高安全监管执法效能。

第二节　加强城市安全源头治理

一、增强城市安全源头治理意识

从源头上防范各种影响公共安全的事件出现、减少各种灾害事故的发生，是加强城市应急管理工作、促进城市安全发展的重要内容。近年来，影响和威胁城市公共安全的突发事件时有发生，然而一些地方和部门对于新形势下城市公共安全形势的复杂性和严峻性依然认识不足，重事后处置，轻事前防范，难以从源头上遏制或减少危机事件的发生。思想认识是行动的先导，意识决定行动，加强城市安全源头治理，首先要切实增强源头治理意识。

把风险防控摆在城市规划和建设的重要位置。持续增强风险意识和忧患意识，在城市应急管理中做到源头治理、关口前移、前端处理。深入学习贯彻习近平总书记关于城市安全的重要论述，强化城市各级党委、政府领导干部公共安全红线意识，将城市公共安全纳入领导干部教育培训、日常谈话和提醒内容。时刻保持谨慎，从严从实落实常规预防管理，将城市公共安全工作列入城市重要议事日程，与经济社会发展各项工作同步研究、同步部署、同步推进。统筹城市发展和生态文明建设，促进城市绿色可持续发展和人与自然和谐共生，从源头上防止灾害的发生。弘扬工匠精神，以高度的责任感建设城市精品工程，有效杜绝人为因素造成的潜在隐患，减少城市公共安全事故的发生。

提升市民安全素质和技能。充分利用城市的公共安全教育资源，积极组织开展形式多样的公共安全宣讲教育活动，提高对城市公共安全的关注度。开辟法治宣传阵地，广泛开展普法宣传，切实提升人民群众的安全法治意识。充分发挥宣传部门和新闻媒体的作用，对公众进行防灾减灾知识宣传和自救互救能力培训，推进防灾减灾、安全生产、职业健康和应急处置宣传教育进机关、进社区、进学校、进家庭，增强社会公众对安全防范、安全生产、职业健康、应急处置的认知水平以及自救互救技能，增强广大群众应对公共安全危机的能力。积极推进把安全文化元素融入公园、街道、社区，大力推进社区安全文化建设，建设城市安全文化主题公园，鼓励创作和传播安全生产主题公益广告、微视频、影视剧等作品，在城市中努力营造关爱生命、关注安全的浓厚氛围，使安全理念和法治观念深入人心。

二、健全城市安全制度法规和标准体系

城市安全形势日趋复杂，传统安全与非传统安全问题交织，需要在城市安全制度体系尤其是法律法规体系建设上持续发力，突出发挥规划和标准在城市安全发展中的引领和规范作用，为推进城市安全治理体系和治理能力现代化奠定坚实的制度基础。

科学制定城市规划。强化规划刚性约束，完善规划安全风险评估会商机制，推动形成有效防控重大安全风险的城市安全发展格局。科学制定城市经济社会发展总体规划、国土空间总体规划，以及城市综合防灾减灾、排水防涝、人防工程建设、地下综合管廊、油气管道、消防等专项规划，推动将城市公共安全设施、消防训练、安全科普教育基地等纳入控制性详细规划和国土空间规划"一张图"。以确保安全为前置条件，注重城市空间留白，严格控制区域风险等级和风险容量，加强对城市棚户区、城中村、老旧小区与危房改造的安全监管，积极开展城市塌（沉）陷区安全专项治理，合理优化调整城市居民生活区、商业区、工业园区和其他城市功能区的空间布局。健全和完善城市应急避难场所规划布局，确立避难场所建设的标准和评价机制，禁止随意变更城市应急避难场所及应急基础设

施的使用性质。

制定完善安全法规和标准。加强出台符合本地实际的安全生产地方性法规、政府规章，支持有条件的城市积极运用地方立法权，为城市安全发展出台法律原则与具体实施兼顾的地方性法规，从法律层面为城市基础安全、风险管控、重点防治、安全保障、应急处置与救援等明确责任，形成完善的城市安全法治体系。健全城市安全立法立项、起草、论证、协调、审议机制和立法后实施情况的评估机制，规范立法行为，完善立法程序，增强城市安全立法工作的科学性、针对性和实效性。强化法治的执行力和震慑力，通过预算制度、问责制度等刚性制度安排，有效解决有法不依、执法不严、行政不作为、难获救济等问题。提高城市各类设施的标准要求，完善高层建筑、大型综合体、交通枢纽、人防工程、隧道桥梁、管线管廊、道路交通、加油（气）站、排水防涝、垃圾填埋、城市排污、电力设施、电梯、大型游乐设施、公共消防设施、玻璃幕墙等重点领域的技术标准，强化抵御风险、规避事故、确保安全运行的能力。

三、严把城市安全准入关口

严格安全准入，既是防范和遏制城市重特大事故发生的有效手段，也是加强事故预防和源头治本的重要举措。

严把城市项目建设安全准入关口。科学规划城乡安全保障布局，高度重视周边环境与安全生产的相互影响，加强建设项目实施前的安全评估论证工作，严格禁止在城市人口密集区周边新建高风险项目，城市开发建设必须按照国家行业标准规范与已建成高风险项目保持安全距离。城市规划和建设应严格按照国家有关规定加强隔离带管控，禁止在安全和卫生防护隔离地带范围内建设不相关设施和居住建筑物。在城市规划、设计、建设、运行、管理过程中实施重大安全风险"一票否决"，将安全生产的基本要求和保障措施落实到城市发展的各个领域、各个环节。

严把重点行业领域安全准入关口。严格执行相关法律法规、标准规范、产业政策明确的高危行业领域企业安全准入条件，制定烟花爆竹、危险化学品、矿山、工贸等"禁限控"目录，对不符合安全生产条件的高危项目不予审批。在危险化学品建设项目立项阶段，对涉及重点监管的危险化工工艺、重点监管的危险化学品和危险化学品重大危险源的危险化学品建设项目，必须经由住房和城乡建设相关部门联合审批。持续推进企业安全生产标准化建设，推动重点行业领域的企业安全生产标准化实现达标升级。积极开展城市工业园区安全风险评估，优化规划布局，完善危险化学品登记管理数据库和动态统计分析功能，推进工业园区安全入园清单式管理。

完善从业人员安全素质准入制度。从文化程度、专业素质、年龄、身体状况等方面制定完善非煤矿山、危险化学品、烟花爆竹、金属冶炼、交通运输、建筑施工、民用爆炸物品等高危行业领域关键岗位人员职业安全准入要求，明确高危行业领域特种作业人员、安全管理人员和企业负责人的安全素质要求。建立健全生产安全事故重大责任人员职业和行业禁入制度，对被追究刑事责任的生产经营者依法实施相应的职业禁入，对事故负有重大责任的社会服务机构和人员依法实施相应的行业禁入。督促企业严格审查外协单位从业人员安全资质。提升重点行业领域关键岗位人员职业安全技能，督促企业建立健全重点行业领域、关键岗位人员的入职安全培训、警示教育、继续教育和考核等制度。

四、推进重点产业安全改造升级

结合深化供给侧结构性改革，积极推动城市产业结构优化升级，治理整顿安全生产条件落后的生产经营单位，加快淘汰不符合安全生产强制性标准的工艺技术、装备设施以及达到换代更新条件的生产设备，推动安全生产基础薄弱、安全保障能力低下且经过整改后仍然不达标的企业退出市场。鼓励企业运用行业内领先的工艺、技术开展安全改造，推动高危工艺低危化、无危化改造，在重点工艺环节推进无人化、少人化改造。支持钢铁、有色、涉爆粉尘等行业应用粉尘涉爆领域湿法除尘工艺，在重点生产环节应用自动化生产、在线监测报警和紧急停车系统等安全生产技术。在钢铁、有色、化工、建材等安全生产重点行业，推广应用气体泄漏在线微量快速检测、全密闭连续自动生产装置、自动化监测报警和联锁装置等安全生产装备。推动城市金融机构出台优惠贷款等相应金融类产品，用于支持推广新技术、新工艺、新材料和新装备，实施智能化工厂、智能化矿山和数字化车间改造。推进化工园区示范创建，搭建化工园区风险评估与分级管控平台，积极推进危险化工工艺本质安全提升与自动化改造、安全防护距离达标改造和危险源监测预警系统建设。统筹考虑危险化学品企业搬迁和项目建设审批，有序推进位于城镇人口密集区的危险化学品生产企业搬迁改造，对于符合条件的搬迁企业，应优先保障其搬迁用地。加快推进高危行业企业退城入园、搬迁改造和退出转产，对于安全保障能力相对较低、收益不高的企业，应通过资金奖补、兼并重组等途径引导其主动退出市场。对城市工业企业开展安全改造升级的优秀项目、典型案例，要加大宣传力度，推广一批可借鉴、可复制的先进经验。同时，鼓励行业协会和其他相关机构通过组织开展技术应用示范现场会、产品对接交流会等活动，促进安全生产先进技术和产品设备的交流推广。

第三节 提高城市安全风险防控能力

一、加强城市安全风险排查治理

祸患常积于忽微，城市安全不能轻视任何细节，不能忽略任何隐患，特别是与人民群众生活密切相关的安全生产风险，必须高度重视，保持"如临深渊、如履薄冰"的紧迫感，精准排查并及时治理风险隐患。如果对苗头隐患视而不见，或者隐患排查流于形式，使风险隐患在一定条件下触发、演化为突发事件，就可能带来无法挽回的损失。需要持续强化风险隐患排查整治，将其作为做好突发事件预防和应急准备的重要抓手，以及实现应急管理关口前移的具体体现，真正把各种风险隐患消除在未发之时、化解于萌芽状态。

健全城市安全风险排查治理体系。坚持查改并举，将隐患排查贯穿于城市规划、建设、运行、发展等各个环节，按照"全覆盖、零容忍、严执法、重实效"的要求，摸清安全风险点底数。城市相关部门应本着"谁主管、谁负责"的原则，建立属于本领域、本行业、本系统的风险管理和隐患排查体系，确定科学的安全风险辨识排查程序和方法，构建全员参与、全岗位覆盖、全过程衔接的隐患排查治理闭环，组织做好相应的风险管理和隐患排查工作。要建设城市安全风险信息综合管理平台，结合城市各行业、各区域的风险隐患特点，明确安全风险因素和危险源的类别、名称、风险程度、分布状况等，并据此确定不同的安全风险等级，制作红、橙、黄、蓝四色等级的城市安全风险空间分布图，从组织、制度、技术、应急等方面对安全风险进行有效管控。对存在高风险且无法有效管控降低风险等级的风险点，要坚决依法采取关闭、取缔等措施。对于一些无法关闭、取缔的重大风险点，要结合实际划定禁区，尽可能把风险限制在可防、可控范围之内。此外，还要提高风险排查透明度，及时公布城市的主要风险点、风险类别、风险等级、管控措施和应急措施，让广大群众了解风险点的基本情况及防范、应急对策。

加强城市重要设施、重要场所隐患排查治理。加强人员密集场所安全管理，对车站、公园景区、大型综合体、高层和地下建筑、商场市场、学校、医院、大型文化场所、轨道交通、文物建筑等重点人员密集场所，要强化和落实相关单位的安全防范及消防管理主体责任，确保消防生命通道畅通，建立大客流监测预警和应急管控处置机制，合理疏导人流，防止拥挤踩踏。加强城市交通安全管理，聚焦城市道路、公共交通、轨道交通、民航、铁路，落实交通运输安全监管责任，加强日常安全设施和运输安全管理，强化对城市隧道、桥梁、临水临崖、急弯陡坡路段、行人集中路段和交通事故易发路段的隐患排查治理。严格执行房屋安全鉴定标准，加强对既有房屋进行安全隐患排查整治，加大危房整治力度。开展老旧城区火灾隐患排查，督促整改私拉乱接、超负荷用电、线路短路、线路老化和影响应急通道畅通的障碍物等问题。加强对城市广告牌、牌匾标识、灯箱和楼房外墙附着物、通信杆塔的安全检测和维护。制定城市受纳场建设标准，加强对城市垃圾、沙石、渣土、粉煤灰等堆放场所的隐患排查治理，强化定期巡查和评估检测，避免安全事故的发生。对城市供水、供电、供气、供热、供网和油气管道等管线分类实行风险联防联控，对风险性大的油气管线开展专项安全评估，提高预警和防控能力。加强对城市电梯、大型游乐设施及人员密集场所的特种设备安全监督管理，强化日常检查、维护保养、检测检验及安全技术评估，保障特种设备安全运行。加强地震灾害风险防控，强化城市活动断层探测，开展地震危险性评价，科学避让活动断层，提高区域性地震风险防控能力。加强对油库、气库、化学品仓库等易燃易爆工程和场所，雷电易发区内的旅游景点，重要生产设施和重要物资仓储场所，学校、医院、车站等人员密集场所的建（构）筑物、设施等防雷安全装置的监督检查，落实防雷措施，减轻雷电灾害造成的损失。

二、加强应急救援综合保障

党的二十大报告提出，提高防灾减灾救灾和重大突发公共事件处置保障能力。人民至上、生命至上是人民城市建设的内在要求，"救"是保护人民群众生命财产安全的最后一道防线。人民城市建设必须要做好"救"的文章，把功夫下在平常、工作抓在日常，切实提高城市应急救援保障能力。

加强应急救援队伍建设。加强综合性消防救援队伍应急救援能力建设，推进消防救援队伍标准化创建，建立与城市经济社会发展相适应的队伍编制人员增长机制。鼓励建设专业救援队伍，强化抗洪抢险、生产安全事故救援、地震和地质灾害救援、紧急医学救援，以及电力、通信、供水、排水、燃气、供热、交通等公用事业保障等各类专业救援力量。积极发展民间应急救援力量，鼓励采取政企联办、民办公助等形式建立民间志愿救援队伍，探索成立股份制、会员制救援队，把社会应急力量参与防灾减灾和应急救援工作纳入政府购买服务范围。建立完善日常应急救援技术服务制度，不具备单独建立专业应急救援队伍的中小型企业，要与有关专业救援队伍签订救援服务协议，或者联合建立专业应急救援队伍，确保快速、科学、有效救援。

强化应急物资装备保障。建设城市应急救援保障中心，健全实物储备、协议储备、依托企业代储、产能储备等多种方式相结合的应急物资装备储备模式，配齐配足应急物资装备，提升应急救援保障能力。完善市、区、街道三级物资装备储备布局，推进区级救灾物资储备库建设，推动街道救灾物资储备库（点）建设，确保第一时间处置和应对各类突发灾情。加强灾害事故易发多发城市的应急物资装备储备能力，扩大储备规模、品种及数量。建立健全城市应急储备补贴机制，鼓励企业、社会组织和家庭储备应急物资。提高应急物资装备保障标准化水平，加强应急物资装备储备装卸机械化和管理信息化建设，加强紧急运输绿色通道建设，使物资装备调运更加高效快捷有序。

加强应急救援场所建设。将应急避难场所建设作为城市规划的一部分，根据城市人口分布和规模，完善应急救援场所总体布局，健全避难场所建设标准和评价体系，进一步拓展公园、广场、体育场馆、人防工程、学校等公共场所的应急避险功能，统筹安排必需的交通、通信、供水、供电、排污、环保、物资储备等设备设施，因地制宜建设、改造应急避难场所。将应急避难场所日常管理和运行纳入公共服务体系，落实建设、管理、维护主体责任。

三、提高城市公共卫生防控救治能力

公共卫生安全关乎人民的生命安全和身体健康，保障城市公共卫生安全、维护市民生命安全是城市安全治理的重要内容。在日益严峻复杂的公共卫生安全形势下，需要着力增强应对重大疫情和突发公共卫生事件能力，走出以人为本、健康可持续的城市现代化治理新路。

健全公共卫生应急响应和处置机制。坚持党对重大疫情和突发公共卫生应急管理工作的全面领导，健全党委、政府统一领导，多部门共同参与，权威高效的公共卫生应急指挥联动机制。依托智慧城市建设，建设城市突发公共卫生事件应急指挥信息系统，实现疫情联防联控统一指挥、多级联动、智慧决策、态势全面感知和预判、医疗卫生资源统筹调度、关键指令实时下达、重大信息统一发布等功能。细化公共卫生事件分级标准，按照事件不同级别和规模，完善重大疫情和突发公共卫生事件监测预警、风险评估、信息报告、应急处置、医疗救治、新闻发布等应对处置方案，建立平战结合、协调联动的应急处置机制。建立健全专业公共卫生机构、综合性医院和专科医院、基层医疗卫生机构"三位一体"的重大疾病防控机制，推进公共卫生机构与医疗卫生机构深度融合，实现服务衔接联动、人员柔性流动、临床科研协作、信息互通共享。明确社会面管控措施方案，加强公共卫生专家、技术人才、物资保障等相关能力建设和储备。健全公共卫生实验室检测网络，建立疾病预防控制机构与医疗卫生机构、高校和科研院所、第

三方检测机构的信息共享、联动协同机制。建设城市公共卫生应急处置中心和公共卫生检验检测中心，提升城市重大疫情和突发公共卫生事件应急处置能力和检测能力。建立应急状态下基本医疗卫生服务保障机制，为急危重症患者、需要维持定期治疗的患者以及孕产妇、儿童等重点人群提供基本医疗卫生服务。

提高重大疫情救治能力。完善城市传染病救治网络和归口管理，全面加强城市各类综合医院、中医院感染性疾病科、发热门诊和相对独立的传染病区建设，强化医院重症、急诊、呼吸、检验等功能建设。建立分级、分层、分流重大疫情救治体系，提升平疫转换能力，筑牢疫情救治第一道关口。建设公共卫生应急救治中心，加快完善与城市经济发展和人口体量相匹配的传染病救治体系。加强城市重大疫情应急救治医疗队培训，保持常态化应急状态，确保随时进驻救治一线。加强基层医疗卫生机构发热门诊和发热哨点诊室建设，努力形成覆盖全域、协同高效的紧急医疗救援网络。

健全完善应急物资保障体系。坚持平战结合、采储结合，健全和完善医用应急物资储备机制，打造医疗防治、技术储备、物资储备、产能动员"四位一体"的物资保障体系。科学调整储备的品类、规模、结构，建设疫苗、药品和医用防护物资等卫生应急专用物资储备库，扩大应急医疗物资储备规模，保证储备物资质量。建立应急物资储备风险评估机制，完善应急物资储备标准，制定有针对性的应急医疗物资目录体系。优化重要应急物资产能保障和区域布局，建立统一的应急物资采购供应体系，对应急救援物资实行集中管理、统一调拨、统一配送，推动应急物资供应保障网更加高效安全可控。建立医疗卫生机构卫生防护物资储备机制，作为政府储备补充。鼓励学校等人员密集场所和企事业单位建立口罩等物资储备和应急保障制度。加强实物储备并建立动态管理机制，实行"推陈储新"的常态化动态储备，杜绝过期浪费。加强卫生应急人才队伍保障，加大卫生应急人才培养，通过技能比武和联合演练，提高人才队伍综合实力。完善突发公共卫生应急处置车辆调配、后勤等综合保障。

四、鼓励安全科技创新和应用

科技创新是公共安全治理水平提升的关键之举。面对日益复杂的城市公共安全形势，必须依托科技手段，强化创新思维，围绕精密监测、精确预警、精准防控和高效救援，加快科技攻关和成果转化，为重大自然灾害防控、重点行业领域安全生产、重大灾害事故应急救援提供高水平的科技供给。

加大科技创新资金投入，强化云计算、大数据、物联网、工业互联网、人工智能等数字技术在重大灾害事故监测预警和应急救援技术装备研发中的创新应用，重点研发城市安全监管信息化、风险辨识和重大安全隐患整治、安全设施和应急装备等方面的关键核心技术装备，为打造共建共治共享的城市安全体系提供强大的技术保障。积极推广风险防控、灾害防治、特殊灾害事故处置、预测预警、监测监控、个体防护、工程抗震、灭火救援装备等领域的先进生产工艺和安全技术，加强电气火灾监测系统、地震基本参数与烈度自动速报系统等科技成果和产品的推广应用，推进城市高危行业"机械化换人、自动化减人"示范工程项目，将技术应用与公共安全场景深度融合，提升公共安全风险监测预警和应急处置水平。持续推进城市安全监管信息化建设，建立健全安全生产监管与市场监管、环境保护、应急保障、道路交通、治安防控、消防安全、信用管理等部门公共数据资源开放共享机制，提高城市安全管理的系统化、智能化水平。建设与城市安全相关的智库、知识库、案例库等，为城市公共安全决策提供有力的智力支撑。

第四节　提升韧性城市建设水平

一、统筹拓展城市空间韧性

随着城市的规模持续扩张、功能不断聚集、人口分布愈加集中，城市面临的问题也在不断增加，在面对自然灾害和人为灾害等重大公共危机时，往往表现出极大的脆弱性，遭遇外部冲击时的抵御能力并不强，打造更加安全的韧性城市成为建设人民城市的必然选择。空间是城市各种活动的物质载体，是协调城市各系统要素健康有序发展的物质纽带。建设韧性城市的一个重要内容就是提升和优化不同维度、不同层级的城市空间要素与空间布局，强化城市空间韧性。

增强城市空间布局安全。综合考虑各类灾害风险因素，统筹地上地下空间利用。根据城市发展与空间布局现状，将城市建成区按照居住、教育、行政、商业、工业等功能区进行分类，根据不同功能区特点，构建韧性城市建设标准，并将该标准纳入城市更新改造规划和项目、设计、建设与管理全过程，为建设韧性城市奠定基础。深入开展城市气候变化影响研究和地下结构探测分析，统筹开展全要素、全过程、全空间的风险评估，确定风险等级与防控措施，并以此为依据识别与划定各类灾害风险区。把生态网络和防灾网络有机融合起来，以河流、广场、公园、绿地、城市快速路等为界划分城市防灾分区。完善城市的开敞空间系统，优化城市通风廊道。科学划定和严格管控城市留白用地，预留弹性空间作为临时疏散、隔离防护和防灾避难空间，谋划灾后中长期安置空间。前瞻性布局安全应急设施用地，并事先预留交通、市政等基础设施接入条件，做好建设条件储备。充分利用地下空间抗爆、抗震、防地面火灾、防毒等防灾特性，构建城市地下空间主动防灾减灾系统。

保障疏散救援避难空间。充分利用城市公共服务设施和场地空间资源，积极规划建设应急避难场所。城市建设应急避难场所的用地面积、总体规模、建设标准等应当结合人口数量、建筑密度、周边环境等因素科学确定、合理布局。应急避难场所选址应安全可靠，远离山洪地质灾害易发区等危险区域，既便于居民疏散，又方便政府救灾和群众安置。要以干线公路网和城市干道网为主通道，统筹公交专线、城市应急通道和应急空中廊道，建设安全、可靠、高效的疏散救援通道系统。协同建设航空、铁路、公路协同的区域性疏散救援通道。统筹应急避难场所选址和建设，逐步将各类广场、绿地、公园、学校、体育场馆、人防工程等适宜场所确定为应急避难场所。整合应急避难空间资源，推进综合性应急避难场所建设。建立应急避难场所社会化储备机制，强化大型体育场馆等公共建筑平战功能转换，建设平战功能兼备的酒店型应急避难场所，预留相关功能接口，满足室内应急避难和疫情防控需求。建设完善应急避难场所信息管理系统，实现应急避难场所信息化、账册化、动态化管理。

二、有效强化城市工程韧性

韧性城市建设是一项系统工程，涉及部门多、覆盖范围广。要增强城市系统在逆变环境中承受、适应和迅速恢复的能力，一个重要方面就是加强城市"里子工程""避险工程"建设，提高城市建筑、生命线工程系统、灾害防御工程等城市"硬件"防灾安全性能。

提升城市生命线工程保障能力。科学开展城乡水资源工程规划，做好自来水厂的运营管理工作，加强应急备用水源工程建设和地下水源保护。加快供水管网改造，降低管网漏损。加强污水处理及再生利用，积极开展雨水利用工程。坚持"节水优先"，提高水资源利用效率。建立健全城市应急电源、热源调度以及热力、电力、天然气联调联供机制，更好统筹输入能源和自产能源，引入新型储能技术，建立安全可靠的多层次分布式储能系统，提高城市能源安全保障能力。有序推进电力工程项目建设，建设智能电网，提高配电自动化覆盖率，实现故障自动隔离，提升城市供电设施防洪、防涝、消防等建设标准，推动架空线缆入地，持续推进市政、小区等既有电力设施安全维护。

提高建筑防灾安全性能。全面排查房屋设施抗震性能，推进现有不达标房屋设施抗震加固改造，同步做好建筑外立面及其附着物加固、拆除或降低高度等工作。加强高层建筑防火灭火设施建设，逐步消除存量高层建筑使用可燃外墙外保温材料导致的火灾隐患。有序提升重要文物建筑和文物保护单位的抗震、防火等性能。严格审批和监管，杜绝出现新的抗震、防火等性能不达标建筑。提高应急指挥、医疗救护、卫生防疫、避难安置等场所的抗震设防标准，有序推进减震隔震改造。

持续推进海绵城市建设。科学编制海绵城市建设规划，在全面掌握城市水系演变的基础上，着眼于流域区域，全域分析城市生态本底，以缓解城市内涝为重点，统筹兼顾削减雨水径流污染，提升城市蓄水、渗水和涵养水的能力，实现水的自然积存、自然渗透、自然净化。发挥生态空间的雨洪调蓄、自我净化作用，强化城市重要生态资源系统保护，最大限度地减少城市开发对生态环境的影响。综合采取渗、滞、蓄、净、用、排等措施，提高降雨就地消纳和利用比重。强化蓄滞洪区建设，结合城市防洪标准、设计水位和堤防等级，因地制宜建设堤防、护岸、调蓄空间、排涝泵站、截洪沟等防洪措施，充分利用洼地、绿地、公园等建设调蓄设施，增强洪水调蓄能力。优先采用绿色设施，科学匹配城市排水河道、雨水调蓄区、雨水管网及泵站等工程措施，完善配套雨水收集管网，开展老旧破损和易造成积水内涝问题的污水管网、雨污合流制管网诊断，持续推进城市内涝积水点专项治理，全面消除严重影响生产生活秩序的易涝积水点。围绕海绵城市建设的关键材料、技术及装备，推动海绵产业企业加大技术创新研究，鼓励海绵城市技术应用，支持开展海绵型项目建设。

三、强化风险监测预警预报

风险监测预警预报是促进城市安全发展的一项基础性、系统性、全局性工作。强化风险监测预警预报，守好城市安全的"第一道关口"，让城市安全监测预警一触即发，应急处置一呼百应，是打造与城市安全相适应的新安全格局，推动实现城市高质量发展和高水平安全良性互动的必然要求。

建强城市风险感知体系。依托智慧城市建设，通过身份感知、位置感知、图像感知、环境感知、设施感知等手段，构建城市运行管理"一网统管"的感知神经网络，形成体系完备、覆盖全面、响应及时的城市运行感知体系。广泛部署智能化、网络化、集成化、微型化感知终端，优化城市灾害监测站网布局，完成城市生命线工程和城市洪涝等安全监测感知网络覆盖，提升对交通运输、水利、电力等重要基础设施及城市地下空间、水、电、气、暖、路、网等生命线工程管网的风险感知和在线监测能力。充分利用物联网、工业互联网、遥感、视频识别、5G 等技术，构建"一体化监测、智能化预警、多信息融合、整体式管控"的城市公共安全风险监测预警平台，综合运用信息共享等手段，提高风险研判水平。

完善防灾备灾预警机制。编制城市灾害图，标注易受灾地点、灾害联动网络、紧急避难场所等，通过信息平台大数据，建立涵盖防灾减灾全周期、全方位的信息数据库。建立多灾种耦合的风险预测评估模型，强化灾害模拟技术，对城市综合风险动态评估分级管控。搭建智能化安全风险监管平台，加强对灾害和突发事件的系统化预测，及时发现风险监管薄弱区域及环节并进行治理。加强极端天气、破坏性地震、超标准洪水和城市积水内涝临近预报，提高预报预警精准度和时效性。建立突发事件预警信息发布标准体系，优化发布方式，拓展发布渠道和发布语种，提升发布覆盖率、精准度和时效性，强化针对特定区域、特定人群、特定时间的精准发布能力。建立重大活动风险提示告知制度和重大灾害性天气停工停课停业制度，明确风险等级和安全措施要求。

四、开展城市安全风险评估评价

开展城市安全风险评估评价工作是摸清风险底数，掌握重大风险是守住生命红线、遏制重特大事故发生的迫切需要，也是构建城市安全保障体系的重中之重，是城市经济高质量发展的坚实安全保障。

建立韧性城市评价指标体系是建设韧性城市的重要步骤。国内目标已有城市进行积极探索，如北京市的韧性城市指标体系从城市系统和韧性管理两个维度出发，构建出了建筑、人员、市政基础设施、交通、生态环境、领导力、资金支持、风险评估、监测预警、应急管理能力、恢复能力、协同能力 12 类二级指标，并在此基础上细化为 83 个三级指标。构建指标体系应以《安全韧性城市评价指南》（GB/T 40947—2021）为基础，考虑各种城市面临的多种压力，包括自然灾害、城市化、气候变化、人口增长等，以及城市内部的脆弱性、弹性和适应性。因此，该指标体系应包括基础设施的弹性和韧性、社会资源的可利用性、经济发展的韧性、环境承载能力、城市管理的能力和紧急响应机制的有效性等。此外，韧性城市评价指标还应针对不同城市的特点和需求进行适当调整和优化。各城市可以从自身风险特征和基础城市数据入手，制定符合经济社会发展实际的韧性指标和评估标准，并结合实际情况进行动态调整和更新。在此基础上，进一步细化评价实施的具体流程环节和主要指标，明确了评价指标的具体含义、数据来源和计算方法，有序组织开展城市韧性评价，并逐步建立制度化、常态化的韧性城市评价机制。此外，还需要强化评价结果运用，通过开展城市安全风险评估评价，找出城市运行过程中各种潜在的不利因素，及时发现和掌握韧性城市建设的薄弱环节，并采取有针对性的措施进行及时整改，不断提高城市应对风险的能力和水平。

参考文献

［1］习近平．国家中长期经济社会发展战略若干重大问题［J］．求是，2020（21）：4-10.

［2］单菁菁．中国共产党领导城市安全工作的思想脉络与实践探索［J］．城市与环境研究，2021（3）：6-12.

［3］胡象明．城市现代化过程中的安全悖论、治理困境及其应对思路［J］．国家现代化建设研究，2022，1（5）：87-98.

［4］赵吉．总体国家安全观下城市社会安全的全链条治理［J］．天津行政学院学报，2023，25（1）：14-21.

［5］范维澄．以安全韧性城市建设推进公共安全治理现代化［J］．人民论坛·学术前沿，2022（11）：12-24.

［6］刘宽斌，张卓群．大数据背景下的城市公共安全治理研究［J］．经济论坛，2022（11）：29-37.

第十四章　加强中国共产党对建设
人民城市的领导

中国特色社会主义最本质的特征是中国共产党的领导，中国特色社会主义制度的最大优势是中国共产党的领导。中国共产党是中国特色社会主义事业的领导核心，党的领导是全面的、系统的、整体的。建设人民城市，关键在党。当前，"人民城市"理念指明了下一步建设中国特色社会主义现代化城市的正确方向，而"人民城市人民建"对党加强自身建设、强化组织力、夯实功能定位提出要求，"人民城市为人民"对党的使命任务提出新要求。只有加强和改善党的领导，发挥党总揽全局、协调各方的领导核心作用，提高党把方向、谋大局、定政策、促改革的能力和定力，才能统一思想、凝聚共识，集中各方面力量、各方面资源来办大事，才能提高城市治理现代化水平，开创人民城市建设新局面。

第一节　坚持把党的领导贯穿人民城市建设全过程

办好中国的事情，关键在党。随着新型城镇化快速推进，城市社会结构、生产方式和组织形态发生深刻变化，人民对美好生活的需要日益增长，迫切要求充分发挥党的组织优势，不断提升党的城市工作水平。坚决维护党中央权威和集中统一领导，把党的领导落实到人民城市建设的各个领域、各个方面、各个环节，使党始终是人民城市建设过程中最可靠的主心骨，确保我国社会主义现代化城市建设正确方向，确保拥有团结奋斗的强大政治凝聚力、发展自信力，集聚起万众一心、共克时艰的磅礴力量。

一、人民城市建设需要发挥党的领导这一独特优势

（一）党以实现人民利益为一切工作的出发点和落脚点

为治之本，务在于安民；安民之本，在于足用。人民是否得实惠、日子过得好不好，是判断历史进步的重要标准之一。为了什么人的问题，是一个重大政治原则问题，是区分马克思主义政党和其他一切政党的根本标准。《中国共产党章程》明确把全心全意为人民服务作为党的根本宗旨。党的十九大报告明确提出，中国共产党人的初心和使命是为中国人民谋幸福，为中华民族谋复兴。始终把人民放在心中最高位置，把实现好、维护好、发展好最广大人民的根本利益，帮助最大多数人追求最大幸福作为全部工作的出发点和落脚点，这是践行党的宗旨的根本要求。只有人民群众真正获益，大家才能心往一块想、劲往一处使，不论遇到任何困难挑战、坡坎崖涧，都能朝着共同方向稳步前进。纵观古今中外，没有哪个集体、哪个政党能如中国共产党一般，通过对理想信仰的绝对忠诚、把人民放在心中最高位置、坚持理论联系实际等优良传统，团结带领全国各族人民，不断赢得胜利、建功立业、创造奇迹。从"为绝大多数人谋利益"，到"全心全意为人民服务"，再到"坚持以人民为中心的发展思想"，历史长河滚滚向前、时代主题涤故更新，不变的永远是党着眼于人的全面发展，以实现人民利益为一切工作的出发点。

（二）坚持以人民为中心是人民城市建设的出发点和落脚点

在我们这样一个拥有 14 亿多人口的发展中大国实现城镇化，在人类发展史上没有先例。若按 75% 的城镇化率目标计算，中国未来的城市人口将可能是欧洲与美国所有人口的总和。所以说，中国的城镇化是世界上最大规模的城镇化，推动 14 亿多人口整体迈入现代化社会，艰巨性和复杂性前所未有，这对于全球也将产生深刻影响，同时也决定了中国特色的城镇化道路不可能走欧美及其他国家的城镇化道路。中国特色新型城镇化建设的主要任务是实现农村人口由农业向非农产业的职业转换和居住地由农村区域向城市区域迁移的空间聚集，其本质要求是"以人为核心"，旨在促使城镇建设更加优化，区域发展更加协调，城乡差距进一步缩小，基本公共服务更加均等，进一步促进社会公平正义。坚持以人民为中心，是新时代坚持和发展中国特色社会主义的根本立场。习近平总书记指出："人民对美好生活的向往，就是我们的奋斗目标。"城市归根结底是人民的城市，人民对美好生活的向往，就是城市建设与治理的方向。"人民城市人民建，人民城市为人民"既是我国现阶段城市发展理念的充分表述，也是城市治理的根

本目的所在。唯有坚持从国情出发、从实际出发，全面想问题、科学作决策、务实办事情，坚持以人民为中心的发展理念，踔厉奋发、团结奋斗，才能真正推进以人为核心的新型城镇化，实现人的全面发展、全体人民共同富裕。今天，西方的城市发展已经相对固化，中国的城市发展却还如火如荼，城市理论发展的实践基础，正逐渐转移到以中国为代表的新兴国家中，中国的城市实践将为未来城市理论发展提供丰富的实证基础。在这个大的时代背景下，"人民城市"理念的提出正当其时，一切"以人民为中心"，以生产、生活、生态和生命的有机统一为建设基础，以幸福感、获得感、安全感"三感"为衡量标准，构成了中国特色城市发展理论的主体。

（三）党的宗旨使命与人民城市建设的目标要求高度契合

人民立场是党的根本政治立场，人民群众是党的力量源泉。2015 年，习近平总书记在中央城市工作会议上指出："做好城市工作，要顺应城市工作新形势、改革发展新要求、人民群众新期待，坚持以人民为中心的发展思想，坚持人民城市为人民。这是做好城市工作的出发点和落脚点。"这一重要论述，是党全心全意为人民服务根本宗旨在城市工作领域的具体展开，不仅揭示了中国特色社会主义城市的人民性，也为我们在新时代推进城市建设指明了前进方向，使党的宗旨使命与人民城市建设的目标要求实现了高度契合。一方面，中国共产党和人民政府的初心和使命是为中国人民谋幸福、为中华民族谋复兴，实现全体人民的全面发展与共同富裕。"人民至上"的城市使命，是涉及城市发展与空间生产、使用、治理等活动中的人民立场，如"城市是人集中生活的地方，城市建设必须把让人民宜居安居放在首位，把最好的资源留给人民"。另一方面，"人民城市"理念的人民主体观回答了城市发展"为了谁"的问题，即城市建设发展是为了生活在城市内、参与城市各类活动的社会共同体，即人民，而这也是党的宗旨使命所在。

（四）人民城市建设需要发挥党的领导这一独特优势

回顾党成立以来中国社会主义革命、建设和改革的发展历程，可以得出一个基本结论：办好中国的事情，关键在党。历史和现实、理论和实践都证明：没有党的领导，就不可能有中国特色社会主义事业的开创和推进，党的领导是坚持和发展中国特色社会主义事业的根本的政治保证。同时，党的宗旨使命与人民城市建设的目标要求高度契合，卓有成效地推动人民城市建设是党的一项重要工作。党具有巨大的思想优势、政治优势和组织优势，有信心有能力随时准备应对重大挑战、抵御重大风险、克服重大阻力、解决重大问题。因此，推进人民城市建设，毫不动摇坚持党的领导是根本保证，建设人民城市必须构建党建统领新格局。

二、党在我国城市建设发展的历史实践中发挥了强有力的领导作用

在不同历史发展阶段，党总是能够根据党的中心任务的变化确定正确的城市发展策略，引领我国城市建设发展取得各种成就，其间积累了丰富的实践经验，形成了丰富的人民城市建设思想，探索出一套行之有效的科学工作方法，为建设适应国情的中国特色城市建设道路奠定了基础、指明了方向。

（一）改革开放以前党领导的城市建设实践

早在 1949 年，党的七届二中全会着重讨论了党的工作重心的战略转移的问题，提出从现在起，社会主义事业进入从城市到乡村并由城市领导乡村的时期，工作重心必须放在城市，党必须用极大的努力去学会管理和建设城市，开展城市工作的中心任务是恢复和发展生产。这次全会解决了党的工作重心从乡村转移到城市后的思路和发展途径，为实现党的工作重心的顺利转移，保障中国由新民主主义向社会主义的转变，从政治上、思想上和理论上为建立和建设中华人民共和国做了充分的准备。20 世纪 60 年代初，面对当时城市经济生活的突出矛盾，中共中央、国务院在 1962 年和 1963 年先后召开了全国第一次和第二次城市工作会议。第一次城市工作会议分析了城市工作中存在的问题，提出解决的办法"首先是恢复正常生产"，随后出台了中共中央、国务院《关于当前城市工作若干问题的指示》；第二次城市工作会议分析了城市工作的形势和主要任务，提出要从工业、商业、城郊农业生产、房屋和市政设施建设、计划生育、城市就业、职业教育、城市管理等方面做好城市工作。这两次党领导下的城市工作会议明确了对城市的基本认识，有效指导了城市各项工作的有序开展，为发展城市经济起到了重要作用。

（二）改革开放以来党领导的城市建设实践

1978 年 3 月，改革开放后的第一次全国城市工作会议召开；4 月，党中央批转了这次会议制定的《关于加强城市建设工作的意见》。该意见强调了城市在国民经济发展中的重要地位和作用，要求城市适应国民经济发展的需要，提出了城市整顿工作的一系列方针、政策。这次会议召开之际，恰逢我国城市发展进入一个新阶段，城镇数量大幅度增加，开始进入依照城市规划进行建设的科学轨道，

城市建设出现了中华人民共和国成立以来从未有过的好形势，因此这次会议是城市建设历史性转折的一个新起点。《关于加强城市建设工作的意见》提出了控制大城市规模、发展中小城镇的城市工作基本思路，首次明确了应"提高对城市和城市建设重要性的认识"，指出"城市是我国经济、政治、科学、技术、文化、教育的中心，在社会主义现代化建设中起着主导作用。城市建设是形成和完善城市多种功能、发挥城市中心作用的基础性工作"。该意见首次将城市发展规划定义为刚性规划，规定"城市规划一经批准，必须认真执行，不得随意改变"，基本建立了此后30多年时间中城市规划的基本架构。该意见明确了城市建设的七项任务：提高对城市和城市建设重要性的认识，坚持城市建设与经济协调发展；建立合理的城镇体系，走有计划发展的道路；搞好城市规划，加强规划管理；改革城市建设体制，增强活力，提高效益；加强城市基础设施建设，创造良好的投资环境和生活环境；管好用好城市建设资金，充分发挥投资效益；城市政府要集中力量搞好城市的规划、建设和管理。

（三）党的十八大以来党领导的城市建设实践

党的十八大以来，以习近平同志为核心的党中央抓大事、谋长远，召开中央城镇化工作会议、中央城市工作会议，针对关系全局、事关长远的问题实施了一系列重大发展战略，这一系列重大战略部署已经并将继续对我国经济发展变革产生深远影响。2013年12月，中央城镇化工作会议在北京召开，会议强调城镇化是现代化的必由之路，推进城镇化是解决农业、农村、农民问题的重要途径，是推动区域协调发展的有力支撑，是扩大内需和促进产业升级的重要抓手，对全面建成小康社会、加快推进社会主义现代化具有重大现实意义和深远历史意义，同时提出今后的重点任务是推进农业转移人口市民化、提高城镇建设用地利用效率、建立多元可持续的资金保障机制、优化城镇化布局和形态、提高城镇建设水平、加强对城镇化的管理。2015年12月，面对我国城市发展已经进入新发展时期，中央时隔37年再次召开城市工作会议，提出贯彻创新、协调、绿色、开放、共享的发展理念，坚持以人为本、科学发展、改革创新、依法治市，转变城市发展方式，完善城市治理体系，提高城市治理能力，着力解决"城市病"等突出问题，不断提升城市环境质量、人民生活质量、城市竞争力，建设和谐宜居、富有活力、各具特色的现代化城市，提高新型城镇化水平，走出一条中国特色城市发展道路。此次会议最初基于重点关注城市规划、建设和管理，但几经酝酿最终上升为对城市发展的一次全方位部署，其内容与城市居民的衣食住行、生老病死、安居乐业等都息息相关。在随后的党的十九大、党的二十大报告中，都明确了城市建设发展的总体思路，提出了以疏解北京非首都功能为重点的京津冀协同发展战略，高标准、高质量建设雄安新区，以城市群、都市圈为依托构建大中小城市协调发展格局，推进以县城为重要载体的城镇化建设、坚持人民城市人民建、人民城市为人民，提高城市规划、建设、治理水平，加快转变超大特大城市发展方式，实施城市更新行动，加强城市基础设施建设，打造宜居、韧性、智慧城市等，为今后一个时期城市建设发展提供了科学指引。

三、在人民城市建设全过程中加强党的领导

城市工作是一个系统工程，提高城市工作的系统性必须统筹规划、建设、治理全过程，建立健全党委统一领导、党政齐抓共管的城市工作格局，不断提高城市工作的科学性、系统性。

在规划方面，应督促各级党员领导干部树立"规划科学是最大的效益，规划失误是最大的浪费，规划折腾是最大的忌讳"的理念，充分发挥城市规划在城市发展中的引领作用，坚定自觉把党中央决策部署落到实处，加快推动城市发展规划的编制完善，明确城市功能定位、产业分工、城市布局、设施配套、综合交通体系等重大问题，从财政政策、投资政策、项目安排等方面形成具体措施；从构成城市诸多要素、结构、功能等方面入手，对事关城市发展的重大问题进行深入研究和周密部署，系统推进各方面工作；以全党大兴调查研究之风为契机，推动事关城市发展的重大问题必须进行深入调研，事关城市风貌整体性、文脉延续性的地域环境、文化特色、建筑风格必须加以科学保护。

在建设方面，应本着对历史、对人民高度负责的态度，提高城市建设水平，打造宜居、韧性、智慧城市；建立完善城市建筑质量管理制度和责任追究制度，细化落实各级党委和政府的领导责任和相关部门的监管责任、企业主体责任；完善党员领导干部的考核机制和奖惩措施，推动城市建设严格遵照城市规划执行，领导干部一茬接着一茬干，一任接着一任干，避免大拆大建、乱拆乱建，防止换一届领导、改一次规划，同时也要杜绝一些领导干部急于求成、贪大求洋、定位过高、口号过多等问题。

在管理和服务方面，应发挥基层党组织的战斗堡垒作用和党员的先锋模范作用，加强城市治理创新和服务创新，提高城市精细化管理水平，让人民群众在城市生活得更方便、更舒心、更美好，应当构建纵向贯通、横向整合、多元参与的基层治理格局；推进城市管理机构改革，创新城市工作体制机制，将城市工作纳入经济社会发展综合评价体系和领导干部政绩考核体系，推广现代绩效管理和服务承诺制度，建立城市工作行政问责制度，健全社会公众满意度评价和第三方考

评机制；着力提高干部素质，把培养一批专家型的城市管理干部作为重要任务，用科学态度、先进理念、专业知识去建设和管理城市；通过机构改革、党建引领、技术平台等多种途径，贯通区、街道与居民区等治理层级，联结纵横各方的治理要素，进一步引入现代治理体系，通过"政务服务一网通办""城市运行一网统管"实现"民有所呼、我有所应"，开创党建引领下的居民自治与多元共治新局面。

第二节 注重发挥城市基层党组织的战斗堡垒作用

党的工作最坚实的力量支撑在基层，最突出的矛盾和问题也在基层，必须把抓基层、打基础作为长远之计和固本之举。党对城市工作的全面领导，最终要落脚到城市基层党组织充分发挥政治核心作用。加强和改进城市基层党建工作，充分发挥基层党组织的战斗堡垒作用，把城市基层党组织建设成为宣传党的主张、贯彻党的决定、领导基层治理、团结动员群众、推动改革发展的坚强战斗堡垒，对于坚持和加强党对城市工作的全面领导，夯实党在城市的执政基础，推进国家治理体系和治理能力现代化而言具有重要意义。

一、城市基层党组织是党领导人民城市建设工作的基础

（一）城市治理的重心在基层

治国安邦重在基层。基层是一切工作的落脚点，是政治稳定、社会和谐的基石，担负着保证国家法律政策顺利执行、行政管理有效实施、基本公共服务有效供给等重任。基础不牢，地动山摇。因此，推进国家治理体系和治理能力现代化的基础性工作在基层，推动党和国家各项政策落地的责任主体在基层。从城市来看，我国城市数量众多、类型多样，不同城市间的情况千差万别，而不论城市差别多大，城市治理的重心终究在基层，最复杂的矛盾在基层，工作任务要落到基层。可以说，社会治理的重心在基层，难点也在基层，社会治理的重心必须落到城乡、社区。作为城市的基本组成单位，社区具有政治、经济、教育、文化、福利、环保、卫生及安全等多种功能，已经成为开展城市治理的重要场域。社区是社会的细胞和国家与社会的接口，是基层民主政治建设的平台，也是社会整合的

重要载体。在全面深化改革过程中，社区承载了越来越多的城市治理职能，城市治理社区化的趋势日益显现，并已经成为城市治理合法性和实效性的基石。

（二）注重基层党组织建设是党的制胜法宝

从嘉兴南湖的一只小船出发，成长为当今世界规模最大的执政党，注重基层党组织建设，一直是党的制胜法宝，也是不断发展壮大的根本经验。《中国共产党章程》明确了党支部是党的基础组织，担负直接教育党员、管理党员、监督党员和组织群众、宣传群众、凝聚群众、服务群众的职责，同时规定了企业、农村、机关、学校、医院、科研院所、街道社区、社会组织、人民解放军连队和其他基层单位，凡是有正式党员三人以上的，都应当成立党的基层组织。这也就决定了基层党组织在社会各个层面尤其在城市社会中各行各业实现全覆盖，能够密切联系群众，经常了解群众对党员、党的工作的批评和意见，维护群众的正当权力和利益，做好群众的思想政治工作，同时能够充分发挥党员和群众的积极性创造性，发现、培养和推荐他们中间的优秀人才，鼓励和支持他们在改革开放和社会主义现代化建设中贡献自己的聪明才智。可以说，健全的基层组织体系是党的领导延伸到基层的重要保障，是加强和创新城市治理所依靠的最基本、最直接、最关键的力量。让基层党组织成为主心骨，以广大人民群众的根本利益为首要目标，及时解决好人民群众最关心最直接最现实的利益问题，才能得到广大群众的信赖和支持。

（三）城市基层党组织是党在城市全部工作和战斗力的基础

基层党组织尤其是街道社区党组织是党在城市基层工作的基础，是社会治理体系中的重要一级，处于承上启下、联结四方的枢纽核心位置，担当执政使命，关乎执政根基。习近平总书记指出："社区治理得好不好，关键在基层党组织、在广大党员，要把基层党组织这个战斗堡垒建得更强，发挥社区党员、干部先锋模范作用，健全基层党组织领导的基层群众自治机制，把社区工作做到位做到家，在办好一件件老百姓操心事、烦心事中提升群众获得感、幸福感、安全感。要牢记党的初心使命，为人民生活得更加幸福再接再厉、不懈奋斗。"城市基层党组织在宣传党的主张、贯彻党的决定、领导基层治理、团结动员群众、推动改革发展中发挥着重要作用。加强党对城市工作的领导，一定要横到边、纵到底，把城市基层治理和基层党建紧密结合起来，把党的领导深深根植于城市基层各类组织和各项工作之中一体化构建，这是加强党对城市工作领导的着力点和工作重心。加强和改进城市基层党的建设工作，充分发挥城市基层党组织的战斗堡垒作用，党在城市的执政根基就能更加坚如磐石。城市基层党的建设涉及区域、系统、条条、块块等多个方面，只有把党的组织功能、组织优势、组织力量充分发挥出来，让党的每一个"细胞"都健康起来、每一个组织都坚强起来，把全面从严治党要求落实到城市基层各个领域、各个方面，才能以党的建设贯穿基层治理、保障基层治理、引领基层治理，为建设和谐宜居、富有活力、各具特色的现代化城市提供坚强组织保证，为实现"两个一百年"奋斗目标、实现中华民族伟大复兴的中国梦提供强有力的支撑。

二、发挥城市基层党组织战斗堡垒作用的经验做法

近年来，各地积极适应城市经济社会结构、产业布局、党员流向新变化，坚持与时俱进、因地制宜、互联互动、创新发展，在发挥基层党组织战斗堡垒作用，推动人民城市建设方面开展了一些有益探索，积累了丰富经验。

（一）健全市、区、街道、社区党组织四级联动体系，打造城市基层党组织"同心圆"

各地着眼城市基层党组织建设的特点和规律，探索创新基层党建的体制机制，坚持四级联动，推进党的组织和工作在城市基层全覆盖，为党建工作扎实开展提供组织保证。一是建立健全基层党建组织体系。上海、黑龙江、山东、福建、四川、云南、陕西等地普遍实行街道"大工委"、社区"大党委"制，吸收驻区单位党组织负责人担任兼职委员，构建起"街道党工委—社区党委—网格党支部—楼院党小组"上下贯通的党组织体系。深圳市光明区公明社区形成"社区党委—网格党支部—楼栋党员—党员志愿者""四级联动"社会治理体系，发挥基层党组织和党员牵头带动作用，带动义工、专职社工、民间组织和群众共同参与社区治理。二是创新党组织设置方式。比如，广西壮族自治区柳州市柳南区将组织建在网格上，依托社区网格化管理，调整基层组织设置，采取"一格一支部"或"多格一支部"等方式，将559个基层党组织、12240名党员纳入网格管理，实现党建工作对网格的全覆盖。浙江省宁波市奉化区探索建立跨单位跨体系的"社区党建联合体"，目前已建成第一批社区党建联合体12个，下辖98家机关事业单位、296家"两新"组织。三是完善党建工作责任体系。江苏省南京市制定街道党工委、社区党组织抓党建工作责任清单，从组织覆盖、组织生活、服务群众、典型引领等12个方面，细化32项职责任务，实现城市基层党建责任"一单清"。浙江省杭州市建立区委书记抓党建例会和基层党建工作调度制度，完善城区、街道、社区"月会季赛年评"三级责任联动机制，推动党建工作从"软任务"变成"硬指标"。云南省玉溪市红塔区建立"月查、季报、半年小结、年

度考核"的党建工作督查机制，把考核结果与评优评先紧密结合，树立起"抓好党建是最大政绩"的鲜明导向。

（二）推动管理和服务力量向街道社区下沉，激发城市基层党组织"新活力"

各地坚持大抓基层、夯实基础，强化街道党工委职能作用，做强做优街道社区党组织工作，激发基层党组织活力。一是引导基层党组织聚焦主责主业。比如，上海市进一步优化街道党工委内设机构的职能整合和功能设置，取消街道招商引资职能及相应考核指标，推动街道党工委把工作重心转移到基层党组织建设上来，转移到为经济发展提供良好的公共环境上来。山东省济南市强化街道抓党建职能，进一步明确街道党工委抓党建 8 项职责，104 个街道全部成立党建办公室，平均配备专职工作人员 4 人以上。云南省昆明市五华区建立社区工作准入清单，推行社区公共服务事项准入制度，将不该由社区承担的政府职能和社会事务剥离出来。二是建设专业化社区骨干队伍。比如，江苏省南京市抓住社区"两委"换届契机，鼓励机关优秀年轻干部到社区任职，目前全市社区书记平均年龄 43.1 岁，本科以上学历超过 60%，机关事业单位干部任社区书记的占 1/4。湖北省武汉市出台社区工作者管理办法，每年面向优秀社区书记定向招录街道公务员和事业编制人员，建立社区工作者结构化薪酬体系，社区书记年均收入 5.3 万元。三是加强基层基础保障。比如，吉林省出台规范性意见，把各部门对社区的支持政策捆绑打包下放到社区，服务群众项目由党组织负责落实。广东省深圳市明确基层党组织活动经费纳入财政预算，以每个社区每年 10 万元为基数，再按照每名党员 500 元的标准拨付党建经费，市、区财政每年投入社区、园区服务群众经费达 30 亿元。宁夏、甘肃、贵州等地从有限的财力中划拨专项经费，建设标准化、规范化的社区党组织场所阵地。成都市全面实施社区活动阵地提档升级，市县两级财政共投入 25.5 亿元，力争到 2017 年每个社区活动阵地都不低于 300 平方米，为群众提供全方位、多种类、面对面的服务。

（三）推进各类基层党组织共建互补，凝聚城市基层党组织"向心力"

各地注重从共同目标、共同利益、共同需求入手，打破行政隶属壁垒，拆除相互封闭藩篱，推动区域化党建由"感情化"维系向"责任化"分担转变。一是建立组织联结纽带。比如，浙江省杭州市普遍建立党建共建委员会，全面推行街道党员代表会议制度，建立互联互动的组织体系和工作机制，全市 4825 名辖区单位党组织负责人兼任街道党建共建委员会委员，791 名辖区单位党组织负责人、党员社区民警等兼任社区党委委员。河南省郑州市管城回族区在全区 11 个街道资源集中地开辟"红色街区",街区内各类型党组织组建共建理事会,实行轮值主席制,定期召开党建联席会、常任理事会,建立街区协调议事长效机制。二是强化新兴领域党建。比如,北京市成立首都互联网协会党委,整建制接转36家规模较大的企业党组织,其中党委15家、党总支2家、党支部19家。广东省深圳市选聘1800多名党建组织员到社区、园区、"两新"组织专门负责党建工作。山东省济南市针对省会城市楼宇园区众多、新群体大量集聚的实际,在56个大型商务楼宇和产业园区设立楼宇党委、园区党委,建立党建工作指导站76个,选派党建指导员368名,推动新组建企业党组织3089家。三是推动资源共享共赢。比如,天津、河北、山西、河南等地普遍建立党群活动服务中心,以组织资源引导整合服务资源,推动资源配置利用效果最大化。广西壮族自治区南宁市西乡塘区集中城区、街道、社区三级和院校单位、企业的优势资源,签订设施场所共享协议,通过免费使用、预约使用、付费使用等方式,将各类党员活动室、图书阅览室等向辖区党员群众开放。四是建好平急转换机制。广东省梅州市通过明确各基层党组织在"平时"和"急时"的不同职责定位,加强区域统筹、部门协同、上下联动,将党的基层组织体系、基层治理体系转换为指挥统一、整体联动、快速响应、执行有力的应急管理体系,助力韧性城市建设见实效。

(四)发挥城市党组织领导核心作用和党员先锋模范作用,强化城市基层党组织"引领力"

各地针对城市党员队伍构成特点,注重采取多种有效形式,发挥党支部主体作用,把各领域党员的积极性和主动性充分调动起来。一是推进党支部规范化建设。比如,海南、重庆、西藏和安徽黄山市、湖北宜昌市、福建漳州市、云南红河州等地出台党支部规范化建设的措施,从组织健全、制度完善、运行规范、活动经常、作用突出等方面,对党支部建设提出具体要求,以制度严责任、补短板、促规范。湖北、江西、广西贵港市、内蒙古乌兰察布市、江苏丹阳市、厦门市海沧区等地规范支部主题党日活动,有效提高"三会一课"、党性锻炼等制度的执行力。二是加强党员教育管理。比如,浙江省宁波市挖掘红色资源和城市文化,分领域打造220个开放式组织生活基地,推出60个最佳创意组织生活菜单,党员亲身参与主题策划、内容安排,满足不同领域党员需求。各地还积极运用"互联网+"加强党员教育管理,打造出云南"云岭先锋"、福建"党员e家"、青海西宁"夏都学习"、浙江桐乡"红云App"、合肥蜀山区"锋领蜀山党建云平台"等"智慧党建"学习平台,受到基层党员欢迎。三是推动在职党员到社区服务。比如,湖北省枣阳市开展"在职党员进社区,服务群众零距离"活动,按需设岗定责，设置多种服务项目，4441名在职党员参与进社区为民服务的工作中来，打造了"笑颜义工队""认领微心愿"等服务品牌。大连市西岗区通过街道社区党组织列出党建项目"清单"、驻区单位点对点认领的方式，实现党建项目"订单式"管理。贵州省遵义市根据在职党员特长和社区群众需求，建成20余个类别、200余项贴近社区群众生产生活实际的服务项目库，更好地服务居民群众。

三、发挥城市基层党组织战斗堡垒作用的着力点

（一）推进城市基层党组织"赋权扩能"，增强服务人民城市建设的能力

基层党组织要注重将社会分散、多元的要素纳入基层治理框架，在社会主体的利益分化中彰显基层党组织的整合引领功能，不断提升基层党组织群众组织力和社会号召力。城市街道党组织是联结辖区内各领域党组织的"轴心"，是推进城市基层党建的"龙头"。只有街道党组织坚强有力，才能充分发挥统筹协调和龙头带动作用。因此，一是要以街道党组织为重点，积极推进城市基层党组织管理体制改革，优化机构设置和职能配置，给基层党组织"赋权扩能"，赋予街道对派驻基层尤其是街道的工作力量统一指挥调度、考核监督等相应的职责职权，使基层党组织能够聚焦主责主业，集中精力抓党建、抓治理、抓服务。二是要按照重心下移、权责一致原则，落实好基层党组织尤其是城市街道党工委对上级党组织及政府职能部门派出机构负责人选拔任用的征得同意权、城市规划参与权、公共事务综合管理权、区域内事关群众利益重大决策和重大项目建议权等权力，同时将城市管理、市场监管等职能部门力量派驻街道，实行"区属街管街用"管理模式，为街道党工委协调各方、领导基层治理创造必要条件。三是要着眼于提升基层治理服务水平，调整优化街道内设机构，综合设置基层党建、公共管理、公共服务、公共安全等内设工作"后台"，并与"后台"对应，统筹设立党群服务、综合治理、市场监管、综合执法、便民服务等功能性"前台"，开展"一门式办理""一站式服务"。四是要综合区位特点、人群特征、服务半径等因素，整合党建、政务和社会服务等各种资源，整合各级党建信息平台与政务信息平台、城市管理服务平台等，统筹建设布局合理、功能完备、互联互通的党群服务中心，依托楼宇、园区、商圈、市场或较大的企业建设特色鲜明、功能聚焦的区域性党群服务中心（站点），打造党员和群众的共同园地。

（二）推进城市基层党组织"减负增效"，激发服务人民城市建设的活力

习近平总书记强调，社区是基层基础，只有基础坚固，国家大厦才能稳固。

社区党组织是离群众最近的一级党组织，是城市基层的"堡垒"。但长期以来，以社区为主体的城市基础治理单元由于承担了太多行政事务性工作，分散了工作精力，影响了作用发挥。要想充分发挥基层党组织领导基层治理、整合辖区资源、服务社区群众、维护和谐稳定、建设美好家园的作用，就要给基层治理单元特别是社区减负增效。减负，就要进一步精简社区事务负担，制定社区事务准入名录，建立小微权力清单，规范机构牌子，精简工作台账，全面清理各类证明，落实职能部门"费随事走""人随事转"制度，使社区党组织有时间有精力开展服务群众工作。增效，就要加强对城市基层党组织的工作支持和资源保障，统筹上级部门支持社区的政策，整合资金、资源、项目等，推进上级部门的人才、资金、技术、服务向社区下沉，并以社区党组织为主渠道落实；充分发挥社区党组织整合辖区力量和资源的作用，凝聚开展服务群众的工作合力；积极改进创新服务方式，依托党群服务中心站点推广"一站式"服务和错时延时、坐班值守、预约上门等服务，广泛开展志愿服务、"微心愿"服务，把群众身边的"关键小事"做深做细做出感情；采取向社会组织、市场主体、民办社工机构购买服务等方式，丰富社区服务供给，提升专业化服务水平。

（三）推进城市基层党组织"联建融合"，凝聚服务人民城市建设的合力

城市基层党建是一个系统工程，城市各个系统、各个领域、各个单位，本质上相互渗透、相互贯通、相互联结，要形成城市基层党建整体效应，必须解决城市各领域党建"各自为政""各抓各的"问题。一方面，应充分发挥街道社区党组织统筹协调作用，积极与辖区内外的各类党组织开展融合联建，打造不同类型的党建联合体，通过党建联合体整合共享各类资源、组织开展党建活动、研究解决工作中存在的问题，实现党建工作由单打独斗向互动融合转变，规范提升各单位的党建工作水平，实现以党建为引领，基层治理、为民服务等各项工作协同推进，推动城市基层党建在整体融合中实现内涵式发展、系统性增效。另一方面，将党的组织工作推进到城市各类组织、各类人群中去，把单位、行业和各个领域党组织联结整合起来，使之成为一个有机整体、形成严密的组织体系。具体而言，纵向上，要强化市、区、街道、社区党组织四级联动，市委抓规划指导、区委提思路目标、街道党工委"龙头"带动，社区党组织具体落实，层层压实城市基层党建工作责任制；横向上，持续深化街道"大工委"、社区"大党委"制，将驻区单位、联点单位、新兴组织、商业网点吸纳为委员单位，推进街道社区党建、单位党建、行业党建互联互动，建立资源、需求和项目"三项清单"、签订双向服务承诺书、共享优势资源，推动单位党建、行业党建、区域党建互联互

动，让一个个"党建孤岛"串联成"党建高地"，实现组织功能、组织优势、组织力量最大化，从而构建起纵向到底、横向到边、相互贯通、协同发力的"一体化"组织体系，确保城市基层党建工作有序推进、有效运转。

（四）推进城市基层党组织"有的放矢"，提高服务人民城市建设的效力

习近平总书记指出，要把加强基层党的建设、巩固党的执政基础作为贯穿社会治理和基层建设的一条红线。城市基层治理是国家治理体系的重要组成部分，理所当然要加强党的领导，以党的建设贯穿基层治理、保障基层治理、引领基层治理。加强城市基层党建，要坚持以人民为中心的理念，把服务群众、造福群众作为基层治理的出发点和落脚点。发挥城市基层党组织的战斗堡垒作用，就必须牢牢抓住预防和化解基层社会矛盾这一"牛鼻子"，确保城市治理"有的放矢"。因此，一是要加强矛盾纠纷的排查调处化解平台建设、队伍建设和体制机制建设。二是要继承和发扬浙江枫桥干部群众创造的"依靠群众就地化解矛盾"的"枫桥经验"，适应时代要求，创新群众工作方法，善于运用法治思维和法治方式解决涉及群众切身利益的矛盾和问题，把"枫桥经验"坚持好、发展好，把党的群众路线坚持好、贯彻好。三是要在基层社会治理中要增强法治思维，敢于用法、善于用法，把法治思维和法治方式贯穿于治理的全过程，更好地维护人民群众合法利益。四是要加强党组织治理服务创新。当前，许多基层的探索都可圈可点。比如，基层探索"银龄互助时间银行""时间券"等，由年纪稍轻的老人志愿为年老体弱的老人提供养老服务；一些基层以"乡贤"为纽带，由扎根本土、社会威信较高的乡贤来调解和处理乡村矛盾；一些基层探索民主议事会制度或问政制度，为居民搭建凝聚民主、汇聚民智的议事平台等。因此，应充分发挥人民主人翁意识，以基层党组织打造的平台为依托，探索民主协商制度、监督制度、反馈制度，从而把我国制度优势更好转化为国家治理效能。

第三节 党建引领激发城市共建共治共享新活力

坚持不懈加强党的建设，是我们党由弱到强、不断成熟的一大法宝，也是党的各项事业不断取得胜利的根本保证。坚持把党的领导贯穿人民城市建设全过程，关键在于加强党的建设。党建强则发展强，党建高质量发展，则城市高质量

发展就有了保障。应强化党建领航、党建融合、党建赋能，以党建加强党对人民城市建设的领导，始终保持党同人民群众的血肉联系，构建人民城市共建共治共享新格局，激发人民城市建设活力。

一、筑牢引领人民城市建设的理想信念根基

（一）理想信念是共产党人精神上的"钙"

习近平总书记指出："坚定理想信念，坚守共产党人精神追求，始终是共产党人安身立命的根本。对马克思主义的信仰，对社会主义和共产主义的信念，是共产党人的政治灵魂，是共产党人经受住任何考验的精神支柱。形象地说，理想信念就是共产党人精神上的'钙'，没有理想信念，理想信念不坚定，精神上就会'缺钙'，就会得'软骨病'。现实生活中，一些党员、干部出现这样那样的问题，说到底是信仰迷茫、精神迷失。"坚定的理想信念是共产党人的灵魂，是共产党人前赴后继、奋斗不息的精神支柱和力量源泉，也是我们党的事业不断成功的奥秘所在。正是因为有了崇高的理想信念，我们才能够在纷繁复杂的大千世界中不迷失方向，才能够在遇到挫折的时候不丧失信心，自觉做到千磨万击还坚劲，任尔东西南北风。坚定的理想信念，始终是共产党人永葆生机的精神动力。无数革命先烈在生与死的考验面前能够威武不屈，就是因为对共产主义理想坚贞不渝，矢志不移；在社会主义建设和改革中，许许多多的党员为党和人民的事业鞠躬尽瘁、死而后已，就是因为他们有崇高而坚定的理想信念的激励。"革命理想高于天"，这句响亮的口号激励了一代又一代中国共产党人前赴后继、顽强奋斗，使中华民族伟大复兴的光辉前景前所未有地展现在我们面前。

（二）以加强政治理论学习坚定理想信念

习近平总书记强调，党员干部只有胸怀天下、志存高远，不忘初心使命，把人生理想融入党和人民事业之中，把为人民幸福而奋斗作为自己最大的幸福，才能拥有高尚的、充实的人生。习近平总书记还强调，理论上清醒，政治上才能坚定。坚定的理想信念，必须建立在对马克思主义的深刻理解之上，建立在对历史规律的深刻把握之上。有理论上的坚定，才会有政治上的坚定和信仰上的坚定，只有学会并掌握了马克思主义基本理论，党的指导思想才会落到实处，才能把马克思主义的信仰内化于心，外化于行。因此，坚定理想信念，必先知之而后信之，信之而后行之。应认真学习马克思主义理论，真正掌握马克思主义立场、观点、方法，深刻认识和准确把握共产党执政规律、社会主义建设规律、人类社会

发展规律，确保在纷繁复杂的形势下坚持科学指导思想和正确前进方向，带领人民走对路，才能把中国特色社会主义不断推向前进。应坚持读原著学原文悟原理，深入实施习近平新时代中国特色社会主义思想教育培训计划，用好中心组学习、读书班、研讨班、新时代文明实践中心等载体，推动理论武装走深走实，推动各级党组织和广大党员、干部成为习近平新时代中国特色社会主义思想的坚定信仰者、忠实实践者，把拥戴核心、维护核心、追随核心、服从核心作为最大、最根本的忠诚，以实际行动增强"四个意识"、坚定"四个自信"、做到"两个维护"，确保在思想上政治上行动上与以习近平同志为核心的党中央保持高度一致。

（三）以加强城市工作理论学习强化理想信念

习近平总书记指出，要加快培养一批懂城市、会管理的干部，用科学态度、先进理念、专业知识去规划、建设、管理城市。党的十八大以来，以习近平同志为核心的党中央深刻认识城市在我国经济社会发展、民生改善中的重要作用，不断加强党对城市工作的领导，坚持人民城市为人民，推进以人为核心的新型城镇化，走出了一条中国特色城市发展道路。习近平同志围绕城市工作发表的一系列重要论述，立意高远，内涵丰富，思想深刻，明确了城市发展的价值观和方法论，深刻揭示了中国特色社会主义城市发展规律，深刻回答了城市建设发展依靠谁、为了谁的根本问题，以及建设什么样的城市、怎样建设城市的重大命题，对于不断推进国家治理体系和治理能力现代化，提高新型城镇化水平，提升城市环境质量、人民生活质量、城市竞争力，建设和谐宜居、富有活力、各具特色的现代化城市，开创人民城市建设新局面，全面建设社会主义现代化国家、全面推进中华民族伟大复兴，具有十分重要的指导意义。因此，应进一步督促各级党员干部深入学习习近平总书记关于加强和改善党对城市工作领导、人民城市建设以及关于城市建设发展中的三大结构、三大环节、三大动力、三大布局、三大主体问题等方面论述，以党的城市工作理论武装头脑，指导人民城市建设实践，尽快学会弄懂城市建设和管理这门科学、掌握城市发展的规律，提高领导城市工作能力，确保人民城市建设符合党和国家的大政方针，符合最广大人民群众的利益。

二、锻造支撑人民城市建设的党员干部队伍

（一）严把政治关

事业兴衰，关键在人。习近平总书记指出，要建立一支素质优良的专业化社区工作者队伍，推动服务和管理力量向基层倾斜，激发基层活力。加强和创新社

会治理，关键是体制创新，核心是人。坚持和加强党对人民城市建设的领导，关键在于建设高素质专业化的执政骨干队伍和人才队伍。应把强化政治素质考察、政治把关作为识别评价干部第一位的任务，在人选的标准条件上凸显政治要求，在考察识别上突出政治素质，在审核把关上将"违反政治纪律和政治规矩的"作为不得列为考察对象的第一种情形，扎紧织密严把人选政治关的制度笼子，确保党的领导权牢牢掌握在忠于党、忠于中国特色社会主义的人手里，坚决防范"两面人"窃取领导岗位，坚决防止政治上有问题的人蒙混过关、投机得逞。

（二）选出能干人

选干部、用人才既要注重品德，也不能忽视才干。对江西来说，配班子、用干部，就是要紧紧围绕江西省委"创新引领、改革攻坚、开放提升、绿色崛起、担当实干、兴赣富民"的工作方针和推进高质量跨越式发展的首要战略，服从服务经济社会发展大局，按照建设高素质专业化干部队伍的目标要求，及时把那些愿干事、真干事、干成事的干部发现出来、任用起来，切实把事业最需要的干部、最合适的干部用当其时、用适其位。把提高治理能力作为新时代干部队伍建设的重大任务，加强干部教育培训，通过思想淬炼、政治历练、实践锻炼、专业训练，使广大干部政治素养、理论水平、专业能力、实践本领跟上时代前进步伐，适应事业发展需要。推行"头雁引领"工程，结合城市基层党建示范点建设，实施"书记项目"，加大对社区干部特别是书记和"第一书记"的能力培养。

（三）坚持以用为本

实行更加积极、更加开放、更加有效的人才政策，深入实施重大人才工程，深化人才发展体制机制改革，积极为人才创新创业搭建广阔舞台，让人才愿意来、留得住、能出彩。用好人才支持政策，鼓励引导人才向艰苦边远地区和基层一线流动。坚持"增人数"与"得人心"相统一，加强对人才的政治引领和政治吸纳，引导广大人才把爱国之情、强国之志转化为报国之行、兴国之业。以城市基层党建为重点，重视并不断加强社区工作者队伍建设，下功夫打通街道社区书记与党政机关之间的"旋转门"，选派机关优秀后备干部担任街道社区书记，遴选社区书记中的佼佼者进入机关事业单位，重构一支稳定的专业力量来承担复杂的人民城市建设任务。

（四）提高保障力

健全党委统一领导、党委组织部门牵头负责、有关部门和行业系统齐抓共管的领导体制和责任机制。持续为党组织尤其是基层党组织增权赋能、减负增效，推动基层党组织联建融合，有的放矢，为党员干部队伍施展身手提供有力的平台载体。推广一些地方成立基层党建与基层治理领导协调议事机构的做法，紧扣治理抓党建，从制度机制上解决党建和治理"两张皮"问题。结合机构改革强化力量配备，确立人民城市建设尤其是城市基层治理职业化队伍建设方向，合理设定基层党务工作者薪酬及其他方面待遇体系，在编制、职数、待遇等方面加大对基层党组织的政策倾斜力度，形成在基层集聚、在一线成长的鲜明导向，切实提升基层党支部书记岗位的含金量和吸引力。通过理论提升、信息技术、科研服务、素质培养等手段建设党委班子"雁阵"队伍。

三、走好赋能人民城市建设的群众路线

（一）坚持深入群众开展调查研究

人民立场是党的根本政治立场，人民群众是党的力量源泉。群众路线是党的根本工作路线，以毛泽东为主要代表的中国共产党人在长期斗争中形成了一切为了群众，一切依靠群众和从群众中来，到群众中去的群众路线。习近平总书记强调："城市是人民的，城市建设要贯彻以人民为中心的发展思想，让人民群众生活更幸福。金杯银杯不如群众的口碑，群众说好才是真的好。"大兴调查研究是理论联系实际、密切联系群众的具体体现，只有深入到基层群众中去，才能真正了解基层实际情况，把准命脉作出正确决策，切实解决当前存在的发展问题。因此，应坚持把增进民生福祉作为一以贯之的价值追求，深入践行以人民为中心的发展思想，把心思和精力真正用在为民办实事、让老百姓过上好日子上，不断满足人民群众对美好生活的向往。还应坚持问题导向，立足实际，统筹谋划，围绕当前正在开展的人民城市建设工作中存在的难点、堵点，做细做实调查研究工作方案，细心发掘群众最关心、亟待解决的真问题，精准施策、精准发力，不断提高调查研究的"准度""温度""深度"，让调查研究取得实效。最后，还应拓展思考的深度与广度，深挖问题背后的原因，做到知其然、知其所以然、知其所以必然，将调查研究中发现的矛盾和问题真切反映出来，将群众的新期盼新诉求新愿望总结凝练出来，聚焦短板弱项，善用政策工具，谋划制订方案，有效解决问题。

（二）推动引领群众与服务群众相统一

衣食住行、教育就业、医疗养老、文化体育、生活环境、社会秩序等，关乎人民群众切身利益，体现城市管理水平和服务质量。聚焦人民群众需求，要求我们在城市建设中牢记党的根本宗旨，坚持民有所呼、我有所应，把群众大大小小

的事情办好。应坚持以基层党建引领基层治理，强化党组织领导核心地位，抓紧补齐基层党组织领导基层治理、服务人民群众的各种短板，提高党组织的政治领导力、思想引领力、群众组织力、社会号召力，把广大人民群众紧紧团结在党的周围，把党的正确主张变成群众的自觉行动，带领群众一块过、一块干，引领群众听党话、跟党走。通过坚持党的领导和党的服务纵向到底，让政府服务进家入户，实现政府治理与社会自我调节、居民自治的有效衔接和良性互动。同时，在人民城市建设过程中，难免会产生各种各样的问题和困难，导致群众产生不理解甚至是质疑、反对。因此，要把思想引领、舆论引导与解决实际问题结合起来，在服务群众的基础上提高引导，在提高引导的基础上服务群众，真正把宣传思想工作的立足点和工作重心转移到服务群众上来，时刻关注群众诉求，及时回应社会关切，真诚反映人民群众的呼声和要求，教育和引导人民群众客观、辩证地看待历史、认识现实，及时消除人们思想上、认识上在人民城市建设过程中产生的各种困惑和疑问，帮助人民群众解开思想疙瘩、理顺情绪，妥善解决好各种社会问题和矛盾纠纷。

（三）打造共建共治共享的城市治理共同体

坚持协调协同，尽最大可能推动政府、社会、市民同心同向行动，使政府有形之手、市场无形之手、市民勤劳之手同向发力。政府要创新城市治理方式，加快推进市域社会治理现代化，提高市域社会治理能力，提高城市治理水平，推动治理手段、治理模式、治理理念创新，注重在科学化、精细化、智能化上下功夫。社区是城市治理体系的基本单元。要加强社区党组织建设，健全社区管理和服务体制，整合各种资源，增强社区公共服务能力，让社区成为居民最放心、最安心的港湾。要履行好党和政府的责任，鼓励和支持企业、群团组织、社会组织积极参与，建立公开透明的市场秩序，让各类市场主体有序参与、公平竞争，还要加强监管，保证城市建设思路和规划得到实现。坚持广大人民群众在城市建设和发展中的主体地位，坚持和发展新时代"枫桥经验"，实现政府治理同社会调节、居民自治良性互动，加快形成共建共治共享的现代基层社会治理新格局，加快推进市域社会治理现代化，提高市域社会治理能力，建设人人有责、人人尽责、人人享有的社会治理共同体。

参考文献

［1］本报评论员.牢记初心使命　坚守根本宗旨［N］.光明日报，2021-03-04（1）.

［2］徐锦江.全球背景下的"人民城市"发展理念与上海实践［J］.上海文化，2021（12）：5-14，36.

［3］卢庆强."人民城市"理念的人民主体观与城市现代性［J］.北京规划建设，2023（2）：12-15.

［4］王黎锋.中国共产党历史上召开的历次城市工作会议［J］.党史博采（上），2016（7）：58-60.

［5］习近平强调：在建设首善之区上不断取得新成绩［EB/OL］.中国政府网，［2014-02-26］.https://www.gov.cn/xinwen/2014-02/26/content_2622837.html.

［6］习近平在青海考察时强调　坚持以人民为中心深化改革开放深入推进青藏高原生态保护和高质量发展［N］.人民日报，2021-06-10（1）.

［7］陈少燕.探索党建引领城市基层治理的新路径［EB/OL］.［2023-06-26］.http://www.rmlt.com.cn/2023/0626/676437.shtml.

［8］仲组轩.加强城市基层党建　夯实党在城市的执政基础［N］.中国组织人事报，2017-07-24（1）.

［9］董振华.筑牢理想信念根基［J］.红旗文稿，2022（6）：10-12.

［10］刘强.坚持党的全面领导　加强党的组织建设［J］.党建研究，2020（8）：25-27.

［11］习近平在甘肃考察时强调　坚定信心开拓创新真抓实干　团结一心开创富民兴陇新局面［EB/OL］.［2019-08-22］.https://news.cri.cn/20190822/ba21a973-461b-e888-7031-5969codce165.html.

［12］耿亚洲：实实在在做好调查研究［EB/OL］.［2023-04-03］.https://theory.dahe.cn/2023/04-03/1214221.html.

后 记

随着我国经济社会的快速发展，城镇化水平大幅提高，我国业已进入城市型社会，2022 年我国拥有地级城市 293 个，县级市 394 个、县城 1418 个，建制镇 21389 个；常住人口城镇化率达到 66.22%，超 9 亿人口常年住在城镇，城市已经成为我国的主体空间形式，也是经济社会发展的高地。

"城，所以盛民也。"城市是人民的城市，人民性是人民城市的根本属性。城市的核心是人、主体是人，所以，要充分认识人民群众作为城市主人的重要性，始终把人民群众放在城市建设和发展的主体地位，让人民群众说了算。推进城镇化进程也要紧紧围绕"人"来展开，建立健全常住地提供基本公共服务制度，加快推进农业转移人口市民化，让更多的城镇化人口真正融入城市成为市民。

人民城市人民建。人民群众是城市的主人，也是城市最能动、最活跃的因素，更是城市的建设者，所以无论是城市规划设计还是城市建设发展，无论是新城区建设还是老城区改造，都要充分调动人民群众的积极性，发挥人民群众的主观能动性和创造创新性，让人民群众积极融入城市的建设和发展中，真正让人民群众成为城市的设计者、建设者、监督者和亲历者。

人民城市为人民。城市坚持以人民为中心，要聚焦人民群众的需求，把人民群众是否满意作为评判城市建设和发展的标准，合理安排生产、生活、生态空间，走内涵式、集约型、绿色化的高质量发展路子，实施城市更新行动，加强城市基础设施建设，打造宜居、韧性、智慧城市，努力创造宜业、宜居、宜乐、宜游的良好环境，让人民有更多获得感，为人民创造更加幸福的美好生活。

城市是人民的城市，城市建设依靠人民、为了人民。新时期城市该怎么设计、建设、管理和发展，才能更好地满足人民群众日益增长的美好生活需要，是值得研究的重大课题，也正是本书所要研究的内容和回答的问题。

本书由河南省社会科学院城市与生态文明研究所王建国研究员负责策划选题，审定大纲，统筹协调，组织实施，并对全书进行疏稿、修订和审定。具体写作分工如下：第一章，彭俊杰；第二章、第六章，赵中华；第三章、第十一章，盛见；第四章，赵执；第五章，王建国；第七章，郭志远；第八章，李建华；第九章，秦艺文；第十章，左雯；第十二章，程文茹；第十三章，金东；第十四章，易雪琴。由于作者水平有限，书中不当之处在所难免，敬请读者批评指正。

在本书即将付梓之际，向河南省社会科学院的领导及科研处、办公室、财务处等部门对本书出版的支持表示衷心感谢，同时感谢经济管理出版社对本书出版的大力支持。

王建国

2023 年 10 月